国家社会科学基金项目

现代传媒与中国西部民族

——汉藏羌民族混居区传媒使用与影响的类型化研究

李 苓 陈昌文 著

顾 问

蒋晓丽（新闻与传播学）

徐新建（文化人类学）

欧阳宏生（广播影视学）

主研人员

臧 肖 黄 娴 张 婧 欧勤扬

唐小蓉 宋美玉 黎 慧 崔 茜

中华书局

图书在版编目(CIP)数据

现代传媒与中国西部民族：汉藏羌民族混居区传媒使用与影响的类型化研究/李苓，陈昌文著. -北京：中华书局，2012
ISBN 978-7-101-09112-0

Ⅰ.①现… Ⅱ.①李… ②陈… Ⅲ.①民族地区-传播媒介-研究-西北地区 ②民族地区-传播媒介-研究-西南地区 Ⅳ.①G219.27

中国版本图书馆CIP数据核字(2012)第300772号

现代传媒与中国西部民族

——汉藏羌民族混居区传媒使用与影响的类型化研究

李 苓 陈昌文 著

责任编辑	张 苹
出版发行	中华书局 (北京市丰台区太平桥西里38号 100073) http://www.zhbc.com.cn E-mail: zhbc@zhbc.com
印 刷	北京瑞古冠中印刷厂
成品尺寸	170mm×240mm
印 张	18.5
字 数	240千字
版 次	2012年12月第1版
印 次	2012年12月第1次
书 号	ISBN 978-7-101-09112-0
定 价	78.00元

序言

柳斌杰

改革开放30多年来，中国长期保持高速发展与社会稳定的和谐统一，持续推进社会有序变迁，取得了举世公认的巨大成就，中国经验、中国道路、中国模式成为世界关注的焦点。传媒作为促进社会文明进步、增进社会共识、拉动经济快速发展、普及推广科学技术、引导文化生活消费进而推动社会加速发展的重要工具，在改革开放的伟大实践中发挥了独特作用。

我国改革开放的大幕是由农村地区首先拉开的。改革开放以来，农产品产量稳步增加，农村基础设施明显加强，生产条件大大改善，农村居民生活水平和质量实现了跨越式提高，农村发生了翻天覆地的变化。但由于“三农中国”的特殊国情，农村仍然是全面建设小康社会的重点和难点。相对于城乡基础设施建设差距、城乡居民收入差距，对农村发展构成更大制约的是城乡文化条件差距大，文化信息不对称，传媒推动社会加速发展的作用在农村受到了很大限制。现阶段的农村，由于文化水平落后和由此带来的人们思想观念落后、劳动者素质不高等问题已经成为影响农村发展的主要因素，对于广大农民来说，“穷”的关键在于缺少文化科学知识。

为了破解农村文化发展的突出难题，缩小城乡文化发展差距，2003年，中央提出了新农村建设的任务，并且把文化作为重要内容；2005年，经中央批准，新闻出版总署在甘肃、贵州等西部省份开展农家书屋试点工作；2007年，党的十七大提出“文化惠民工程”，中央将农家书屋等五项工程确定为全国农村公共文化服务体系建设的重大工程；2011年，党的十七届六中全会专门对社会主义文化建设作出《决定》(《中共中央关于深化文化体制改革推动社会主义文化大发展大繁荣若干重大问题的决定》),将建设农家书屋作为构建城乡文化一体化发展的重要文化惠民工程,使农民首次拥有大批知识资源。

农家书屋工程建设的深入推进,使农村文化条件发生了前所未有的深刻变化。截至2012年7月,从中央到地方,各级政府先后投入了180多亿元建设农家书屋工程,建成农家书屋60万家,把大批图书、报刊、音像制品送到农家。同时探索运用多媒体、网络、数字化等先进技术积极推进“数字农家书屋”配套建设,在全国范围内构建起覆盖全部有基本条件行政村,集图书、报刊、音像、数字出版物等多媒体为一体的现代传媒平台。农家书屋的全覆盖,不仅为广大农民群众提供了便捷的公共服务,解决了农村群众最为迫切的读书难、看报难的问题,而且以农民自我管理、自我服务的方式,调动了农民群众学习科学知识、享受精神文化的热情,培养了一大批有文化、有见识的新型农民,成了农民致富的“黄金屋”,正受到越来越多农民群众的欢迎。

中国地域广阔,东部、中部以及西部地区发展差别大,各地农村文化条件和文化发展需求也多有不同。在全国按照统一标准建立起来的农家书屋,只能是构建一个基础性传媒平台,配置最基本的内容读物,提供最基本的文化阵地。相对于广大农民群众的文化需求和新农村建设的文化要求,农家书屋还需要更深入、更具体地予以完善和巩固。农家书屋在东部、中部以及西部农村中的作用分别是什么样的?如何立足当地实际,形成农家书屋的区域化特点,甚至省市化、县乡化特点,提供更有针对性的农村公共文化服务?农家书屋的配置和内容更新如何更好地服务当地农民群众的生产生活需要?这些问题,都需要我们在总结已有经验的基础上,深入到农村和农民群众中开展扎实的调查研究。

我很高兴看到,四川大学传播学教授李苓、社会学教授陈昌文及其研究团队组织开展“传媒使用与西部汉藏羌地区和谐社会构建的系统研究”国家课题研究,以高度的责任感和敬业精神,亲自深入西部汉藏羌农牧地区进行实地入户问卷调查、召开座谈会和进行个案访谈，综合运用传播学研究方法和社会学田野调查方法，对西部汉藏羌农牧地区的书籍、期刊、报纸、广播、影视、网络等传媒的分布使用情况，以及传媒对人们政治、经济、科技、文化和宗教生活的作用和影响进行了实证分析和系统研究；立足西部汉藏羌农牧地区经济发展的不均衡及其社会形态本身的多样性，通过考察中国西部在社会、经济、文化、地理上呈现的多样性、差异性与受众传媒使用的对应关系，考察社区和家庭的微观层面上传统交流方式与现代传媒之间的共存、互动关系，创新提出西部汉藏羌地区四种社区形态的划分及其受众对应模式，拓展了发展传播学的新视野。

学者们这种深入基层、深入群众的调查研究成果是很宝贵的，对农家书屋等农村传媒文化建设具有重要参考价值。课题对现代传媒如何在西部农村和少数民族地区更好地发挥作用，提出了许多有价值和创新性的观点，值得我们在新闻出版工作和农家书屋等文化惠民工程中加以思考和借鉴。课题还指出，西部地区现代传媒的内容结构充满“城市中心”色彩，对本地生产生活缺乏指导性和针对性，存在传媒所拉动需求超越受众现实需求从而产生负功能，导致受众心理挫折感、诱发社会不稳定因素等问题，值得我们在工作中予以注意，注重建立长效机制，更好地适应群众文化需求新变化新要求，提高农村传播渠道、农家书屋等农村文化阵地工程项目的影响力和传播力。

我们热切希望李苓、陈昌文两位教授能够对西部汉藏羌农牧地区文化建设情况进行跟踪研究，对农村文化阵地建成后的情况进行比较研究，并提出更多真实情况和政策建议；也希望更多的新闻学、传播学、社会学专家能够关注农村文化建设问题，更好地帮助我们推进农村文化建设，缩小城乡文化差距，以更加坚定地文化自信建设中华民族共有的精神家园。

是为序。

2012年9月6日

序言

王 涛

成都以北、以西、以南横卧着横断山脉，并且呈扇面覆盖的大藏区占国土面积近四分之一。横断山脉毫无疑问是中华民族文化和历史的千古屏障，其山脉南沿的大渡河、岷江、澜沧江流域，更是中国共产党第一代领袖率领红军队伍，历经千难万阻，保全了中国革命火种的圣地。所以，中华人民共和国建国之初，无论是实施土地改革，置通邮政，建立地方供销社，还是修筑公路，架设电线、电话线等，都具有很强的往西推进意识。

横断山脉的主要原住民族——藏族、羌族、彝族和世世代代居住于此的汉族等都和内地人民一样经历了巨大的社会变化以及与之而来的现代化建设的制度拉动——把一个封闭的社会改造成为开放的、共同参与现代化建设，并进入到共享现代化成果利益的进程中。其中，尤其重要的推进因素是信息的交换和传输。因为信息不仅可以改变物质世界，更可以改变人的精神结构和行为方式。显而易见，建国60多年来，中国的信息影响力从最初的通讯、通信到大众传播的平面纸质媒体和电子介质的数字媒体，都在以超强的力度和速度向内地以西的中亚腹心地带扩展，使封闭的横断山脉区域的村寨、家庭和个人获得了关于现代世界的广阔视野，也极大的促进了这一区域的民族融合，提升了国家认同度，开启了现代化的区域经济原发潜能。

严格意义上讲，计划经济时代的传媒西进速度是相对缓慢的。自20世纪90年代后半期国家实施西部大开发战略以来，现代传媒产业在国家财政的直接支持下克服了横断山脉的千山万水，西进提速持续十余年，如今实现了青藏高原上信息的享有和使用与全国基本同步的水平。政府和传媒业界清楚地知道，要克服高寒、高海拔、众多自然灾害，去跨越悬崖绝壁，甚至跨越无人区，让中国的现代传媒设施在西部社会形成网络化，是一件举世罕见的浩大工程，其传媒设施的建设与养护的成本是中国东南部的数十百倍计。同时，政府和新闻传播学界也清醒地认识到，现代传媒硬件建设仅仅是信息社会所必需的物质条件，而这些现代化载体传输的信息如何被这些地区的人民所接受和享有，产生了什么样的个体行为效应和社会效应，才是信息社会保持均衡和健康发展所必要的日常化观测和深入研究的内容。四川大学文学与新闻学院李苓教授主持的国家社科基金西部课题——传媒使用与西部汉藏羌地区和谐社会构建的系统研究，就是将学术视野投向中国西部，关注传媒西进的实证性研究成果。

《现代传媒与中国西部民族——汉藏羌民族混居区域传媒使用与影响的类型化研究》一书即将由中华书局出版。这是一部关注中国东西部信息影响力均衡性发展问题的专著，其经验的探索和发现，对于中国传媒产业的发展和政府决策具有重要的参考价值。该书作者及其研究团队在横断山脉由北向南分别选择了汉、藏、羌三个族群，又以城镇、河谷农区、半山农牧区和高山牧区四种社区形态作为研究对象，从地理空间的维度对中国西部具有代表性特征的15个乡寨进行观察样点定位，并进行了艰辛的实地调查，获得了宝贵的600个田野问卷样本。该书所提供的入户观察资料与访谈信息，覆盖了农牧民、地方传媒从业者、政府主管干部、科技督导员、民族文化传承人、教师、医生、军人、商人、学生等人群，课题成果对汉藏羌地区传媒使用与社会效应的现实情况进行了点、线、面的定性和定量兼具的全景性描述。

本书的另一重要价值在于建立起具有中国本土特色的传媒社会影响力的类型化理论。该理论对中国传媒研究具有一定示范效应的。因为无论从加强民族文化建设的新时期任务出发，还是站在国家战略高度——拉动中国西部在亚洲腹地的发展高台效应考量，都十分需要这类尊重现实，尊重西部社区、社群特殊性的实证性科学研究成果。当我们置身和面对着一个快速变动中的社会现实时，政府和传媒业界都更需要来自于学界的反思与研究发现。

当然，学术研究的可靠性，或者说知识的可信度，在于把科学知识转化成正确的信息决策，这也是信息社会运行的基本规律。但是，按照科学方法进行的传媒与社会研究，显然还需要更多更大的投入；学术界还需要获得更多的制度控制信息与完整的传媒管理的基础信息库。因此，建构既具有普遍性又具有特殊性的分层研究知识结构，才是中国传媒研究者和决策者的理想工作目标。

2012年3月1日

作者自序

本书关注中国传媒体制及传播效果从中心到边缘的当代现实，基本上立足于边缘圈测量国家主导传媒信息扩散的强度和效度，以客观依据来描述信息扩散过程中，信息使用者的个体差异和区域差异。所谓“当代”，一般指研究对象确定在中国改革开放近三十年来的传媒使用与社会影响范围。所谓“边缘”特指本项研究的调研区域属于我国西南地区汉、藏、羌三个民族的混居区域——由于民族融合和社会流动，使得纯粹的民族聚居地变得越来越稀少甚至消亡，西部绝大部分地区都以民族混居为当地的主要人口结构形态，汉族和各兄弟少数民族所占比重依据区域有所不同，其边缘性特征在中国同类地区具有代表性。

本书内容直接呈现了笔者新近完成的国家社科基金项目“传媒使用与西部汉藏羌地区和谐社会构建的系统研究”之成果。如果说研究工作的初衷是针对中国发展传播学区域研究中的某些薄弱或空白点，想进行在田野调查基础上的相关理论探索；那么现在，我们的调查结果主要来源于以下创新实践：以地理空间的维度划分四种社区形态，并以此为结构考察西部汉藏羌地区的传媒使用、社会影响及其起效方式；对西部汉藏羌地区人居环境中最易被忽略、处于最边缘状态的传媒覆盖点、线、面进行了田野调查，并提供尽可能接近真实的、定量和定性的全景性描述；针对西部民族地区四种社区形态的差异性特征，探索具有中国西部特色的传媒结构及其内容推广模式。

当然，科学测量与客观描述都必须是在严谨的专业态度和确保研究过程能有序推进的基础上去完成。我们首先组建了由传播学和社会学资深学者共同主持的专家组，并在专家组的指导下明确研究目的、任务和方法，制订课题总计划书，设计调查问卷和访谈内容，抽取样本点（选取了阿坝藏族羌族自治州的马尔康县、茂县，甘孜藏族自治州的康定县塔公乡，北川羌族自治县共计15个样本点，其中藏族样本点4个，羌族样本点4个，汉藏羌混居样本点7个[①]）并依据“民族”“社区形态”“年龄”和“行业”等分层抽样指标对600个总体样本进行配额（就民族而言，汉族200个、藏族200个、羌族200个，采用这种等比例抽样有利于后期统计分析时，对不同民族间进行比较；就社区形态而言，城镇180个、河谷农区130个、半山农牧区190个、高原牧区100个，这样的配额已经尽量考量了四种社区形态样本数量相差不要太大的因素；就年龄而言，60岁及以上老年样本60个，占10%，19–59岁青壮年样本360个，占60%，18岁及以下学生样本180个，占30%，将调查重心向青壮年人群倾斜，是为了更清晰呈现传媒与社会互动关系的主体部分；就行业而言，农牧业400个，非农牧产业200个；最后，从以上分层抽样总配额中进一步选择出60个访谈样本，其中干部20个，本地传媒行业从业者20个，当地居民中比较典型的人物20个）。专家组明确安排了调研工作的进度并落实成员分工。

第二个步骤是按计划实施调查，由李苓教授（学科背景：传播学）带队赴四川省阿坝藏族羌族自治州的茂县和四川省绵阳市北川羌族自治县完成田野调查任务，其覆盖区域多为城镇、河谷农区和半山农牧区，以羌族和汉族样本为主，参与调研者有臧肖、黄娴、宋美玉、张婧、黎慧、韩江雪、钭海军等学科背景为传播学与社会学的博士、硕士研究生；由陈昌文教授（学科背景：社会学、宗教学）带队赴四川省阿坝藏族羌族自治州马尔康县和甘孜藏族自治州康定县的高原牧区，以藏族样本为主，参与调研者有唐小蓉、崔茜、孙小梅、刘文洁等学科背景为社会学与传播学的教师、博士和硕士研究生。

第三个步骤是对问卷数据、访谈资料、座谈内容的录入、统计、比较与

① 藏族样本点和羌族样本点的选定原则以藏族或羌族常住人口占当地总人口95%以上为标准。汉藏羌混居样本点的选定原则以藏族、羌族合计人口数占当地常住人口总数的60%以上，汉族人口占30%以上为标准。

分析，并在先分类整理后统稿的基础上撰写成果报告初稿，主持人李苓、陈昌文，参与者臧肖、黄娴、张婧、欧勤扬、宋美玉、黎慧、崔茜、韩江雪等。

第四个步骤是在反复修改成果报告的基础上完成书稿。有两点需要说明：其一，本项研究的启动时间是2008年的7月，“5·12”汶川地震刚刚过去两个月，考虑到研究样点有70%属于受灾地区，这使得我们特别关注“震前”和“震后”两个变量所呈现出的传媒使用的常态指标和非常态指标，尤其关注非常态语境下，现代传媒可能助推社会加速发展的现实性指标，我们因此而付出的努力使得本书在中国发展传播学研究中具有了一定的创新意义。其二，我们认为中国西部民族地区传媒素养的培养问题是当务之急，为阐明此立场，课题组于2011年春重返部分调查样点并对部分样本进行了回访。主持人李苓、陈昌文，参与者臧肖、张婧、欧勤扬、崔茜等。

在研究过程中，我们遇到的最大难题是确认传媒使用与个体的社会行为之间的因果关系，并对其社会影响的正负效果建立一种类比性指标。克服困难的无畏精神从一开始就自觉体现在全体研究者的行为中。最终我们选择了传播学使用与满足理论的研究路径，严格运用社会学实地调查和归因分析的科学方法，以及目前国内对中国西部有持续性关注并已有影响性研究贡献的陈昌文教授提出的西部民族社会“四种社区形态分类法”，在传媒使用与社会发展两个向度上缜密地寻找和辨识两者间的内在联系，设计编制出69个测查量表，以确保本项研究成果对中国西部民族混居区和谐社会构建中的传播系统优化调整具有一定的可示范价值。

全书共七章二十五节。第一章为总论，明确提出所关注和研究的问题，确立传媒社会学的研究视野与按四种社区形态考察传媒梯级效应的研究进路。第二章介绍研究方法，详述其研究路径和相关理论基础，描述各样点现实简况，提供所用文献资料的详尽来源。第三章完整呈现经田野调查所获取的传媒使用的社群级差效应总体指标，其分析依据基本来源于对15个样点区域的纸质媒体覆盖态、电质媒体覆盖态、网络及新媒体覆盖态、媒介素养水平等要素组的分别取证和数据统计。第四章为现代传媒在嘉绒藏区的传播效应专题研究。第五章根据前两章对各样点区媒体使用的总体描述进行社会效应测量，以辨识汉藏羌民族混居地区传媒使用的趋同与分化情况。第六章针对中国西部地理决定性的民族社区的传媒发展提出三种实验模式：梯形分层模式、水平分类模式以及融合创新模式，并对传媒使用中的个体性满足指标和传媒效能在区位中的拐点进行发展传播学的理论探索。第七章为研究结论及中国西部传媒发展的趋势推论。全书共计20万字。

在本项课题成果《现代传媒与中国西部民族——汉藏羌民族混居区传媒使用与影响的类型化研究》一书即将出版之际，我们知道——也正如我们早已知道的——没有两个条件的支撑，研究工作很难完成如此浩繁、某种意义上属于学科垦荒的任务。一个条件是地方支持：四川省阿坝藏族羌族自治州马尔康县县政府、县委宣传部、教育局、广电局、文体局、民政局、妇联、农业局、畜牧局、博物馆及样点所涉乡镇政府，茂县县政府及样点所涉乡镇政府；四川省绵阳市政务服务管理局、水务局，四川省绵阳市北川县县政府及样点所涉乡镇政府、羌文化传承人及有关组织、新闻媒介机构；四川省甘孜藏族羌族自治州康定县塔公乡塔公草原大酒店等部门和机构的相关领导与工作人员……他们以其丰富的行政经验和对本项研究的高度认同，为我们提供了充足且完全达标的几十个可选样本点，确保了本项研究设计的15个样本点应有的代表性和有效性。另一个条件是课题组成员的合理组构：由于本课题研究的既定目标是考察传播学与社会学共同关注的现代传媒与社会发展的互动关系，试图通过实证研究的方法去努力实现对这两个学科交叉论域的创新发现，因此，来自于传播学和社会学专业背景的每一位参与者都贡献出了他们的专业精神和智慧，并且成为确保课题调研顺利开展，研究成果严谨呈现不可或缺的一员。我深信，特别是那些年轻的研究者，会将西部探索的路走得更扎实、更远。

李苓、陈昌文负责课题整体设计，确定理论路线、问题与假设的结构、研究路径与研究方法的选择与设计，主持课题的田野调查与现场督导，指导撰写和审定调查报告，对其研究结果理论化，并负责本书稿的统稿工作。臧肖、张婧参与了上述工作环节的执行和统稿工作。

各章撰稿分工如下：

第一章：李苓、陈昌文、臧肖、欧勤扬

第二章：陈昌文

第三章：李苓、黄娴、张婧、宋美玉、黎慧、欧勤扬

第四章：崔茜、李苓

第五章：李苓、张婧、黄娴、宋美玉、黎慧

第六章：李苓、臧肖、欧勤扬

第七章：陈昌文、李苓、臧肖

本书图片摄影人：臧肖、钭海军、韩江雪、刘文洁、董子铭

本书调查样点地图绘制人：钭海军

在此，我代表课题组全体研究者向一直关心和支持本项研究的新闻出版总署柳斌杰署长，中国出版集团王涛书记，中国新闻出版研究院应用理论研究所徐升国所长，四川省新闻出版局出版工作者协会李正培主席，以及蒋晓丽、徐新建等顾问们表示感谢。向践行民族文化发展使命的出版者致敬。最后，要感谢我的研究生操圣宁为本书做了细致的校对工作。

2012年5月4日

现代传媒与中国西部民族

目录

CONTENTS

第五章 社会效应测量：传媒使用的趋同与分化

第六章 地理决定性的传媒社区发展模式

第七章 研究结论及传媒发展的趋势推论

附 录

第一章 总论

第一节 问题的提出

新中国成立以来，国家政权在西部的建立已经经过了60多年。成都市边境以东，自先秦以来就是由中原文化或汉民族文化主导的，长期以来一直在中央政府国家制度治理下的以汉民族为主体的社会，制度上和国家保持高度统一；而成都以西，一过都江堰就进入横断山脉或称藏彝走廊的上游部分，这片地理上辽阔的区域，居住着族群差异更为显著的藏民族，以及居住在岷江河谷两岸的非常古老的羌民族。西部在历史文化上长期被描述为穷山恶水的区域，在这样一个区域，东西两边的族群说着彼此难以交流的语言，奉行着对生活有着巨大支配和潜移默化作用的不同种类的宗教信仰。甚至在横断山脉的山谷中，即使居住在相邻山沟的藏民彼此也很难听懂对方的语言。汶川大地震在电视传媒上向全世界披露了在这样的崇山峻岭当中生活的人们。与东临内陆的主要生活方式相比，行路难，通信难，继而导致生活生产不方便，以及日常生活细节中难以想象的闭塞。简而言之，现代化进程中所有现代要素的进入，比如公路、铁路的规模效应，人流、物流、财流的流量和流向，都受制于巨大的地理屏障。距汶川大地震震中映秀，沿河公路上方100米的聚落、自然村、行政村都保留着与50年前，甚至100年前相似的生产生活方式。沿着317国道，越往西行，离公路越远，这种传统的实践尺度保持得更为长久。无论是计划经济时期，还是改革开放后30年内的市场经济和制度经济双向都是如此。同一个国度的现代化进程以及现在的全球化进程在如此封闭的西部点线面上如何同步进行，而不至于长期滞后，进而拉大与东中部社会的发展差距是我们需要关注的问题。而传媒是所有现代要素中最受到关注的焦点。

尽管我们都知道传媒具有超越时空的特点，通过传递信息，影响受体的观念和行为，从而影响受体对生产生活环境的改变。但是，就西部的社会现实而言，现代化要素中投入产出成本最高的是现代传媒。因为与东部相比，现代传媒通过人的精神意识而拉动社会发展的效应要大于人们对传媒技术的物质依赖性。中国共产党十一届三中全会召开前的30年中，西部地区就已覆盖了官方的报纸、广播和有线电话，但是这些传统媒体更多地集中在移入西部的现代人群内部或者移入西部地区的制度范围内使用，对地方土著的影响微乎其微。改革开放后，国家对西部发展的战略性调整包括了对宗教及民族文化的保护政策，寺庙及僧侣人群对现代传媒工具的认可与使用，这种战略性调整对当地广大信众和普通民众的媒介意识的提升是有影响力的。这期间，媒体的形式也发生了巨变。平面媒体通过现代义务制教育和市场化运作进入了几乎西部所有的行政村，电子媒体硬件设施的建设也在政府的强力推进下实现了电视、网络村村通，手机户户有。西部民众对电的需求和对现代传媒的使用同比增长，电子媒体负荷的信息日日夜夜向西部社会倾注现代信息，这已不再是制度强制，也不再是组织安排，而是农牧民们通过按钮自由选择的结果。我们需要发现和准确描述的是，这样的国家投入和传媒使用究竟对西部汉藏羌农牧民的生产生活有多大的影响？他们究竟对这种单向输入的信息有何主要的偏好和选择？喇嘛、信众、农民、牧民、商人、个体户、城镇居民、干部等人群组成的集现代和传统为一体的社会究竟有多大的传媒影响差异？这是一项需要实地调查才能进行描述的深度社会事实和心理事实。解决这样的问题，与其说是提供一个现代化的投入产出评估样本，不如说是一种在西部社会改造与变迁过程中，强势文化群与弱势文化群在冲撞下探索平等交流的对话机会。

一、传媒话语下沉默的社区

表1.1 东中西部GDP、人口及人均GDP[①]

年份	东部地区			中部地区			西部地区		
	GDP合计（亿元）	年末总人口（万人）	人均GDP（元）	GDP合计（亿元）	年末总人口（万人）	人均GDP（元）	GDP合计（亿元）	年末总人口（万人）	人均GDP（元）
2008	205775	58839	34973	63188	35466	17817	58257	36522	15951
2005	127065	57145	22236	37230	35202	10576	33493	35976	9310
2000	60764	55550	10939	19791	35147	5631	16655	35531	4687
1995	33615	49599	6777	15868	42994	3691	8140	27670	2942
1990	9264	47168	1964	5155	40789	1264	2808	26043	1078
1985	4551	43032	1058	2675	37461	714	1393	24010	580
1980	2276	40349	564	1369	35183	389	722	22738	318

从表中的数据可以看出，中国西部农村经济、社会发展水平远远滞后于中东部地区，而其特有的险山峻岭、沼泽沙漠更给现代要素的进入设置了交通障碍和地理限制。目前拉动西部进行现代化建设的国家投入主要包括制度转移支付、公路现代化和传媒现代化。而传媒的现代化又是跟随着公路的现代化而逐渐深入到西部社会各种形态的社区当中。公路和传媒的这种特有的地缘关系也同时构成了西部不同地形、不同海拔上的社区现存的点、线、面的信息流通关系。我们发现，在该类社会现实中，传媒的拉动效益更具有优先性，可以提前于公路建设而起到对当地居民的观念改变的作用。这种改变可以来源于对国家的相关政策的传播，亦可以来源于传媒所提供的“拟态环境”对人类欲望的丰富呈现与各种消费方式的诱导。值得关注的问题是，传媒的这种拉动功能在广袤的西部国土上是否呈现出较东部地区更明显的针对性，以及长期被学界忽略的西部域内的传播效果差异性？西部社区的传媒使用，如何做到从制度建设到盈利模

① 根据各年《中国统计年鉴》整理得出。东中部地区GDP和人均GDP的相对倍数虽然没有大的变化，如1985年，东部GDP是西部的3.27倍，2005年这一数字为3.79，但绝对值的差距是越来越大，1985年，东部和西部的GDP差距约为3100亿元，2005年的差距就达到了约94000多亿元。

式的现代化？这些问题的求解过程是中国发展传播学不能回避的研究现实。

表1.2 我国藏族、羌族主要分布地区①

民族	藏 族	羌 族
我国主要分布区域	西藏自治区、四川阿坝藏族羌族自治州、四川甘孜藏族自治州、云南迪庆藏族自治州、甘肃甘南藏族自治州、青海海北藏族自治州、青海黄南藏族自治州、青海海南藏族自治州、青海果洛藏族自治州、青海玉树藏族自治州、青海海西蒙古族藏族自治州、四川木里藏族自治县、甘肃天祝藏族自治县	四川阿坝藏族羌族自治州（茂县、汶川县、理县、黑水县、松潘县），四川省绵阳市北川羌族自治县，甘孜藏族自治州的丹巴县，贵州省铜仁地区的石阡县、江口县

表1.3 汉藏羌各民族人口基本情况②

民族	总人口（人）	男（人）/占总人口比例	女（人）/占总人口比例	乡村人口（人）/占总人口比例	15岁及以上文盲人口（人）/占总人口比例
汉族	1137386112	586159888/51.5%	551226224/48.5%	703190776/61.8%	75854493/6.7%
藏族	5416021	2697807/49.8%	2718214/50.2%	4721199/87.2%	1777196/32.8%
羌族	306072	155981/50.9%	150091/49.0%	265760/86.8%	20618/6.7%

汉藏羌民族混居区域是中国最有代表性的内陆型地区之一，这里居住的主

① 根据2010年人口普查数据整理得出。
② 2000年全国第五次人口普查数据。

要人口集中在汉藏羌混居区域。在这些区域里面，藏族和羌族（中华民族族源的重要一支，直到“5·12”汶川地震之后才为大众所关注）作为该区域的民族代表，有着现在仍然存活着的、独特的、牢固的生活传统与文化传统。同时，经过新中国成立60年的制度现代化拉动，他们也通过大众传媒和现代交通了解到现代化的优点，并对现代利益产生了需求。而产生表达这种需求的行为变化主要是通过大众传媒的使用而发生的。这种变化尽管历经几十年，但是对一个有着上千年几乎没有根本性变化的分散的社会生存样态来说，仍然是一个很短的时间。所以说，那里的人群究竟如何接触和使用由现代化国家移植进去的传媒硬件，他们的接受程度如何，以及接受后产生的社会效应和经济效应怎样，是我们试图客观呈现中国西部传媒生态模型和建构传媒社会学理论的事实基础。从常识出发，任何现场调查都想努力将实证观察点覆盖到更大的区域上去，以提升其研究成果中的归因理论具有更普遍的适应性。本课题对具有独特经济地理和自然地理特征的中国西部汉藏羌民族混居区域大众传媒使用现状的研究，就是想将我们的客观发现和归因理论推广到更多的社区形态的相关研究上。

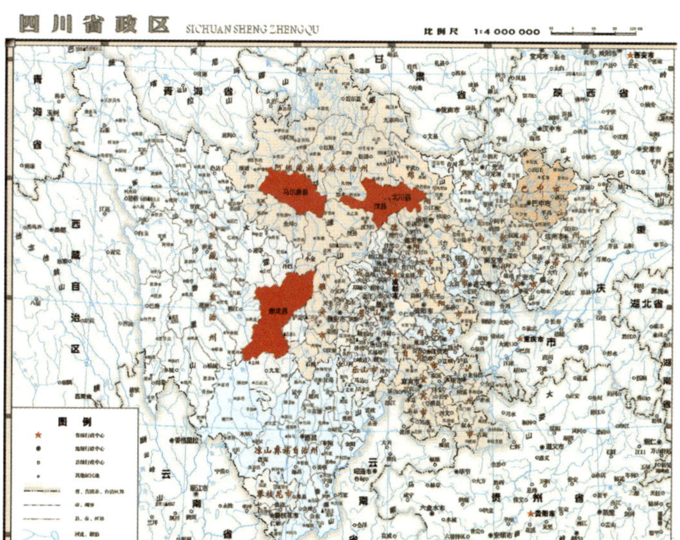

图1.1 汉藏羌调查样点区域示意图

二、意义

大众传媒肩负着为西部民族地区农村受众提供精神动力和智力支持，帮助广大农牧民增收致富，丰富农牧民群众精神文化生活，促进农村经济与科技文化事业发展等重任。本书所涉问题的提出无论是对传播学的本土化构建，还是当前的新农村建设甚至对和谐社会的建设来说，都具有重要的意义。

（一）学术意义

汉藏羌民族混居区域兼有“民族”和“西部”两个关键概念，这在发展传播学的中国化问题上具有极大的重要性和极强的典型性；同时，作为区域传播研究领域值得关注的新个案，准确呈现与客观描述该个案的诸种传媒使用及效应特征，无疑将是区域传播研究领域内的示范性基础工作。本书对西部汉藏羌民族混居区域的经验性研究将一方面为中国的发展传播学研究增添生动的案例分析；另一方面真正探索到传媒在西部民族地区的作用、影响和起效方式，以个案的角度把握和谐社会与传媒良性互动的内在关系。

（二）现实意义

对新农村建设的意义。建设社会主义新农村，是我们党坚持科学发展观，在新世纪、新阶段解决“三农”问题的重大战略部署，也是国家“十一五”和“十二五”发展规划的亮点之一。大众传媒为建设社会主义新农村服务，作为一项责无旁贷的任务，自然也就成为需要着重考虑的事情。当我们从传媒使用及影响的角度审视西部汉藏羌民族混居区域的社会、经济和文化发展时，不得不承认西部农村作为独立的观察对象的独特价值。这种独特性，一方面体现在，比照东部沿海地区，西部农村最突出的特征是经济发展较为落后；另一方面，由于自然、人文、历史与民族发展的独特性，使西部农村生存样态具有了不可替代的丰富性与复杂性。从根本上说，大众传媒肩负着为农村群众提供精神动力和智力支持，帮助广大农民增收致富，丰富农民群众精神文化生活，促进农村经济科技教育文化事业发展的重任。讨论大众传媒与农村的经济发展（农业技术的、外出农民的就业培训），大众传媒与农村教育，大众传媒与农民素质（政治素质、法律素质、文化素质），大众传媒与农民精神文化生活，大众传媒与少数民族农村地区的发展等多个层面的问题，对西部农村的经济、社会发展和现代化进程自然具有非同一般的意义。

对“和谐社会”构建的意义。自中国共产党的“十六大”，尤其是十六届四中全会以来，构建“和谐社会”就成为中国社会政治生活的关键词。“和谐社会”是指系统中的各个部分、各种要素处于一种相互协调的状态，是一种良性运行和协调发展的社会形态。整合社会关系是构建和谐社会必须解决的课题之一。传媒作为党和政府重要的舆论工具，显然应该在中国新农村建设中强化其整合社会的功能。而历来被视为边疆地区的西部，其民族多样性、多种宗教信仰和多种民族文化传统并存的实际状况并未被传媒研究予以充分考虑，尤其是当我们从大众传媒的角度审视西部汉藏羌民族混居区域的社会经济发展时，我们不得不承认，西部汉藏羌民族混居区域受众确实存在一种弱势心理，这种心理是在传媒传递的现代讯息与其自身诸种生存状况的比较中产生的。现代传媒产生的这种负功能显然是非预期的，如果我们继续沉浸在以为天线架到、传媒入户就是现代化起步的一厢情愿的想象中，而无视这种非预期的负面效应所导致的潜伏的不稳定的社会因素，就有可能使阻碍构建和谐社会的社会排斥、社会剥夺和社会断裂加深，进而违背构建和谐社会的初衷。因此，作为社会整合的重要工具，传媒有责任以其影响力成为促使我们的社会主义社会和谐运行的长效机制。

第二节　传媒社会学的跨学科视野

一、国外传播社会学的发展

（一）传媒社会学（媒介社会学 Media Sociology）视野

自大众传播学于20世纪初问世以来，对大众传媒与社会大系统之间关系的探讨一直都是大众传播学研究的一个主要和重要的分支领域。大众传媒与社会大系统之间的关系以及传媒内部的组织关系可以从很多方面来探讨，而传媒社会学则被视为统筹这些探讨的一个重要的传播学视野。传媒社会学是运用社会学的基本理论与方法，从社会学的研究视角来分析大众媒介的传播过程、传播内容和传播现象的一门学科，其研究对象是媒介与外界在信息传输过程中产生的各种社会关系以及在社会系统中媒介内部运行的规律。

传媒社会学主张把媒介组织和媒介活动放在广泛的社会文化、政治制度和经济发展的背景中来研究，重视各种社会因素对媒介内容和媒介传播活动的牵制和影响，重点分析和评价大众媒介与各种社会因素的相互作用，强调在社会学理论的指导下，用量化或非量化的研究方法从事实地调查并进行严密分析，考察大众传媒在当代社会生活中扮演怎样的角色。

传媒社会学可以调查的具体问题多种多样，但对这些具体问题进行细致研究的目的在于回答更为关键的问题，即传媒在当代社会和文化生活中正扮演着一个什么样的角色，以及应该扮演一个什么样的角色？传媒社会学的视野，正是恰当地把握了个体与全局，辩证与结构的这种关系。方法上的兼容并蓄和灵活多样更是使得传媒社会学成为集质化方法与量化方法为一体的研究视野。而本书研究的传媒使用与西部汉藏羌民族混居区域和谐社会的构建，正是基于这样的一种视野，将传媒的使用纳入到了和谐社会构建这个大社会背景体系下进行考量。传媒社会学的视野，无疑是进行本项研究必不可少的理论。

（二）发展传播学的视角

本书《现代传媒与中国西部民族》所展开的对中国西部汉藏羌民族混居区传媒使用与影响的类型化研究，归根到底是在“传播与社会发展”这一理念的指导下展开的，而这正是发展传播学研究的核心问题。在传播学界，一般都把美国学者D.勒纳在1958年出版的《传统社会的消逝：中东的现代化》一书视为发展传播学兴起的标志。从理论溯源来说，发展传播学理论是在发展社会学的理论框架内，结合大众传媒发展的具体实践构建起来的关于传播与社会发展的理论归纳和实践经验的总结。其中，“现代化理论”和“发展理论”不但是发展社会学的理论支点，也是发展传播学的理论基础。同时，这两种理论还直接影响了发展传播学的范式走向，为发展传播学后来的发展产生了重要影响。

二战以后，特别是“冷战”开始以后，为了争夺世界格局的控制力和影响力，美国将反共、反社会主义定为主要的对外政策。为了拉拢和控制新兴独立的民族国家和地区，使其远离社会主义意识形态的影响，美国决定帮助这些国家和地区的发展，以免这些国家倒向社会主义阵营。在这一过程中，一些研究国家宣传问题的学者开始思考和讨论媒体与发展关系的问题。这是发展传播学“主导范式”兴起的社会背景。早期的现代化理论认为，通过引进新思维和新做法，可以加速现代化社会的进程，特别是对于发展中国家而言，要实现从传统到现代的转化，必须通过传播渠道引进西方文化价值观念，勒纳便是这一理论的突出代表。在《传统社会的消逝：中东的现代化》一书中，勒纳把国家现代化过程的基本要素概括为城镇化、教育、大众传播普及与参与，把大众传播称之为社会发展过程中的“奇妙的放大器”。他认为，大众传媒在社会变革的过程中，能够将现代观念广泛地扩散开去，形成一种媒介环境，同时，大众传媒有利于培养人的现代人格，对于国家现代化起着重要的推动作用。在此理论基础上，传播学研究集大成者施拉姆进一步试图将欧美的发展经验推广到发展中国家。虽然当时传播学学科正处于建立发展阶段，但施拉姆还是意识到了此议题对于传播学发展的重要作用。施拉姆于1964年出版的《大众传播媒介与社会发展》一书，对大众媒介的作用进行了细致的阐述，他认为，大众传媒在国家发展过程中是“移动者”，尤其强调了传播媒介能够在发展中国家传播现代科技知识，使其能够跟上发达国家现代化的潮流。施拉姆的“六点行动计划”可以被认为是“主导范式”的典型表述之一。在施拉姆看来，第一，大众传媒应当被用来“塑造一种国家情感”；第二，大众传媒应当扮演国家计划的喉舌；第三，大众媒体应当担负教育责任，让人们学会“必要的技能”；第四，大众传媒在扩展市场方面也可以有积极的作用；第五，大众传媒应当帮助民众适应计划成功后所带来的各种社会变化；第六，大众传媒还应当承担教育民众具备主权意识的责任，也就是让每个公民都具备国家主权意识。勒纳、施拉姆等人践行的“主导范式”为发展中国家勾画了一幅令人鼓舞的用大众传媒促进国家发展的蓝图，并在实践中被一些国家奉为圭臬。

但是，这种将视角聚焦于精英和上层的“自上而下的方法论”很快就遭到了众多学者的反思和批判。较多的声音认为，某种特征可以在西方世界造成变化，但是在其他的地方却不一定会有效。而且从根本上说，该范式忽视了不同国家、不同社会结构和文化的特殊性。“主导范式”很可能因为忽略了不同社会人文环境的重要性而无法深刻把握发展中国家变革和发展道路上的真正障碍，甚至还在很大程度上破坏了它们通向发展的其他可能的途径，在现代与传统之间造成了激烈的对立。此后，在对“主导范式”进行深入反思的过程中，发展传播学研究逐渐向三种不同的范式演变：一是仍然坚持现代优于传统的观念，但是却寄希望于寻求个人层面上，而不是社会结构层面上的改变，这就是所谓的“主导范式”的“延续性变体”；二是转而诉求“参与范式”，将研究视角转向底层人群，强调大众在传播与社会发展关系中所具有的决定性作用；三是激进地转向对发展中国家外部结构的分析，将制约其发展的原因归结于帝国主义在经济、政治、文化、外交等领域的新殖民主义，认为限制新兴独立国家发展的症结在于帝国主义的压迫，于是出现“文化帝国主义”或“媒介帝国主义范式”。到1989年“苏东巨变”，冷战结束，国际形势发生了巨大变化，“全球化范式”应运而生，成为当时发展传播学的主流范式。进入21世纪后，又出现了结合主导范式和参与范式的新范式。但是，由于理论所处的时代局限以及视角的多元化和社会现实及实践的复杂性，发展传播学在不同阶段提出的观点和理论框架的探索，并没有形成一个可以被视为一般工具的研究范式。

发展传播学理论建构的基础性难题在书的研究中显现其求证的价值：在社会发展相对滞后以及圣俗边缘区域，由于所面对的研究对象具有地理环境和人文环境的独特性，发展传播学应当对其发展过程中的特殊性和差异性给予足够的关注和考量。一般而言，传媒与社会发展的良性互动维系时间越长，越有利于和谐社会的建构及其可持续发展；反之，则会阻碍社会变革和发展。因此，“现代传媒与社会发展”这一发展传播学理论所关注的中心问题，需要以“去欧美中心”的视角，从空间和时间两个维度大量提供目前最为活跃的亚太地区的国家样本。中国西部汉藏羌民族混居区域的传媒使用与社会发展关系的研究，是在中国“建设和谐社会”和“建设新农村”的时代精神指导下进行的，党和政府的决策表明中国正在为21世纪中叶进入中等发达国家队列之目标而做着全面的准备。因此，中国社会与传媒的现代化进程自然是发展传播学不可或缺的应用研究核心部分，对中国的传播学发展而言，也是重要的理论创新内容。从这个意义上讲，发展传播学的研究视角仍然具有重要的现实意义。

（三）功能主义理论（functionalism）的视角

功能主义理论是社会学中一个比较重要的理论，最早可以溯源到社会学家斯宾塞关于社会组织满足不同社会需求正如不同的人体器官满足于不同的生理机能的论述。此后，法国社会学家迪尔凯姆、美国社会学家帕森斯和默顿对于功能主义的发展有着巨大贡献。功能主义因内涵复杂且带有特定的时代烙印，使得学说较为庞杂且观点不一。鉴于本书的研究方法和研究目的，我们最终采用了传播学家丹尼斯·麦奎尔的分析视角。他认为，功能主义理论是以社会和个人的“需要”（needs）为出发点来解释社会实践与社会组织行为（如，Merton，1957）。

本书用麦奎尔的观点去关注媒介功能研究，一方面，它是指媒介的客观社会任务，譬如经典传播学理论中对于传播在社会中的功能表述（监视环境、环境适应、文化传承、娱乐等）。功能主义将社会视为由包括媒体在内的不同子系统所构成的关系网，每一个子系统均对社会大系统的延续和秩序做出不可或缺的贡献。正是基于这样的认识，麦奎尔从功能主义理论的角度出发，将有关媒体社会功能研究的成果，尤其是拉斯韦尔（1948）、怀特（1960）、拉扎斯菲尔德和默顿（1948）以及麦库姆斯和肖（1972，1993）的相关研究成果，总结为结构更为清晰明了的“五大功能”说。这五大功能为：信息沟通功能（information communication）——包括提供有关国内外事件与状况的信息，提供各种权利关系以及促进社会变革、变通和进步；社会整合功能（social integration）——包括解释、解读和评论社会与国际事件及相关信息的意义，支持现存权力结构和社会秩序，促进社会化进程，协调各种社会分离活动，制造舆论，设置议程以及授予人物或事件以地位；延续功能（continuity）——包括反映占统治地位的主流文化，认识各种亚文化和新的文化发展趋势以及促进并保证正常的价值观体系；娱乐功能（entertainment）——包括提供消遣、娱乐解闷和各种身心放松的方法以及缓解各种社会紧张关系；社会动员功能（social mobilization）——包括动员和促进各种政治、战争、经济发展等，工作有时甚至是实现宗教目标。[①]

① 李苓：《传播学理论与实务》[M]，成都：四川大学出版社，2002：115-117。

另一方面，媒介功能也指媒介使用者所需要实现的目的和效用（如获取信息和娱乐）。这一方面，是从行为功能的角度出发，传播学界提出了一些不同的媒介使用行为的解释。通过分析受众的媒介接触动机以及这些接触满足了他们的什么需求，来考察大众传播给人们带来的心理和行为上的效用。“使用与满足理论”就是从该角度来探讨大众传播的功能问题。同样的，麦奎尔也是“使用与满足理论”最具贡献的构建者。1969年，麦奎尔通过对新闻调查、知识竞赛、家庭连续剧、青年冒险电视剧等六种节目的分析，归纳了四种满足的基本类型：娱乐解闷（逃避日常生活中的问题，释放情感）；个人关系（谈话中信息的社会效用，用媒介替代同伴）；自我认同或个人心理（加强价值观，自我了解，了解现实）；环境监测（了解能够帮助个人或影响个人的信息）等，从受众的角度阐述了大众传播的功能。①

本书在功能主义理论的观照下，一方面对社会系统中大众传媒的功能给予充分的考察与审视，客观评估传媒在该地区的整合助推作用；另一方面，通过对社区中人的“主动性”考量，评估传媒使用过程中的个体性满足指标。然后综合两个向度的分析结果，客观描述西部汉藏羌民族混居区域独特的社会人文背景对于大众传播的起效或抑效的影响，以及该区域受众使用传媒的行为取向，更为全面地呈现并实验性建构汉藏羌民族混居区域现代传媒使用与满足的类型化模式。就此意义而言，功能主义理论对于本书所要达到的目的提供了有利的理论支撑与结构支持。

二、国内现有对西部农村传媒使用与影响的研究路径

（一）传播学的视角

从中国西部农村传媒使用与满足的研究视角延展开去，现有的研究路径主要包含三个方面的内容，一是从理论上讨论大众传媒与农业、农村发展的关系，以方晓红的《大众传媒与农村》一书为代表，较为重要的论文包括（只选择发表于CSSCI来源期刊的论文，下同）：方晓红、庄曦的《媒介对三农作用指标体系的研究路径及功能》，闫函的《大众传媒与社会主义新农村建设》，朱同正的

① [英]丹尼斯·麦奎尔、[瑞典]斯文·温德尔：《大众传播模式论》[M]，祝建华、武伟译，上海：上海译文出版社，1987：102-104。

《论新闻媒体在社会主义新农村建设中的作用》等；二是从传播效力的角度讨论农村受众的信息需求与接受，以谭英所著《中国乡村传播实证研究》为代表，重要论文包括：谭英、蒋建科等的《电子媒介传播农业政策类信息的效力研究》和《不同信息传播渠道传播农业政策的效果及农户接受程度分析》，谭英、王德海等的《贫困地区不同类型农户科技信息需求分析》和《贫困地区农户信息获取渠道与倾向性研究——中西部地区不同类型农户媒介接触行为调查报告》等；三是从西部民族地区的多元性和异质性出发，进行传播的使用与影响研究，以李春霞的《电视与中国彝民生活》，樊水科的《乡村仪式传播与乡民生活世界》，李苓的《中国西部农民阅读素养调查》、《中国北川羌族自治县农家书屋的建置及使用功能分析》和《西部报业的研究样本》等为代表。

第一种研究路径从宏观的角度探索了传媒与农村发展的应然问题。第二种研究路径完全建基于传播学的行为科学传统，通过数据分析进行观点阐释。第三种研究路径则倾向于人类学和社会学的观察视角，其探索路径充满活力与各种可能性，在发展传播学的理论建构以及对传播学的“中国化”探索方面都具有一定的可示范价值。

（二）社会学的视角

对中国西部这样一个民族宗教众多、地形复杂的庞大的研究对象来说，没有一个好的切入点可谓无从下手。自亚里士多德所创立的科学分析主义以来，对复杂对象进行分类分析便成为研究的一种基本方法。而在社会学范式内，对研究对象进行社会分层一向是这个学科的传统，也是科学方法的基础。因此，要使我们的传媒研究科学化，就必须有一个比较适用和有效的社会分层理论。社会学界对社会结构的划分通常采用马克斯·韦伯的三重标准，即财富——经济标准，权力——政治标准和声望——社会标准[①]。将这种代表西方社会的社会分层标准和学科范式直接用于本书研究可能导致的一个基本问题是：让社会学失去了本土的空间定位，同时来自于西方工业社会的社会分层标准过分强调经济、社会指标的阶级分层，即使是用国内的诸如十大阶层等社会分层标准来审

① [德]马克斯·韦伯：《马克斯·韦伯社会学文集》[M]，阎克文译，北京：人民出版社，2010：180、181、184。

视中国西部传统的农牧业区域，都会凸显其不适性。

目前，国内的社会学界对中国西部有持续性关注和有影响性研究并逐渐形成学派的，主要是四川大学社会学系博士生导师陈昌文教授主持的，从2000年开始的“中国西部五十年五十户追踪”这样一个着眼于中国西部的社会跟踪调查及其系列成果。代表中国宗教社会学发端的《圣俗边缘》一书是该学派重要的前期理论著述，它描述了中国西部民族地区的社会特征，并且提出了一种以地理特征和日常生活方式为依据的西部社会分层方式，也就是能基本覆盖西部社会巨大差异的社区分类法。陈昌文将中国西部社会生活形态分为：高原（高山）牧区、半山农牧区（半农半牧区）、河谷农区以及城镇社区（事实上包括城市、城镇、县镇等复杂类型的现代性社区），并对这一新的社区分类法下的四种类型的社区形态作出历时性描述。见图1.2。

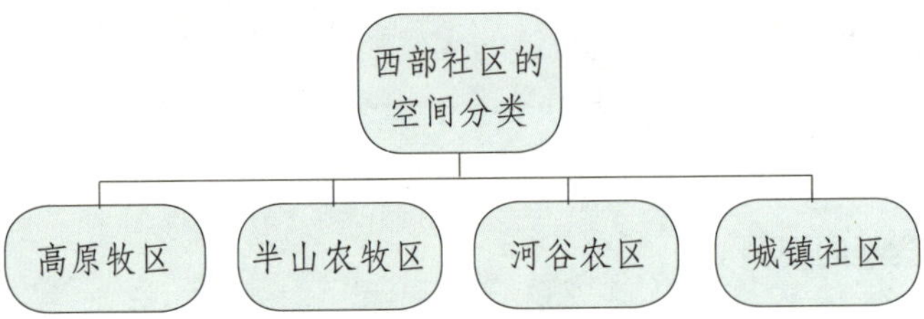

图1.2 西部社区的空间分类

高原牧区：松散与流动

高原牧区主要是以草地分布居多，在我们调查的区域内，大多分布在海拔3000米至5000米之间，处于中国地势地貌的第一个阶梯上。从地理覆盖的角度而言，该区域可以从青藏高原、横断山脉一直延伸到内蒙古高原，主要是草地牧区。这里高寒缺氧，不适于农作物的生长，对人类生存和发展有着极大的制约。大自然的力量和变幻莫测的气候对于这里的生物而言，更多地表现为自然灾害：雪崩、冰雹、风尘、沙化、干旱等。这样的自然环境使这里的人类生存具有择水草而居的特征，而且几乎找不到常年性人居社区。“春场”“夏场”“冬场”这类对分季节迁移的牧场的称谓，是这里的流行语汇。

高原牧区的生产单位千百年来就维系于一个个家庭，把家庭联系起来的传统是以寺庙为核心的附带着商贸及微弱的国家功能制度的聚集点，如村、乡镇等。在这些地区，牲畜是主要的家庭财富指标，在商贸受限区域的大多数牧民家庭对牲畜这样的财富的态度通常是听凭自然的选择力量。牲畜难以商品化、货币化，一般由自然环境来选择维持一个均衡繁衍的数量。然而，最近几十年来西部现代化建设正在全面地改变这一自然生态习俗。公路和商贸使牲畜商品化、货币化成为可能。同时，伴随着过度的放牧、消费欲望的释放而导致的生态破坏、草场退化，也成为牧区发展现代化必须审视的一个重大社会问题。

另一个社会矛盾也日益突出。当国家为保护生态要求退牧还草时，在现代化进程下，蹒跚举步的西部高原牧区也在为发展经济而需要扩大牧群、修筑牧道，提高深加工水平。这一发展悖论无疑给这类地区带来新的生态压力。更为难的是，这些牧场多在公路（包括国道、省道、乡道）甚至国家乡镇管理事业范围之外，一旦该地区流动的人群与家庭渐变成为追逐经济目标的个体单位之后，这些经济增长的源头或许会成为社会发展的一个基本隐患。

高原牧区的基本存在方式是家庭和牧场，特殊的自然地理环境，让这类社区被阻隔在现代交通与通信之外，国家制度管理在这些区域往往也显得鞭长莫及。家庭的流动是由季节和气候的变化而决定的，人们与常态社会的接触频率普遍较低，现代化对其生存境域的改变尚不显著，民族文化和宗教信仰才是联系这些松散的社区与家庭的纽带。

最近30年，先是国营牧场以人民公社的方式使其产出商品化，但是生产力与生产方式是公有的且不具规模。后是国营牧场解体，牧业进入包牧到户，并且现代化的进入引发了牧业的规模化和商品化，松散覆盖广大国土的牧民家庭成了牧业商品零售单位并受制于基层商贩的规模化垄断购销。在现代市场竞争下，原来的经济主体高山草地成长的牛羊遇到了成本和价格的冲击，导致牧民货币收入锐减，被迫转靠海拔4000米以上的虫草经济支撑。但后者是稀缺产品，历年滥挖已导致草场被严重破坏，而且高原生态恢复极难。

半山农牧区：边缘的稳定性

中国国土多为山地，如何合理地利用山林资源来造福于繁衍生息于此的民众，已经探索了千百年。半山农牧区因其既可享受定居的农业优势，又能兼顾草场放牧的经济优势，更保留着远离社会权势中心的自由感，使得坡地的农业开发在中国农民历史上留下了久远的足迹。

在生产落后的中古时期，甚至包括近代，农耕文明的主要特征之一就是选择半山居住。在本书实地考察的汉藏羌民族混居地区，现在能看到的著名官寨和民俗建筑多半都是居高临下，同时还伴有村寨防御性的家庭和公共建筑，如碉楼、城墙、城堡等。事实上，西部大量的远古人类居住痕迹多半是半山山洞、崖窝，连古代悬棺的葬法也是半山选择。这种居住选择，首先是出于心理和现实的安全需要，其次是制度考虑。在如马铃薯一般的小块社会中，由于经常发生盗匪抢劫和族群战争，人祸频繁；又山高皇帝远，治理困难，所以土司与寨主通常可自主天下。同时，水患、塌方、泥石流等对河谷地带影响极大的自然因素，以及“富人住半山，穷人住河谷”的传统观念，也使人们选择高半山古道交通两侧定居。在一些关于丝绸之路和茶马古道的研究成果中，我们不难发现可以佐证公路时代以前的该地区生态概貌的文字：抬头可吻天，扬手可揽云，马帮铃声响，茶盐白银滚滚来。

维系该社区生存与发展的主要经济因素是农牧副混合型家庭经济。农业主要依靠极其脆弱的小块状坡地和宁静的河谷耕地为其主要产业支持。牧业更多的是羊、骡、马、牛等牲畜，多利用半山的散居特点就近放牧，可以获得肉牛，奶牛，羊、猪、鸡等货币化供养。在最近二三十年中，牧业的货币化收入在每个家庭中几乎可以忽略不计。一般而言，家庭的主要货币来源靠副业、蔬菜、瓜果、菌类，以及1998年禁伐以前的自留木材销售。1998年以后，半山农牧区居民原有的耕地在退耕还林中占比重最大，其半山经济受到巨大冲击，当地老人最担心的是下一代怎么办？他们的住宅地、祖坟、田地都难以为继了。可以说，就国家生态而言，西部农牧民继木头财政之后又一次付出了巨大的生态和生存代价。

值得特别关注的是，在西部大开发进程中，桥梁、交通、防洪设施、公共照明等现代基础建设在这些地区大多不具有足够的人口共享成本，政府也不可能为了散居数座山梁的几家人去修个水坝或防洪堤。于是，半山农牧区正在进行大移民，小集中，将散户尽量集约后修建公路、自来水系统和电网。但集约以后出现了问题：居住地离耕地远了，副业也不能搞了，因为鸡和牛羊不可能喂在集约的规模化的楼房之中。农牧民曾经的住宅地是集生产和生活于一体的，晒坝、沼气池和房屋是融为一体的小生态系统。集约居住以后这样的状态显然荡然无存。

河谷农区：繁荣与危机

河谷农区在这里是一个相对概念。在西部的两个高原（川西高原、青藏高原）和横断山脉地区，它特指河谷农区；在云贵高原，它指沿河两岸大大小小相对平坦的农作物耕地和平地农区。河流文明在现代化到来之前的主体呈现原本在半山农牧区，但随着公路的修建、通信工具的普及，现代国家机构的设置等，沿河发展的道路文明刺激着河谷农区的迅速发展。

如今，河谷农区是山区最为富裕、最为发达、享受现代化最多的农区，这主要得益于公路时代造就的道路文明替代了传统的河流文明。河谷冲击地土壤肥沃，水路运输成本和交易成本低，表面上看起来河谷土地少，但是农作物相对于坡地来说产量更高。现代交通、防洪设施的改造和国家制度的安全保障，已使1980年以来的山区居民更多的选择沿河谷居住，这就导致了如今河谷农区历史上最大的居住密度和人脉的形成。近20多年来，西部山区的小移民趋势主要表现为从半山下迁和从牧区下迁。“要想富，先修路”的口号在西部处处可见。公路使农作物的商品化得到极大的提升。蔬菜、水果、副业产品可以通过几个小时或一天的路程去到大都市销售。河谷农区也成为发展小工业，吸引国家资本、外资以及民间资本进行资源开发的地带。这种地带使基础建设性的项目就业具有绝对的现代参与优势。商贸工业参与、城镇参与，尤其是城镇公共事业的参与，都让河谷居住日趋成为所有现代性取向的农业流动和农村流动的最高阶梯。家庭成员的职业复合性使得该类社区家庭也高度的复合化了。由于中国现代性政治、文化、商贸逐渐集中在县镇，而西部的县镇又主要分布在河谷农区，所以现代化的吸纳聚合作用把牧区和半山的资源都吸附下来，河谷农区事实上已成为了前两种社区形态的组织中心。

道路的网络在某种程度上正在扩大，甚至模糊了河谷和城镇的边界。国道、省道、县道、乡道、村道、户道这六级道路代表着六个不同层次逐步递减的公路经济社群分层状况。因此，某种意义上说，山区的集约化靠公路网和输电网来实现，而信息管道、高速网络又是沿着公路网络在行进和普及。但是，山区人居量和地理限制为公路向西部的挺进和普及引出了一个成本问题，即公路的运营成本需要足够的人口和经济量，低于这个量，其修建和养护成本就无法靠本地经济维持。目前，西部的公路收益低于市场化门槛，而国防、生态、政治、人居、民族宗教、旅游这些层面的价值又高于其纯粹的公路贸易价值。因此，如果说西部是中国乃至全世界的生态后花园，那么仅仅以公路作为一种交换原则靠传统农牧业提升区域经济发展是完全无济于事的。

城镇社区：聚合与辐射

城镇，我们专指县辖镇，即县镇，多为县政府所在地。中国西部县级社会有三大特点：一是大多老（革命老根据地）、少（少数民族地区）、边（边疆地区）、穷（穷瘠地区）；二是大多县镇是靠现代国家制度支撑，在县城居民中，国家供养的人口占了一半以上，地方特色工业很少，居民大多从事各种各样的工商业；三是基本为单位组织和熟人社会。县城居民居住地大多是单位建筑，房地产很少且不成规模。这种社区构成非常符合费孝通提出的“差序格局”①，呈现出家庭→单位→社区人际→外地人的复合结构模型。在处事的行为原则上，县镇熟人社会的潜规则不仅比大都市高且多，也比农牧社会多，其内部人际关系特征和等级差距都很直观。县镇的影响力下可辐射农牧区，上可达市、省、国家。在一个拥挤的街道上，我们能够看到当地各阶层，甚至全世界的人，社会差距直观化，官民分别也很直观化。同时，县镇就业有限，要进入现代就业会受到很大的限制。这些社会特征决定了这里是产生社会比较并表达不满情绪最突出的社会区域。

拥挤和就业难是西部城镇宏观层面的主要矛盾，因为谁也不愿意孩子读了书又回去放羊种地。所以现代教育一方面拉近了西部边陲的政治认同、身份认同和生活方式的全球化；但另一方面，现代教育让大多数人在初、高中毕业后

① 费孝通认为，中国传统的乡土社会以宗法群体为本位，人与人之间的关系，是以亲属关系为主轴（亦即每个人都以自己为中心结成）的网络关系，是一种差序格局。这就像把一块石头扔到湖水里，以这个石头（个人）为中心点，在四周形成一圈一圈的波纹，波纹的远近可以标示社会关系的亲疏。这一理论对于本书正在进行的中国现代乡土社会结构分析仍然具有科学价值。

找不到现代就业的出路，从而滋生大量的青少年失业问题。教育的回报率问题让很多家庭放弃了读书而宁愿以就近打工的方式，或以个体商贸或跨区域流动工的身份进行个人发展。

本书认为，按照地理空间定位对西部社会依生态类型划分的方法能够反映西部社会生存状况的空间差异性，也适应于我们对汉藏羌民族混居区域的社会分析和在此基础上进行的传媒使用分析。因此，此种分类方法最终被我们所采用，成为我们分析西部社会传媒使用的社区分类理论基础。

更为重要的是，本书的创新之处也得以彰显：

1.把传媒使用与影响同西部社区形态的差异性结合起来，重点考察中国西部社会在民族、经济、文化、地理等方面呈现的多样性和差异性与受众传媒使用的对应关系。

2.在理论上，以发展社会学与发展传播学的交叉视角，架构地理空间视阈下的中国西部汉藏羌民族混居区域四种社区形态的分析坐标，提出不同形态区的受众媒介使用行为及其最大满足度的对应模式，拓展发展传播学的中国视野。

3.本书考察了在社区和家庭的微观层面上，传统交流方式与现代传媒之间的共存、互动关系。

第三节　社会形态的传媒梯级效应

在发展社会学研究领域中，一个国家，一个地区因其自然环境、地缘经济、地缘政治、族群习俗信仰等历史与现实的原因，其社会内部的发展状况不太可能是均衡的，而是有差异的。就中国社会现实而言，这种差距主要表现在东中西部的区域社会经济发展差距。

国家自1999年成立西部开发办公室以来，或者更早的说，从元朝、清朝对国土疆域的扩大以来，中央政府就长期利用行政力量对中国的西部进行由外至内，由上至下的社会经济拉动。但是，西部处于中国一、二级地理台阶上，曾经有过的丝绸之路和茶马古道的经济命脉地位已被海洋商贸及其随后渗透的欧美文明所替代。山高路远，现代要素的投入产出回报率极低，而且地广人稀，自然气候恶劣，难以形成现代化经济社会发展所必需的规模效益。尽管国家投入持续不断，西部民众仍然处于远离城市和城镇中心，居住点和所从事的农牧业场地极其分散的自然村落状态。在此条件下，要进行中国式的跨越式社会发展，交通和现代传媒率先使其信息流、人流、物流、技术流向西部社区扩散。在现代教育和国家扶持不断加大财政转移支付和基础建设力度的同时，如何评估西部社会发展效应，强调以人为本的科学发展观，势必要以社会分层的微观科学方法与宏观的国家投入相对接。

何谓社会分层？就西方社会学的结构研究视野而言，通常按社会成员的经济收入、权利、职业声望这三大指标进行社会分层；目前，中国主流社会学的视域亦然。但若将其直接推广到中国西部的社会群落中使用时，就会发现并不适用。这是因为，西方社会学和中国主流社会学的理论建构源于对平原工业化、现代城市体系为主体的社会对象考察；而农牧社会和黄色文化最为纵深的高原人类生活，通常都在学科分类的框架下被列入文化人类学，以及自然地理的跨文化研究中。也就是说，由于地广人稀，经济社会发展指标几乎不受重视，其原生态的生产生活方式被视为应该迅速由现代产业和现代城镇所取代。在这样的现代化中心视野下，忽略西部社会的生态状况，把“平原视域”的社会学机械的移位到世界上海拔最高的地区，势必导致现代资源的浪费和低效。同时，也对千百年生长于斯的生态性社会聚落的心理、民俗、信仰及其生存的自然环境造成伤害。

所以，如何用垂直的社会分层范式来讨论和认识现代要素中最具前沿影响力的传媒的使用，是本课题的中心任务。

根据西部田野学者们几十年的学科研究积累与现场经验的综合，西部社会的构成状态通常以自然村落，按河流居住形态交流与聚合。这里面，可以分为四类社会形态：城镇形态，包括跨各大河流流域的公路、铁路两侧的城镇；河谷农区形态，包括中国第二地理台阶的绿洲农耕村落和青藏高原、云贵高原七大河流流域的农业村落；半山农牧区形态，拥有人口数千万，一般居住在海拔2500−4000米的点状山寨村落中，维持着半农半牧的生活方式；高原牧区形态，海拔最高，与主流社会距离最遥远，也是现代社会发展各项指标处于最边沿，但却占据中国国土四分之一强的区域，还保持着古老的民族传统文化、信仰、习俗，以及随水草而居的游牧和半定居生活方式。针对这四种社会形态，现代传媒以城镇为中心，向河谷农区、半山农牧区、高原牧区逐级发展的实践，已经不可或缺地发挥着把当地长期封闭的传统村落与外部世界联系起来，让其居民产生国家认同并转换提升传统产业，改变传统生活方式在认知、需求和行为方面的先导作用。

但是现代传媒从点、线、面的延伸、扩展和布局是一个极其艰难，工程量浩大的代际延续事业。本课题在这样一种对西部高地社会生产、生活形态的分类框架下，以使用定性为主，计量为辅的研究路径，分别考察汉藏羌民族混居区的传媒分布与使用情况。

一、研究内容

基于"传媒与西部汉藏羌民族混居地区社会互动语境下，描述传媒在西部民族地区和谐社会构建中所应该和实际起到的作用"这一问题，本研究成果的主要报告内容如下：定性地描述传媒使用的社会分布，发现传媒的分布状态是否合理、公平、共享且体现出针对性和差异性。

本书以西部汉藏羌民族混居区域的社会经济文化现状为立足点，在此基础上提出城镇、河谷农区、半山农牧区和高原牧区四种社区形态概念，并以此为构型考察西部汉藏羌民族混居区域的传媒使用及其影响，力求在西部新农村建设的进程中，通过对大众传媒与农村经济发展、大众传媒与农民媒介素养、大众传媒与农村教育和大众传媒与少数民族地区的平衡发展等问题的探讨，实现对中国西部汉藏羌新农村建设与和谐社会构建的传播系统研究。

研究重点：按照四种社区形态的划分，对西部最易被人忽略、处于最边缘状态的汉藏羌民族混居区域人居环境和传媒使用现状进行点、线、面的田野调查，建构出尽可能接近真实的、定性和定量兼具的传媒使用与影响的全景性描述。针对西部民族地区四种不同的社区形态，提供具有中国西部特色的传媒使用结构及其内容推广模式。

二、研究假设

本书假设，西部汉藏羌民族混居区域四种社区形态下的传媒生态环境具有如下多元特征：

目前在西部，通过政府手段主导的传媒这一现代要素的扩展和推进，一方面，在四种社区形态下由于地域差异和人群生活条件差异而呈现出传媒使用和共享上的极差；另一方面，传媒的预期影响与其实际效果往往会出现正、负两个维度。当被传媒拉动的需求与受众实现这些需求的能力以及原有的现实需求（来自于社会的、个人心理的）相吻合时，传媒普遍发挥着正功能，成为有效服务于个体和社会发展的积极因素；当被传媒拉动的需求超越了受众的现实需求（社会的和个人的发展目标），以及那些被传媒培养而滋生的超越需求在满足能力不足时，传媒就有可能产生负功能，导致受众的心理挫折感，致使其成为本土民族传统文化的迷失者和现代文明窗外的流浪者，从而诱发社会不稳定因素。

第二章 研究路径与方法

第一节 研究路径与样点描述

一、历史与现实关照下的汉藏羌民族混居区域

在西部12个省、市、自治区中，汉藏羌民族混居区域主要指我国西南地区汉、藏、羌三个民族的混居区域。由于民族融合和社会流动，使得纯粹的民族聚居地变得越来越稀缺甚至消亡，绝大部分地区都以“民族混居”为当地人口的主要居住形态，只是各少数民族所占比重不同。藏族主要分布在我国的西藏、青海、甘肃、四川、云南等地；羌族在我国主要分布在四川、贵州二省；而汉族作为我国主体人口在各省都有分布。因此，我们的主题考察范围——汉藏羌民族混居区域就主要指四川省内汉族、藏族和羌族的混居区域。这一区域又与“5·12”汶川地震的重灾区有着极大的重合。本课题组将阿坝藏族羌族自治州的马尔康县、茂县，绵阳市的北川羌族自治县，甘孜州的康定县作为选点区域，其中藏、羌民族人口主要分布在农村，因此，我们的调查点也以上述调查点——农牧地区为主要研究区域。

表2.1 被调查地区基本情况[①]

	GDP（亿元）	人均GDP（元）	三产业及比重					
			第一产业（亿元）	比重	第二产业（亿元）	比重	第三产业（亿元）	比重
全国	300670	22640	34000	11.31%	146183.4	48.62%	120486.6	40.07%
西部	58256.6	15951	9065.1	15.56%	28018.6	48.09%	21172.9	36.34%
四川	12506.25	15368	2366.15	18.92%	5790.10	46.29%	4350	34.78%
北川	101694	6735	31958	31.43%	37548	36.92%	32188	31.655
茂县	66008	6239	15066	22.82%	27684	41.94%	23258	35.24%
马尔康	86726	15135	12816	14.78%	14476	16.69%	59434	68.53%
康定	257585	22072	23898	9.28%	120931	46.95%	112756	43.78%

由于羌族分布较为集中，从样点选择和样本覆盖的角度来说，代表性较强。但是，藏民族分布区域，亦即藏传佛教信仰分布区域则占据了我国四分之一以上的国土。因此，我们的调查只能在藏区东部地带选择尽可能符合四种社区形态指标的两组分层样点进行50户样本检测，其中，阿坝的样点选择完全满足了高原牧区、干旱性的半山河谷农区、因修公路和水坝剧烈改变的河谷农区及其城镇这四种社区形态的调查指标；而甘孜地区则对康定周边的河谷农区和半山并不典型的过渡性区域，以及城镇进行了非典型性调查[②]。

基于前面对西部社区形态的四种分类，我们把15个样本点分别归纳到这四种社区分类当中，对每一样本点分县域介绍其传媒历史，并对每一样本点做简要描述。

① 根据四川省2008年统计年鉴整理得出。
② 所谓非典型性，是指这些区域海拔较高，地势较为平缓，又处于横断山脉向青藏高原的过渡地带，其高原地貌相对于阿坝陡峭的河谷、大部分由岷江冲刷出来的沟壑而言，牧区的伸展度更大、更广阔，藏民族居住人口较多，因而具有民族混居区难以呈现的单一民族大众媒体使用与评价的典型抽样价值。

表2.2 分社区形态的问卷分布

社区形态	样点名称
城镇	茂县凤仪镇雪花井社区
	北川县擂鼓镇板房区
	北川县安昌镇
	马尔康县昌列寺
河谷农区	茂县南新镇棉簇村
	北川县陈家坝乡
	马尔康县梭磨乡毛木初村
	马尔康县卓克基镇
半山农牧区	茂县黑虎乡小河坝村
	茂县太平乡木耳村
	北川县吉娜羌寨
	北川县小坝乡
	马尔康县马尔康镇莫拉村
高原牧区	马尔康县大藏乡春口村、牧业村
	康定县塔公乡

（一）北川的历史与现实

1. 北川建置沿革

● 史载北川

近年考古成果表明，距今两万年前，北川县境内就有人类栖息。据《尚书·禹贡》记载：夏商时期，县境属梁州之城，周为冉駹部落属地。周慎靓王五年（前316）秦灭蜀国后，于周赧王十五年（前300）以蜀国境域设置蜀郡，北川属蜀郡冉駹部落境域。西汉武帝元鼎六年（前111）开发西南，以冉駹部落之地置汶山郡，辖广柔等五县，北川县境属汶山郡广柔县。据清乾隆版《石泉县志》载："《通志》言，邑为蜀郡广柔县地。"南齐在汉汶川县治地设置北部都尉，北川隶属其境域。梁武帝普通三年（522）置绳州，辖汶川郡和新由北部都尉改置的北部郡。北部郡辖广阳一县，北川属广阳县境域。北周天和元年（556）于北部郡新置北川县，是为建县之始，至今已有1444年的历史。建县之后，北川县又经历了一系列的变革。唐贞观八年（634）析北川县置石泉县，北川、石泉两县均隶属茂州（由汶山郡改名而来）。唐高宗永徽二年（651）并北川县入石泉县。民国二年，罢府、厅、州，以道辖县；民国三年，因与陕西省石泉县同名，且彼县设置在先，乃复更名为北川县。从民国八年起，四川军阀割据的"防区制"正式形成，县级政区均有驻防军阀管辖，北川县先后为吕超、邓锡侯、刘斌、杨森、田颂尧等大小军阀的防区。民国十九年，四川省正式撤道，各县均隶省①。

● 革命北川

北川人民具有光荣的革命传统。1935年4月，中国工农红军第四方面军长征进入县境，在县内相继建立了平南县和北川县苏维埃政府两个县级苏维埃政权、5个区苏维埃政权、28个乡苏维埃政权以及119个村苏维埃政权。同年7月下旬，苏维埃政权随红军的撤离而解体。同年，川政统一，省下设置行政督察区。北川隶属第十四行政督察区。1953年11月，四川省革命老根据地建设委员会将北川确定为"革命老根据地"。2002年12月，绵阳市爱国主义教育基地"红军碑林馆"落成于禹里乡奎星山下②。

● 北川建置

1949年10月1日新中国成立，1950年1月7日北川县解放，隶属剑阁专区。1953年1月，剑阁专区改称广元专区，北川县隶属广元专区。1953年3月广元专区撤销，北川县隶属绵阳专区。1968年7月，绵阳专区改称绵阳地区，北川县隶属绵阳地区。1985年5月，绵阳地区撤销，分置绵阳、广元、遂宁三市，北川县隶绵阳市。2008年5月12日，北川发生8.0级特大地震，震后，经专家论证、人民群众要求和政府审定，报经国务院批准同意，北川行政区划再次进行了调

---

① 北川县志编纂委员会:《北川县志》[M]，北京：方志出版社，1996：12—13。
② 同上，第14页。

整，安县安昌镇、永安镇和黄土镇的常乐村、红岩村、顺义村、红旗村、温泉村、东鱼村等6个村划归北川管辖。从安县调整到北川行政区划的面积为215平方公里，人口为7.89万人。同时，北川县城由曲山镇迁至安昌镇，北川县政府驻地由曲山镇迁至安昌镇。根据北川羌族自治县新县城灾后重建规划，总规划用地9平方公里。如图2.1所示：

本次课题组重点考察了北川县的擂鼓镇（包括吉娜羌寨）、小坝乡、陈家坝、安昌镇。

（1）擂鼓镇位于北川县城东南部安北公路沿线，镇境东接通口乡和永庆乡，南、西邻安县；北连曲山镇和青石、治城、漩坪3个羌族乡，面积145平方公里。民国三年置南区，民国十九年改置第四区，民国二十五年改置第五联保，民国二十九年改置擂曲乡，民国三十一年9月划属安县。新中国成立后，1952年7月，划归本县，属第三区。同年9月第三区治所由曲山迁至擂鼓，1954年4月，改称“擂鼓区”。1986年8月，撤销擂鼓区，将擂鼓、五星、苏宝三乡

图2.1 北川新城航拍照片（新华社发）

合并设置擂鼓镇；同时设置苏宝、五星两个办事处。1987年至今，辖擂鼓镇街道居民委员会和擂鼓、猫儿石、麻柳等30个村、145个村民小组。

（2）小坝乡位于县境西北部，东、南邻治城区，西南接坝底区，东北连平武县，西北接松潘县，面积678平方公里。民国二十四年4–7月，中国工农红军驻县期间，置小坝区苏维埃政府和小坝、片口、外白、龙藏、晓阳5个乡苏维埃政府，27个村苏维埃政府。1950年3月，置小坝区，同年7月改称第二区，1955年4月，复称小坝区。1987年，辖片口、开坪两个羌族乡和小坝、外白、桃龙、小园4个羌族藏族乡，53个村，239个村民小组和小坝、片口两个街道居民委员会。其中，小坝乡是本次调查的一个样本点。小坝羌族藏族乡东连小园羌族藏族乡，南靠南坪、禹里两个羌族乡，西接外白、桃龙两个羌族藏族乡，北界片口羌族乡。清宣统三年（1911）置太平乡。民国二十五年置第六联保，民国二十九年改称小坝乡。新中国成立后，1952年3月，析置桃龙、外白两乡。1958年9月，撤乡成立小坝人民公社。1984年1月，复称小坝乡。1985年4月，成立小坝羌族藏族乡。1987年至今，辖沙坪、白花、新建等18个村、67个村民小组和小坝街道居民委员会。

（3）陈家坝区位于县境东北部。东邻江油县，南连通口区和江油县，西靠治城区，西南接曲山镇，北与平武县接壤。治所陈家坝场，因旧时其地居民多为陈姓而得名。民国二十四年4–7月，中国工农红军驻县期间，在区境置平南县苏维埃政府及东溪、陈家坝、太子庙、龙凤等9个乡苏维埃政府，43个村苏维埃政府。1956年12月，置复兴区，1981年9月，改称陈家坝区。1987年，辖邓家、陈家坝、太洪等7个乡、58个村、308个村民小组和陈家坝街道居民委员会。其中陈家坝乡是本次调查的一个样本点。东靠甘溪乡，南邻江油县，西连邓家乡，北界都坝乡和太洪乡。清宣统三年（1911）置龙凤乡。民国二十四年中国工农红军驻县期间，置陈家坝乡；民国二十五年置第11联保；民国二十九年改置陈家乡。新中国成立后，1951年3月撤销陈家乡，分置复兴、太平、云龙3个乡。1955年10月撤销太平乡，其中部和南部并入复兴乡。1958年9月撤销复兴乡，成立复兴人民公社。1961年3月析东北部和云龙人民公社西南部地域置太平人民公社。1981年9月复兴人民公社改称陈家坝人民公社。1984年1月改称陈家坝乡。1987年辖龙湾、双堰、红岩、平沟等12个村，65个村民小组和陈家坝街道居民委员会。

（4）安县辖镇，县府驻地。1940年建安昌镇，1953年改城关镇，1981年复置安昌镇。位于县境东北部，面积100平方公里。成(都)青(川)、永(兴)安(县)公路在此交会。辖金龟、东升、南丰、双龙、高安、石梯、建国、宝林、纳溪、群联、双福、川主、翼泉、鼓楼、蔬菜、北山、沙金、开茂、福田、裕清20个村委会和以序数命名的7个居委会。乡镇企业有建材厂、丝绸厂。农业主产水稻、小麦、油菜子。商贸、旅游业较为发达。现代文学家沙汀、抗美援朝二级战斗英雄特等功臣陈开茂出生于此。据第五次人口普查数据显示，全镇总人口49333人，男性为25109人，女性为24224人，共有47250户家庭户。

2. 北川的民族演化

北川自古即为少数民族聚居地，其中羌族和藏族为县内人数最多的少数民族，其来源和构成极其复杂。县境古为冉駹部落属地，聚居于此者“皆氐类也”。羌族历史可追溯到古殷商时代，早在三千多年前，殷代甲骨文中就有关于羌人的记载。今天的羌族只是古代一部分羌人的后裔。秦汉之际，原居住于西北大草原的羌人大量南迁，在岷江上游地区定居下来，与土著氐羌人融合，成为县内居民的主体。县境亦随之成为其聚居地。唐初，吐蕃势力东渐，羌人聚居区相继被其占领。唐贞元十九年（803）剑南西川节度使韦皋大破吐蕃，将其势力逐出县境，但大量吐蕃人仍然在白草河一带与羌族杂居繁衍，成为县境藏族之先民。军事弹压历来都是对付羌、藏民的主要手段。明代中期以后，经过多次大规模的征剿，羌、藏民逐渐失去了对抗能力，相继内附，成为了“编民”。明代以后，有茂县、松潘、平武等地的羌、藏民陆续迁至县境。清代中期，形成移民高潮。统治者遂实行强制汉化政策，加之民族之间的长期自然交流，羌、藏民逐渐改着汉服，用汉姓，说汉话。20世纪50年代后，废除民族压迫政策，实现民族平等，但未进行系统的民族识别，大量的羌、藏民由于外部特征不明显而被长期误认为汉人。80年代初，据党的民族政策和羌、藏民的要求，陆续识别、恢复其族别。1987年11月，四川省人民政府批准，“自1988年1月起，北川按少数民族县待遇，享受相应的优惠政策，党的民族政策逐步得到全面落实”。2002年，全县置3镇17乡，其中少数民族乡15个，占乡镇总数的75%。自1986年开始进行的争取建立羌族自治县的工作历时17年。2003年7月6日，国务院国函[2003]75号批准建立北川羌族自治县[①]。

3. 北川的传媒发展历史

北川县的广播、影视、报刊、图书等传媒经历了漫长的历史发展。

广播电视电影方面。民国二十九年，县政府设收音室。1952年，新中国成立了收音站。1958年，政府将收音站改建为广播站，架设县城广播专线。之后，全县推广用电话线传输广播节目的经验。1969年，开始建立公社广播站，至1971年，实现全县每社一站，建成了以县站为中心、乡站为基础的农村广播网，全县80.2%的农户安装了广播喇叭。1982年后，逐步采用调频无线电传输广播节目，广播内容与时段主要用于转播中央人民广播电台和四川人民广播电台的节目，也开设自办节目。1980年后，在自办节目中，还开办理论学习、农家之友、计划生育等专题节目。1976年，县广播站开始为拥有黑白电视机的家庭筹建差转台。次年，建成一座电视差转台。至1987年，全县有电视差转台28处，电视信号覆盖面达幅员的41.7%，有电视机4126台；县内普遍可以收看到中央一套、四川电视台一套节目[②]。

此外，电影于民国时期就在北川县发展起来了。民国二十六年，有外地人到曲山、治城等地放映无声小电影。1950年，剑阁专署电影队9011小分队定驻北川，放映无声电影。在此之后，省电影队等先后放映有声电影。1965年首次上映彩色影片《洪湖赤卫队》，1973年上映宽银幕彩色电影《卖花姑娘》，1985年首次上映立体电影《欢欢笑笑》[③]。

图书报刊发行方面。民国时设书摊。新中国成立后，于1951年成立新华书店广元支店北川代销处，次年改建为北川县人民书店。1956年建立新华书店北川支店，1958年更名为北川县新华书店。20世纪50年代年均发行量不足11万册，60年代年均25.8万册，70年代年均24.1万册，80年代年均47万册。在民众阅

---

① 北川县志编纂委员会:《北川县志》[M]，北京：方志出版社，1996：24。
② 同上，第251页。
③ 同上，第252页。

读条件方面，民国二十五年便设立了书报室。1951年，县文化馆内设图书室，由专人负责图书管理等相关工作。1979年，县文化馆图书室被独立扩建为县图书馆。1984年，与县科委合作，增设科技阅览室。北川县内最早发行的报纸是1951年创办的《北川快报》，1953年停办。之后1956年创办了《北川报》，成为当时重要的传达县委指示、政府执政方针的工具，1962年停办。改革开放以后，为了满足广大人民群众获取信息的需要，北川县政府积极引进各类报刊图书，如《四川日报》《人民日报》《绵阳日报》等。此外，北川县政府还积极筹建农村书屋，给当地人民提供了良好的阅读环境[①]。

邮电通信方面。光绪三十年（1904），在治城中街置邮务代办所，50年代后改称邮政局。1951年，邮局开始发行报刊，主要发行《人民日报》《新华日报》等报纸和《中国青年》《中国妇女》等杂志。1952年，报纸发行累计174559份，杂志发行累计7003份。民国时期，还设有电话管理所。1953年，县邮政局与电话管理所合并为县邮电局。民国时期，县城仅安装电话机1部，民国十七年，架设安县到北川电话线。新中国成立至1985年，长途电话线达到7条，1986年发展长途专线2条。市话网络和农村电话网路均有所发展。继1992年擂鼓镇程控电话工程投入运行后，1994年11月26日开通了县城程控电话，并一次性完成光缆和数网工程；同时开通禹里、淤坪、陈家坝等乡(镇)程控电话。至1997年，又先后开通通口、坝底、桂溪、小坝等乡(镇)程控电话，开通了127、129台无线寻呼和139数字移动电话。自2003年起，该县的移动通信基础设施建设步伐加快，移动通信能力有了大幅度提高，全县有12个乡镇开通了移动电话[②]。

截止地震前，北川的传媒发展情况如下：

广播电视电影。乡镇广播电视台站22个，广播电视设施设备共计16570台/件/套。光纤线路3656千米。2006年，县电视台制作播出电视新闻138期1839条，系列报道3个29集制作电视专题片30个。电视拥有百户100台。广播人口覆盖率35%，同比提高4个百分点；电视人口覆盖率85%，提高3个百分点。有线电视用户13000户。2002年，全县完成广播电视“村村通”工程，覆盖率分别达

① 北川县志编纂委员会:《北川县志》[M]，北京：方志出版社，1996：253-254。
② 同上，第262页。

到84.5%、92%。1个电影公司，4支电影放映流动队、1支机动放映队。2006年深入全县乡镇、学校、厂矿放映电影150场，观众5万人次。

报刊图书。邮政服务网点10个，代办点21个。图书：县图书馆1个，图书50000册。2006年新购各类图书885册，杂志55种，外借图书8936册次。四川新华文轩连锁股份有限公司北川店于2005年成立。

移动通信。全县20个乡镇开通了移动电话，移动电话用户15057户，移动用户普及率达到22.7%。

2006年年末有文化馆、公共图书馆、大禹纪念馆各1个。

震后传媒情况如下：

广播电视。“5·12”汶川地震发生后，北川广电多年来辛苦经营的广播电视事业毁于一旦，人民群众已无法收听广播、收看电视。经过一年的过渡期建设，部分群众已能收听收看到部分广播电视节目，但这仍不能满足全县群众的精神和文化需求。北川县结合灾后恢复重建任务和三网融合的契机，精心组织各项工程的实施。

农村有线广播电视光纤网络工程。2010年10月建成新一代农村有线广播电视光纤网络工程。光纤分配网络线路从全县20个乡镇到住户集中的村社，敷设长度1150千米。同轴电缆系统4000千米，建设地面数字无线发射站（中继无线直放站）160处，新一代数字化广电网络已覆盖全县所有乡镇。新建的广播电视光纤网络工程为我县三网融合搭建起了一个与全省数字电视很好的平滑、无缝对接平台，为三网融合试点工作打下了良好的基础。

“村村通”民生工程。广播电视“村村通”工程已完成。其中通过直播卫星覆盖1063个，无线覆盖75个，有线覆盖149个，共计完成1297个自然村，超额完成既定计划，满足了更多群众的精神文化生活。

中央农村无线覆盖工程。按照四川省广播电视局【2008】152号文件安排，我县实施的三个中央农村无线覆盖工程（也称总理工程）任务。经过科学规划、认真选址、精心实施，擂鼓盖头山无线发射站、陈家坝文家坪无线发射站已于2009年12月全面完成建设并交付使用。新县城临时发射站于2009年5月建成并实现代播。擂鼓盖头山发射站：东经104.2635°；北纬31.4744°；海拔高度

1042米。建筑面积150余平方米，发射铁塔高20米，安装300瓦发射机1台，规划节目为：电视转播中央一套，发射频道DS-35。陈家坝文家坪发射站：东经104.4931°；北纬31.8597°；海拔高度634米。建筑面积120余平方米，发射铁塔高35米，安装300瓦发射机2台，规划节目2套：电视转播中央一套，发射频道DS-33；广播转播中央人民广播电台，频率92.7MHz。新县城云盘山无线覆盖发射台规划铁塔40M；拟定电视转播中央一套，发射频道为DS-18；中央调频广播节目，广播频率为89.9MHz。擂鼓镇盖头山发射台和陈家坝乡文家坪发射台铁塔建设完成后，解决了擂鼓镇、曲山镇、陈家坝乡3万群众收听收看问题。2009年5月中旬投入使用的新县城无线广播电视发射站（代播点），通过代播，实现了为新县城建设提供广播电视宣传、为建设新县城的山东援建者和新县城拆迁用户，提供包括中央农村无线覆盖规定节目任务在内的中央一套、中央七套、山东卫视等8套电视节目和3套（中央、四川）调频广播电视节目。广播电视数字前端工程。在山东援建方的大力支持下，100套电视节目的数字电视前端系统（包括60套基本节目、40套付费节目）于2009年11月正式开工，2010年8月建成并投入使用。

图书报刊。政府利用山东捐赠的图书，在香泉乡（黄江村）、青片乡（小学）、安昌镇（沙金村）、桂溪乡（桂溪村、甘溪板房）建立了5个图书室。新建10个农家书屋、23个乡镇文化站、村综合文化活动室、新闻发行网点和报栏。2009年3月5日，深圳瑞视恒通科技有限公司董事会向北川县人民政府无偿捐赠总值达500万人民币的“新农村综合视讯平台”，并于5月4日在北川新县城永昌镇举行捐赠仪式。4月，接受中华慈善总会和全国政协捐赠图书10000册、《四库全书》一套。6月，接受国家图书馆捐赠资金5万元和文化部以及全国中、小型图书学会捐赠的新书66件，并向上级争取过渡性综合配套设备14套。7月30日，与荷兰克劳斯王子基金会签订造价12万欧元的特藏文献室捐建合同。10月17日，台湾“国立”大学图书馆学系在永昌镇图书室举行图书捐赠仪式，共计给四川全省25个点（包括北川）捐赠图书近千册。2009年，县图书馆深入机关、企事业单位和部分乡镇，征集、搜集羌文化、禹文化、红色文化和地震资料、文献等近百种，共计820册。2010年，搜集地方文献集30种，采购

“5·12”汶川地震文献集54本。

出版。震后，北川县禹羌文化研究中心继续编印《大禹文化》，截至2011年3月，一共新编、出版5期，刊发有工作报告、禹羌文化学术论文和探讨北川灾后重建的论文等，其中，包括县长经大忠撰写的《弘扬大禹精神 再造秀美北川》一文。2009年9月，《北川记忆——“5·12”地震故事》付梓成书，收录北川地震故事100个，印数6000册；2010年5月，《爱心文化与美好家园建设》一书由中国文史出版社出版，印数1000册，公开发行。

公共文化服务设施。新县城公共文化基础设施重建。北川县文化馆建筑面积3000平方米、北川县图书馆建筑面积3393平方米均于2010年9月竣工落成。山东省德州市援建的北川县图书馆按照国家一级馆布局，功能齐全，特藏文献室计划将羌文化、禹文化、红色文化和抗震及爱心文化溶为一体，借以展示北川的沧桑历史和深厚的文化底蕴；北川羌族民俗博物馆由山东德州市承建，已于2010年1月动工，规划建筑面积8002平方米，建设内容包括主体工程、布展工程和数字化工程，其中，主体工程包括展示展演区、库房储藏区、研究管理区、接待服务区和辅助设施区；主体工程于2010年9月完工，并通过验收。北川羌族自治县非物质文化遗产保护中心，于2010年2月动工修建，并于9月竣工通过验收。北川县影剧院、北川县羌族歌舞艺术团和北川县川剧团合称北川羌族自治县艺术中心，其中，北川县羌族歌舞艺术团已于2009年2月动工修建，并于年底前竣工，其余两个项目于2010年2月开工建设，并于9月竣工。

4.北川县样点概况

● 北川县小坝乡

小坝乡位于北川羌族自治县境北部，面积313平方公里，辖32个行政村，总人口14597人，其中有羌、藏等少数民族人口11384人。乡境内森林面积19.07万亩，森林覆盖率达40.6%；水力资源丰富，建有小水电站3处，年发电量180余千瓦时；居民农作物以玉米、马铃薯、油菜为主，牧业以饲养生猪、山羊、牛为主。20世纪70年代以来，大力发展的茶、药、桑、果等多种经济作物基地，目前已达20余万亩，成为农民增收的重要途径之一。

● 北川县陈家坝乡

陈家坝乡位于北川县境东部，东接桂溪，南望江油，北抵都贯，西通曲山，幅员135.7平方公里，人口15217人，辖18个行政村。交通以公路为主，省道105线曲桂公路贯穿全境，辖区内18个村实现“村村通”公路。2007年底，全乡总人口为12892人，其中非农业人口183人，农业人口为12709人。2007年，全乡实现地区生产总值 11550万元。乡境属粮食型经济，主要以农林牧为支柱产业，以蚕桑、茶叶、林药等种植业和生猪、牛、羊等畜牧业发展项目为主，发展全乡的农业经济。“5・12”地震，陈家坝乡是极重灾乡，在此之后又遭遇了“9・24”洪涝泥石流灾害的侵袭，一些重要的相关数据均已丢失，不好搜集。眼下，全乡70%的农田无法复耕，场镇受地质灾害威胁须异地重建。在灾后重建过渡期，乡里的帐篷商铺绵延300多米，餐饮、服装、菜市、日用品、手机超市、理发店等应有尽有，还开了两个小网吧，俨然形成一个“商圈”。关于农家书屋，震后在红岩村板房社区中有一家由志愿者捐资建成的农家书屋，并且发挥着强大的使用功能。

图2.2 坐落在半山的小坝乡（课题组摄）

图2.3 受灾后的北川县陈家坝乡场镇（课题组摄）

● 北川县擂鼓镇

擂鼓镇位于北川县境东南，距县城8公里，是县城通往安县和绵阳的门户，成青公路穿境而过。幅员145平方公里，辖30个行政村，一个街道居委会。擂鼓镇先后被列为“四川省企业东西合作示范区”“四川省城镇建设试点镇”“全国

图2.4 擂鼓镇灾后重建的八一中学实景（课题组摄）

图2.5 新建的吉娜羌寨（课题组摄）

退耕还林示范点”，是全县唯一的工业基地和县一体化建设的乡镇。镇境内地形复杂多样，宜种作物品种多，工农业资源丰富。擂鼓镇坚持走“工业强镇”之路，现有大小企业上百个。乘西部开发之风，县委、县政府确定在擂鼓建立占地400余亩的工业园区，着力引进高附加值、低耗能、技术领先的环保型企业。现在，擂鼓镇经济繁荣，文化发达，交通便利，通信快捷，商贸活跃，社会福利事业得到长足发展，社会治安秩序好，城建设施功能完善，投资环境大为改观，是投资发展的理想地区。据全国第五次人口普查数据显示，全镇总人口18009人，男性为9362人，女性为8647人，共有5058户家庭住户。

● 北川县吉娜羌寨

吉娜羌寨原来叫做猫儿石村，在2008年“5·12”大地震中，全村71户人家有69户房屋倒塌，26人遇难。新建成的吉娜羌寨由69座羌族碉楼式建筑组成，是北川震后第一个建成的永久性居住寨子。在政府补贴、贴息贷款等惠民政策的支持下，2008年12月26日起，猫儿石村受灾的69户人家陆续搬进了新建的羌寨。“吉娜”是羌族文化中美丽女神的名字，大家都希望这个名字能让新寨子有一个美丽的未来。

● 北川县安昌镇

安县辖镇，北川县县府驻地。1940年建安昌镇，1953年改城关镇，1981年复置安昌镇。位于县境东北部，面积100平方公里。成(都)青(川)、永(兴)安(县)公路在此交会。辖金龟、东升、南丰、双龙、高安、石梯、建国、宝林、纳溪、群联、双福、川主、翼泉、鼓楼、蔬菜、北山、沙金、开茂、福田、裕清等20个村委会和以序数命名的7个居委会。

图2.6 2008年“5·12”汶川地震前的安昌镇（课题组摄）

（二）茂县的历史与现实

1. 茂县建县沿革

早在商至春秋战国时期，今天的茂汶羌族聚居地就已被进入岷江上游的古羌人开发，是为“蜀山氏”，系古代冉駹等少数民族的聚居区域。西汉至民国为州、郡、县、屯署、专署治地。民国二年（1913），改茂州为茂县。1935年，中国工农红军第四方面军进驻茂县，并在此地建县、区、乡、村苏维埃政权。1950年元月，茂县解放，同年2月11日，在凤仪镇建茂县人民政府，2月26日建茂县专署。1953年元月，四川省藏族自治区人民政府在茂县成立。1958年，茂县、汶川县、理县合置茂汶羌族自治县。1963年析置汶川县、理县、茂汶羌族自治县，县治地从汶川县威州镇迁回凤仪镇。1987年，阿坝藏族自治州改名为阿坝藏族羌族自治州，后茂汶羌族自治县改为茂县①。

本次课题组重点考察了茂县的凤仪镇、南新乡棉簇村、沙坝区黑虎乡小河坝村、太平乡木耳村。

（1）凤仪镇位于县境东南，是茂县的政治、经济、文化中心。凤仪镇历为州、郡、县驻地，系西南边陲军事重镇。民国二年，凤仪城区置团首；民国二十四年实行联保制，凤仪城区设第一联保办公处；民国二十九年，实行新县制，始建凤仪镇。新中国成立后沿用该县名至今。

（2）南新镇位于县境西南。该乡岷江以西牟托等寨在民国前属牟托巡检

① 茂县县志编纂委员会:《茂县志》[M]，北京：方志出版社，2010：12。

司地。民国初年始于石鼓、别立、吉鱼置团总；民国三十六年置石纽乡，属第一区。新中国成立后，该乡于1952年从石纽乡分出，于白水寨下建乡取名“南新”，取新建乡于县南之意。1954年10月，乡驻地从凤毛坪迁往七星关。1958年建立南新人民公社。1984年，恢复南新乡建制。

（3）沙坝区位于县境中部。民国三十一年，县属第三区署由刁林沟迁至沙坝，辖黑虎、龙坪、小北、曲谷5乡，15保；民国三十七年，撤销区建制。新中国成立后，1951年成立沙坝羌族自治区，其中黑虎乡位于县西北，东连飞虹、渭门、石鼓，西南与汶川县和南新乡接壤，北和回龙、三龙为邻；乡驻地小河坝。该乡解放前后均名黑虎乡，相传当地曾经出了一位羌族英雄“黑虎将军”，故得此名。

（4）太平乡在茂县以北，东与北川县白马乡为邻，西与松坪沟乡连接，西南与较场接壤，北与松潘县镇坪乡相依。该乡解放前后均属蚕陵乡，1952年建立太平乡，隶属水沟子区。1953年后归较场区管辖，1966年成立太平人民公社，1984年恢复乡建制。

2. 茂县的民族演化

茂县境内常居人口包括羌族、汉族、回族、藏族和其他民族，其中以羌族人为主体。今茂县境内羌人自称“日麦”“尔玛”。据史书记载，羌族人在此聚居曾经历过五次较大的迁徙。秦王朝开拓疆域，西北羌人迫于秦的军事压力，开始了大规模的迁徙，其中部分羌人来到了岷江上游茂汶一带。汉初，茂汶一带居住着许多氐羌部落，其中尤以冉駹为大。汉武帝开通西域置河西四郡，意图隔绝匈奴与羌人的联系，于是又有部分羌人被迫由甘肃、青海等地南下移居茂汶。魏晋南北朝时，西北宕昌、邓至羌人将其势力深入岷江上游。隋唐时期吐蕃向东扩展，居住河、湟一带的党项羌人细封氏等部落向南迁松潘、茂汶一带。唐在此设茂州都郡府下属的羁縻州，委羌人部落首领为州刺史。长期的民族融合，使先后移居茂汶一带的氐羌部落，共同构成了茂汶土著民族[①]。

3. 茂县的传媒发展历史

茂县的广播、影视、报刊、图书等传媒经历了漫长的历史发展。茂县的

---

① 茂县县志编纂委员会:《茂县志》[M]，北京：方志出版社，2010：22。

广播事业起步较早。民国二十五年，茂县政府购领收音机一部，安置于汶山公园，颇有益于民众教育。新中国成立后，1950年，茂县收音站开始用收扩音机播放节目，1953年，开始发展有线广播。1958年，凤仪区广播站利用电话机末端延伸线路安装喇叭309只，以后有线广播逐渐发展至乡村。1965年，广播普及入户。1977年，建立节目传输专线。50年代广播站靠收音机广播收听新闻，再通过笔录、刻写为纸质印刷品，以分发、张贴等形式进行宣传。从70年代开始，县站及部分乡站除了转播中央、省台的节目外，在自办节目中增播有民族乡土气息的广播内容。党的十一届三中全会后，广播宣传重点转向了为经济建设提供服务。80年代初至90年代末，无线广播在23个乡镇均保证了畅通，村村通广播也稍后得以实现。21世纪的头十年，电视的普及逐渐取代了无线广播。

电视录像发展方面。1978年建成了电视差转台。1984年，在县广播电视局内建录像电视室，播放内容采用由成都电视台转录回来的中央电视台节目。至此，凤仪等地区能收看1-2套节目。同年，在南新别立建成2个差转台，覆盖南新、别立、白水等12个村寨。同时，县内兴起录像放映传播渠道。1987年，在原局址建广播电视大楼作卫星地面收转站，在凤仪镇95%的村寨可收看多个频道的节目。目前，在茂县实施了电视电脑村村通工程，一家一个“锅盖”（卫星接收器），可以接收48个台的卫星直播节目，接收效果非常好。相关部门及产业的三下乡活动也鼓励农民积极购买电视及电脑[①]。

电影文化的发展历史可追溯到民国二十五年，当时从成都请来放映队，在城隍庙放映黑白无声影片；民国三十五年，电影队在城东放映宣传抗日的影片，轰动全城和附近的羌寨。新中国成立后，1951年，曾凡俊等人组成川西行署文教厅电影教育工作队，在茂县境内放映各类影片。至1981年，全县电影放映单位发展至28个。茂县政府积极发展电影文化事业，据2009年《阿坝州年鉴》记载，一年由当地组织的电影放映有300余场次[②]。

新闻报刊的发行方面。民国三十四年，县内就有新闻爱好者给成都报刊投稿；民国三十七年，组织筹建“茂县记者公会”。民国三十至三十七年，县境

① 茂县县志编纂委员会:《茂县志》[M]，北京：方志出版社，2010：251。

② 同上，第252页。

内分别办有《禹乡》《拓边新闻》等油印、铅印报刊；民国三十四年，“天府新闻社”“建民新闻社”“联华新闻社”在茂县建分社，新中国成立前夕停刊。新中国成立后，县内新闻业有所发展，刊登内容题材广泛。1953年凤仪镇创办《岷山报》。中共十一届三中全会后，县内先后办有《茂汶科技》《茂汶政协》《茂汶风物》等反映民族历史、文化、宗教、教育、科技等不定期报刊①。

图书事业发展方面。民国初期，县城南水巷子有雕版印刷铺及匠人；民国三十四年，灵佑宫巷开办石印业。新中国成立后，新华书店茂县支店建立，由四川省店进购图书发展发行业务。期间发行了有关政治理论、中小学课本、图片年画等纸质书刊。据县志记载，县境内早在清道光七年（1827）就于学坪置九峰书院，藏书甚丰。1951年，人民政府接管民众教育馆，在文化馆设图书组，开展报纸、杂志、图书的阅览、借阅业务。1987年，图书馆迁羌族博物馆。目前，仅县城有四川文轩新华书店和4家民营书店。乡镇没有书店，但都有报亭，每个村都有农家书屋。茂县全境共有149个村，现有152个农村书屋，覆盖了除高原牧区以外的其他三种样点类型区域。县办报纸有《今日茂县》，主要报道本县各类新闻，一期印一两千份，8开，4个版面，发放至每个村②。

邮电通信发展方面。茂县自古就是西蜀屏障，自秦汉以来，均是历代设置重要驿站之地。清光绪二十九年（1903）在今凤仪镇设川西茂州三等乙级邮政局，民国二年改为茂县邮政局。民国十年，设茂县电报局，民国二十五年新设无线电台电报局，民国三十年改电报局为电信局。民国二十六年县政府设电管室，民国二十八年春改设乡村电话管理所。新中国成立后，1953年，此机构并入县邮电局，属农村电话。同年，开通茂县到汶川长途电话电路，各地电话均由汶川接转。此外，县内电话与农村电话铺设的线路总长也呈现逐年增长的趋势。目前，茂县境内已经在凤仪镇、南新镇、渭门、沟口、飞虹、海子山等地实现了GSM网络覆盖，在白溪、三龙、回龙等地已经建好基站。此外，在茂县境内仅县城可使用大灵通业务，县境内局部地区可以使用无线宽带业务。截至2009年6月，移动网络已经覆盖全县22个乡镇，149个行政村，覆盖率达到了95%③。

---

① 茂县县志编纂委员会:《茂县志》[M]，北京：方志出版社，2010：263。
② 同上，第295页。
③ 同上，第296-297页。

2000年以来，茂县发行书刊（内部刊物）22本，广播电视方面，中央台播出新闻20余条、四川台播出60余条、阿坝台播出3200余条、茂县新闻播出1.5万条，其中2011年首次突破2000条，达到2066条。制作专题片460部，开通数字电视83套节目，开办《茂县新闻》《羌族频道》两个栏目，制作纪录片、旅游宣传片2部；电影方面，2131工程放映10800余场。

4. 茂县样点概况

● 茂县黑虎乡小河坝村

黑虎乡位于茂县西北角28公里处，是一个纯羌族乡，平均海拔在2000–2500米之间，辖4个村（分别为小河坝村、鴌紫关村、耕读百吉村、巴地五坡村），11个组，全乡有547户农户，人口达2415人。

其中，本研究样本点小河坝村有136户农户，近600人，主要农作物为花椒、莴笋等；是全乡唯一的中心校小学所在地。电视、手机在该村的普及程度高，基本上户户有电视，家家有手机。该村地震前建有一农家书屋，地震后损毁。

近年来，黑虎乡以其古朴的民族风情及保存较为完整的古建筑群受到中外

图2.7 黑虎乡小河坝村碉楼（课题组摄）

民族史学研究人员和众多旅游者的青睐。其中，小河坝村和霭紫关村被阿坝州列为文物保护区，由国家文物局统一规划恢复重建。同时，据乡政府介绍，为了今后发展旅游业的需要，到2011年底，小河坝村沿古碉楼群一带的民居已由政府出资实现网络的完全覆盖。

图2.8 世外桃源木耳村（课题组摄）
2009年6月24日，课题组走进木耳村，
村中一片安宁祥和，舒适清新

● 茂县太平乡木耳村

太平乡位于茂县北部山区，南距县城76公里，与松潘、北川二县接壤。全乡平均海拔2500米，幅员168.15平方公里，辖7个行政村，13个自然组，共673户，2768人。2008年，人均收入为2140元，经济来源以蔬菜、花椒和旅游业为主。

木耳村位于太平乡境内岷江西岸。南距成都270公里，北距九寨沟150公里，距茂县县城80公里，距九环公路6.2公里，平均海拔2500米。全村呈盆地集中居住状态，共有44户，215人，属羌民族聚居村，是茂县高海拔秋淡季蔬菜种植基地。木耳村现有正式党员6人，现任村支部书记何天友同志2001年2月起担任书记一职。2006年8月，新建村活动室1个，使用面积达180平方米，配备了桌椅、电视、音响等办公及活动设施，设有会议室、村两委办公室等场所，两委各项工作制度健全并且全部上墙，建有农家书屋1个。该村于2006年成立了全县第一家村级无公害蔬菜种植服务协会，由支部书记何天友同志任协会会长，建立了“产供销一条龙”服务体系。

该村建有一农家书屋，并为每户人家办理了一个借阅证，书屋图书种类丰富，多为农业科技类图书，村民通常借阅的也是该类图书，村里的学生群体则反映缺少作文类和时尚类图书。该村电视、手机的普及程度极高，但最大的问题在于手机信号极差，时有时无，对外通信非常困难，严重影响了与外界的联系。电视信号几乎都是通过“锅盖”接收。

● 茂县南新镇凤毛村

图2.9 南新镇一隅（课题组摄）

南新镇是茂县辖镇。1956年析石纽乡建南新乡，1958年改公社，1983年复乡，1992年建镇。南新镇位于县境南部，距县城18.5公里，面积364平方公里。全镇共有1822户，常住人口7924人，其中非农业人口（学校、卫生院、邮电所、派出所等就业者）共112人。南新镇内213国道过境，辖别立、罗川、攀川、牟托、凤毛坪、白水、安乡、文镇、棉簇、园艺场等10个村委会，1个凤毛园艺场，34个村民小组，42个自然居住地。全镇经济以农业为基础，共有土地9579亩。南新镇设有农家书屋2个，建在棉簇村和凤毛村，地震后一直没有使用过。

凤毛村位于茂县西南部，隶属于南新镇，幅员31.24平方公里，辖斗簇、羊毛坪两个村民小组，分别坐落于九环公路线侧岷江两岸，是通往九寨沟、黄龙风景区的必经之路。全村共180户，746人，全年农作物播种面积1370亩，退耕还林面积达1467亩。凤毛村地理位置优势突出，物产丰富，以种植特色水果、蔬菜为主。2007年，全村总收入268万元，人均纯收入2470元。

● 茂县凤仪镇雪花井社区

雪花井位于四川省阿坝藏族羌族自治州茂县凤仪镇境内，所属茂县，幅员3885.6平方公里，人口90956人，是我国羌族的主要聚区域，羌族人口占88.92%。

雪花井社区原为制革厂的厂区，现居民多为原制革厂的工人及家属。现社区居民中汉族占80%，其他为少数民族并以羌族最多。 居民收入主要来源于退休人员养老金，居民在当地或外地打工收入，独立发展加工业或经营餐饮服务（占比很小）。社区失业率在8%-10%，零就业家庭只占到2%-3%。低保居民所占比例大于40%。

2008年地震后，县政府的重建政策分为两类：一类是危房维修加固，按三个级差额补偿受灾居民，分别为3000元，5000元，8000元；还有一类是恢复重建，雪花井恢复重建的有215户。调查中我们发现，社区书屋紧邻社区两委活动室，居民代表大会和重要议事活动都在这里举行，直接置于旧厂区居民院内的空间感使社区居民使用与评价书刊的意识相对于其他类型社区而言更自觉。对社区书屋使用频率比较高的群体是中小学生，其次是中青年人，老年人偏少。青年人主要查阅有关技术方面的图书，中小学生侧重文学类图书，而居民们反映，针对健康和家庭生活类图书比较少。

图2.10 雪花井社区书屋（课题组摄）

在报刊订阅方面，雪花井社区居委会自订《阿坝报》，而《四川日报》《科技报》《农民报》以及杂志《党的建设》等则由镇上发放。部分居民会订一些和生活有关的报纸和杂志。

社区里电话、手机覆盖率比较高。地震前60%–70%的家庭都装有电话，地震造成很多线路中断，很多家庭的座机不再使用；手机普及率达70%。

由于地处县城，居民电视信号接收一般采用闭路线进行观看。

（三）马尔康的历史与现实

1. 马尔康的建置沿革

马尔康县古为冉陇之地。秦属湔氐道辖地。两汉隶汶山郡。唐、宋曾属羁縻32州。元隶吐蕃宣慰司。明永乐年间属杂谷安抚司。清乾隆时属理番直隶厅，嘉庆时属杂谷直隶厅。民国属理番县（理县）。新中国成立后，1950年12月，茂县专署派工作团深入四土地区①，成立了四土和绰斯甲地区临时工作委员会。1951年8月，四土地区宣告和平解放，9月成立了四土阿坝绰斯甲临时军政委员会。1953年4月，经政务院批准设立四川省藏族自治区马尔康办事处。1956

① 马尔康县境域内原系梭磨土司的部分属地和卓克基、松岗、党坝土司所辖地，故有“四土地区”之称。

年4月，国务院批准正式建立了马尔康县。2009年底，全县辖马尔康、卓克基、松岗3个镇、11乡、104个村、234个村民小组[①]。

2. 马尔康的传媒发展史

邮电局。1952年，设立马尔康邮电局，隶属茂县专区。1953年，设立刷经寺邮电局。1954年8月2日，刷经寺邮电局升为四川省藏族自治区邮电中心局，马尔康邮电局由中心局领导。1956年5月，马尔康邮电局更名为马尔康县邮电局。1956年1月，四川省藏族自治区邮电中心局更名为四川省阿坝藏族自治州邮电局。1958年7月26日，州邮电局从刷经寺迁至马尔康。1959年，州邮电局下设长线中心站。1962年6月17日，马尔康县邮电局并入阿坝州邮电局。1969年12月1日，州邮电局分邮政、电信两局。1973年，邮政、电信两局合并为州邮电局。1976年12月，州邮电局下设立马尔康邮车站。1979年4月，邮车站和长途电信线务站实行省邮车总站、省长途线总站和州邮电局双重领导。1987年8月，州邮电局更名为阿坝藏族羌族自治州邮电局。1990年底，州邮电局辖县邮电局12个[②]。

图2.11 高原明珠马尔康县城鸟瞰实景（课题组摄）

① 马尔康县志编纂委员会:《马尔康县志》[M]，成都：四川人民出版社，1995：38-39。
② 同上，第245-246页。

报刊发行。新中国成立初期，报刊参用邮送分发合一的方式发行。1956年7月，州邮电局下设报刊汇总要数点，办理州内各局的汇总要数和结算工作。1962年，由于纸张奇缺，除党报党刊外，其他报刊限额发行。报刊发行业务量：1952年，全县报纸期发份数484份，年度累计64094份。杂志期发行数630份，年度累计发行1750份。1990年，报刊发行量为：《人民日报》1574份、《四川农村报》99份、《四川政报》295份、《解放军报》513份、《求是》1209份、《新民晚报》54份、《光明日报》327份、《半月谈》3012份、《草地》13份、《经济日报》805份、《民族教育报》266份、《阿坝报》（汉文版）6259份、《阿坝报》（藏文版）132份、《工人日报》558份、《中国青年报》758份、《四川日报》5630份、《少年先锋报》149份、《四川工人日报》1593份、《参考消息》949份①。

电信。1958年，先后架通刷经寺至马尔康、马尔康至金川线路。1959年，架通马尔康至小金线路。1962年11月，架通马尔康至壤塘线路，至此，以马尔康为中心，连接全州各县的长途有线通信网初步形成。1958年，马尔康至成都红旗三路载波电话终端机正式开通。1971年，马尔康至成都的ZM312(IV)型电子管载波电话终端机开通，为全州第一套12路载波电话终端机。1977年，以马尔康为中心，全州各县均开通3路及3路以上载波电话终端机。1987年，以马尔康为中心，陆续开通全州除壤塘和南坪县外的简易半自动接续长途电话，同年，马尔康开通国际通话。其业务有遇险电话、政务电话、商务电话、私务电话。特别业务有叫人电话、传呼电话、受话人付费电话、信用卡电话、利用国际公众电话网传递的其他业务。到1990年底，长途电信线路一直属四川省长途电信线路维护路马尔康分局（前称阿坝州邮电局长线中心站、阿坝州长途电信线务站）维护管理。长途电信线路1319.22杆程公里，2866.073线对公里②。

图书。1958年，州文化馆迁至马尔康，开展了马尔康地区最早的图书借阅工作。1961年，国民经济困难时期该工作停止。1965年恢复，当年借阅图书

① 马尔康县志编纂委员会:《马尔康县志》[M]，成都：四川人民出版社，1995：251。
② 同上，第253-254页。

4100册。1962年，县文化馆开展图书借阅工作。1963年10月，县文化馆设图书室1个。同年，县文化馆开展流动图书室借阅活动。1974年，州图书馆在州文化馆侧设阅览室1个。1976年以后，县文化馆图书阅览以报刊为主。1990年，阅览室共有报纸杂志175种，接待读者1600人次，借阅杂志1800册，报纸95份①。

电影。1951年7月，川西文教厅第一国办放映队随中央川西少数民族访问团进驻四土，在卓克基等地首次放映影片。1957年4月，阿坝州第七电影队分派到马尔康、壤塘两县巡回放映。1981年，电影管理站更名为县电影公司。县电影队收归电影公司，至1990年不变。1979年，发行各类影片1000多部次。1981年，发行各类影片1057部次，其中短片180部次。1982年发行各类影片2170部次。其中16mm影片2008部次，8.75mm影片162部次。1986年发行16mm影片2062部次，其中科教短片385部次，8.75mm影片144部次，其中科教短片24部次。1988年发行各类影片201部次。1990年发行各类影片1744部次②。

广播电视。1951年8月13日，成立马尔康收音站。1966年1月1日，成立县广播站。1977年9月，成立县广播事业管理局。1951年，马尔康收音站仅有直流五灯收音机1台。1953年，添置直流小扩音机1台，直流电唱机1部，话筒1支，广播体操唱片1套（3张）。1969年至1975年，全县各公社均建立广播放大站，初步形成农村有线广播网络。1985年11月，达瓦山调频发射台建成，开始无线电广播，至此，有线广播和无线电广播覆盖全县③。

传媒机构设置。一为马尔康县新闻中心。2010组建县新闻中心，目前，县新闻中心设在县委宣传部内，属于县财政全额拨款事业单位。核定编制数6人，实际在编人数为3人。二为马尔康县广播电影电视局，属于县人民政府直属一类事业单位，由县财政全额拨款单位；目前，马尔康县广播电影电视局实行局台合一的管理模式，承载着新闻宣传、事业建设、行业管理和电影管理等重要职能，是马尔康县人民政府重要的宣传“喉舌”。该局1983年成立，之前是广播事业局当时编制11个人，当时13个乡镇有1个广播员。目前核定编制数22人，

① 马尔康县志编纂委员会:《马尔康县志》[M]，成都：四川人民出版社，1995：595-596。
② 同上，第596-597页。
③ 同上，第599-601页。

现在编在岗20人，其中办公室3人，财务室3人，事业股4人，宣传股10人，包括局长1人，副局长2人；本科学历5人，大专学历14人，中专学历1人；专业技术人员14人，中级职称5人，事业管理人员6人，非领导职务副主任科员2人。经费来源主要由财政拨款，除人员工资外，还有日常公务费、交通费等。该局有线电视收视费全部上缴国库，每年下拨的费用用于发展本县的广播影视事业，购买摄录设备、网络改造、网络建设等。该局于2009年实行电影放映整体换转，按照平稳过渡的原则，实现了整体划转，对农村电影放映人员实行聘任制，签订了聘用合同，由单位上缴保险，确保了聘任人员的合法权益；由于该局实行局台合一的管理模式，人员编制少，开展宣传工作的压力大，建议实行临时人员聘任制，聘用合同工参与新闻宣传，经费从事业收入中支付。目前马尔康县广播电影电视局仅有20人，从事事业维护维修3人，新闻宣传9人（其中1人借调），人员紧缺，加之没有专业技术人才，开展工作难度大，建议优化现有人员，解决部分老职工的职称待遇，调动其工作积极性和主动性；增加人员编制，录用一些专业人才，充实干部队伍。

3. 马尔康县样点概况

● 马尔康县大藏乡春口村和牧业村

春口村与牧业村是我们在马尔康选择的两个高原牧区样本点。

春口村共289人，全村都通电视和电话，手机也很普及。因为村民文化水平不高，管理上有难度，高素质人才一般不愿意到该村担任职务，所以贫困成为该村的大问题。

图2.12 大藏乡牧业村实景（课题组摄）

牧业村属于新农村建设实施的代表牧区村。该村平均海拔3700米，共62户人家，房屋均木石结构，但砍树要向政府申请指标，人均收入约4000元/年。政府规定每户牲畜数量为15头/人，而实际则需要30头/人才能养活全家。电费0.31元/度。50岁以上以

图2.13 大藏乡春口村实景（课题组摄）

及残疾人都有低保，政府为他们办理了城镇户口。该村由于地理环境的限制，日常食物需要从外地购买。因为草场不够，所以不能完全依靠放牧解决生计问题，当地青壮年需要出去打工挣钱。“退牧还草”国策实施之后，该村在马尔康镇修建了雪山宾馆作为投资项目，县政府每年补贴村财政26万，鼓励产业转移。现在该村面临的一大问题是，青壮年人由于读书或外出务工，接触了现代传媒，见识了外面的世界，很少有人愿意回到这里来继承祖辈传承下来的游牧的生活方式，传统游牧生活方式面临着断代的挑战。

电信全县联网，并且建立了手机通信站，可以使用手机，但是信号不是很好。全村共有20个卫星接收器（俗称“锅盖”），都是广播局安装的，每户电视基本能收到50多个台。当地居民全部都能听懂汉语，没有交流障碍。村上订购了《阿坝报》，并设有一间农家书屋。

● 马尔康县莫拉村

全村共236人，53户，是马尔康镇辖区内的典型半山农牧区。进行调研时，莫拉寺正值念哑巴经，村民都聚集到寺庙朝拜。我们以莫拉寺为中心，集中在场的信众和僧人填写问卷。

● 马尔康县卓克基乡西索村和梭磨乡毛木初村

卓克基乡属于新中国成立初期马尔康县的经济中心，位于马尔康县城东部梭磨河畔，马尔康至成都和至小金县两条公路的交叉口，北纬31° 52′，东经102° 17′，距马尔康县城8公里，东与梭磨乡接壤，南与小金县交界，西北连接马尔康镇（阿坝藏族羌族自治州州府所在地）。乡驻地在卓克基，平均海拔2680米。全乡总面积为298平方公里，辖查米、西索、纳足3个行政村，8个村民小组，2000年末，总人口1054人。西索村于2000年因为卓克基土司官寨的旅游开发而被打造成西索民居样板村，接待前来旅游的游客食宿，是全县经济收入最好的乡镇之一。

梭磨乡位于马尔康县城以东32公里，北纬30° 51′，东经102° 29′。东北与红原县相邻，东与理县接壤，南连小金县，西与卓克基乡、大藏乡连界。东西长46公里，南北长80公里，乡驻地在木尔溪，平均海拔3000米。毛木初村属于马尔康县唯一的纯汉族村，全村173人，63户，全村共有35亩耕地。

图2.14 马尔康县莫拉村实景（课题组摄）

图2.15 马尔康县卓克基乡西索村实景（课题组摄）

图2.16 马尔康县卓克基乡土司官寨实景（课题组摄）

图2.17 马尔康县梭磨乡毛木初村实景（课题组摄）

（四）康定县的历史与现实

1. 康定县的建制沿革

图2.18 康定县城[①]

古为羌地。汉隶属沈黎郡。隋为嘉良地。唐县境东北部为中川、会野等羁縻州，属雅州；西部隶于吐蕃。宋继之。元置长河西鱼通宁远宣慰司。明承元制，崇祯十二年（1639），固始汗在木雅设置营官。清康熙四十二年（1701）清军平定木雅营官昌侧集烈之乱后，复设明正长河西鱼通宁远宣慰司（简称“明正土司”）。雍正十一年（1733）置打箭炉厅，设同知。光绪二十九年（1903）升为直隶厅，隶建昌道，光绪三十四年（1908）改为康定府。民国二年（1913）设康定县，属川边特别行政区。1935年，红军长征路经县境，在金汤建立苏维埃政府，在孔玉、新和、捧塔、三和、麦崩、前溪建立乡苏维埃政府。民国二十八年（1939）西康建省，省会设康定。1950年康定解放后，属西康省藏族自治区；康定为西康省藏族自治区人民政府驻地。1955年，属四川省藏族自治州，康定仍为州府驻地。1990年，全县辖7区、24乡、1镇、240个村、254个村民小组、10个居委会、57个居民小组。县府驻炉城镇，距省府成都366公里[②]。

2. 康定县的传媒发展史

图书发行。康定县图书发行兴于20世纪20年代。当时的夹江县人周渭滨开设纸铺于城区水井子侧。除经售纸张文具外，兼售《三字经》《百家姓》《幼学琼林》及木刻本《古文观止》《四书》《五经》等。民国二十四年（1935）商务印书馆开设于县城将军桥附近，专营商务印书馆出版发行的中外图书，并兼营代订城区学校各期教科书。民国二十九年（1940）中华书店开始在大石包街营业，主售中华书店发行的各类图书。1950年4月中旬，在商务印书馆原址开办新华书店[③]。

---

① 图片出处：http://www.itravelqq.com/2011/0422/132525_2.html.

② 康定县志编纂委员会:《康定县志》[M]，成都：四川辞书出版社，1995：12-13。

③ 同上，第527-528页。

电影。民国二十五年（1936），尾随红军的中央军别动队携带放映机、发电机、黑白无声影片，在中山台广场放电影，轰动炉城。县境农村牧区放映电影始于康定解放后，1951—1961年间。西康省电教队先后派出两个组，由德格组负责康定县城关、鱼通、金汤、孔玉四个区巡回放映工作。1964年，藏族放映员汪吉开始用藏语口头翻译影片对白，使藏族群众能看得懂放的影片，受到应有的教育。1972年，县建立电影管理站，统一管理县电影队放映工作。至1985年，县电影公司共管理7个国办放映队，1个集镇电影院，巩固了12个乡办电影队，6个个体办电影队[①]。

广播。康定县有线广播始于民国二十八年（1939），西康省政府正式成立于康定之时。康定解放后，接管了原西康省国民党部有线电视台。1951年4月，康定地委宣传部组建“康定广播站”。1959年，农村有线广播借用农村电话线路传递广播信号，年底共挂区乡喇叭箱48个。1960年，城镇实现广播喇叭“全城挂”，城镇发展至90个。据1985年统计，全县共建县、区、乡有线广播站共12个，共挂喇叭700个，有线广播人口覆盖率达40%[②]。

电视。1976年始，县广播站就组织人力，在城郊杨家山等地测选收转台址，能接收四川省电视台龙泉山转播台的二频道节目。1978年10月，试转成功，能以五频道向城区大部分区域转发电视节目，至此，当地各族人民第一次收看到电视提供的传播内容。1981年，县黄草坪电视转播台交州管理，同年6月，州广播电视局又增建康定录像电视台，向城区居民转播四川电视台第一套录像节目。1982年开设藏语播音。据1985年统计，全县有电视机3000台，黑白机与彩色机各半，可日夜收看3套电视节目[③]。

3. 康定县样点概况

● 康定县塔公乡

塔公乡是四川省甘孜藏族自治州康定县辖乡，是我们选取的另外一个高原牧区样本点。1952年置塔公乡，1966年改公社，1984年复乡。位于县境西北

① 康定县志编纂委员会:《康定县志》[M]，成都：四川辞书出版社，1995：529-530。
② 同上，第530-531页。
③ 同上，第531页。

图 2.19 塔公寺僧人接受李苓教授关于传媒使用情况的访谈（课题组摄）

图 2.20 雅江与理塘接壤处海拔4800米的山顶牧场，牧民们正在手提CD的音响下跳歌庄（课题组摄）

部，距县城113公里下，面积712.4平方公里，人口0.7万人。国道317线经过该地。辖马龙、色曲卡、多拉一村、多拉二村、江巴、各日马、龙古一村、龙古二村、西雅、塔格、响弄、八郎生都、贡布、姑弄、阿加一村、阿加二村、阿加三村，塔公等18个村，为纯牧业乡，以养牛、羊、马为主。“塔公”在藏语中意为“菩萨喜欢的地方”，是集草原、雪山、寺庙塔林等自然人文景观为一体的风景区。塔公乡地形呈半月形，这是一种非常吉祥的地形。境内有闻名遐迩的塔公寺和塔公草原。

在这次调查过程中，我们看到，因为交通条件有限，所以牧区最普遍的交通工具是摩托车。交通越发达，交通工具的需求自然也就越大，事实上也代表着传媒方式和需求也越高。道路问题是阻碍牧区居民与外界交流的原因之一，但是即使处在生活水平最底层的地区，我们也能看到手机的普及率很高。牧民通过通信来弥补交通的不足，因此可以说信息传播在此不受阻碍。但是，同样也要注意传播过程中，信息的不完整性和单一性，以及因此而影响到的信息的真实性问题，这些都很容易造成舆论误导，使得原本就信息不畅的地区获得虚假信息。

二、研究总体介绍和配额方案

本课题考察范围为西部汉、藏、羌地区，主要指四川省内汉族、藏族和羌族的混居区域。我们依据城镇、河谷农区、半坡农区和高原牧区四种地貌特征，选取了阿坝藏族羌族自治州的马尔康县、茂县，甘孜藏族自治州康定县塔公乡，北川羌族自治县4个调查点15个样本点。

表2.3 调查点人口、民族构成基本情况（截止至2007年底）

地区	农业人口[①]		非农人口[②]		民族[③]						
	人口数（万人）	比例(%)	人口数（万人）	比例(%)	总人口（万人）	汉族		藏族		羌族	
						人口(人)	比例	人口(人)	比例(%)	人口(人)	比例(%)
马尔康县	3.15	57.42	2.34	42.58	5.50	1.27	23.13	4.01	72.82	0.14	2.59
康定县	1.09	9.40	4.74	40.60	10.93	3.79	34.69	6.94	63.49	0.02	0.18
茂县	7.95	78.81	2.14	21.19	10.36	0.62	5.80	0.17	1.60	9.34	90.19
北川县	14.25	88.50	1.85	11.50	16.03	6.53	40.76	0.32	2.00	9.12	56.90
总计	26.44	59.93	11.07	40.07	42.82	12.21	28.53	11.44	26.71	18.62	43.49

依据研究总体的情况，我们严格按照分层抽样的原则，确定分层指标为“民族”“社区形态”“年龄”“行业”；其次，根据不同的分层指标进行样本比例分配，共抽取600个样本。具体抽样步骤如下所示：

1.“民族”分层指标。按汉、藏、羌划分，每个民族200个样本，即汉族200人，藏族200人，羌族200人。等比例抽样的目的在于能在不同民族间进行比较。根据各样本点人口比例，我们进行以下配额：

表2.4 民族配额方案

调查点	样本数（个）
马尔康县	176
塔公乡	50
茂县	136
北川县	238
总计	600

① 数据来源：2008年四川省统计年鉴。
② 同上。
③ 数据来源：2000年全国第五次人口普查数据。

但是，我们遇到了目标调查点的非常规难题：由于2008年汶川发生8.0级特大地震，课题组以2007年底的人口总数为依据的样本比例分配显然与目前实际人口数存在较大差距和操作遇限等问题。为保证样本配额的科学性和统计数据的有效性，我们谨慎地调整了样本配额：考虑到北川县作为这次地震中的重灾地区，又是羌族聚居的典型样本点，该地区自地震后成为全国乃至全世界关注的焦点，各类机构聚集到这里，给当地居民带来了关怀帮助的同时也增添了不少的压力。因此，我们在新配额时应该一方面考虑其典型性，另一方面要兼顾其可操作性，亦即抽样除了考虑该地区的常态人口比例外，还需要结合“非常态”期间的变量因素，对北川和其他调查点的样本数量做适当调整，以观察和发现现代传媒工具在民族混居区域的社会促进作用，并测量其“渐进”和“突进”的功能效度。新的民族配额方案如下表所示：

表2.5 调整后民族配额方案

调查点	样本数（个）	比例（%）
马尔康县	180	30
塔公乡	50	8.33
茂县	170	28.33
北川县	200	33.33
总计	600	100

2.“社区形态”分层指标。本课题的重点是按照四种社区形态的划分，对西部汉藏羌地区人居环境最易被人忽略、处于最边缘状态的点、线、面进行田野调查，尽可能建构出接近真实的、定性和定量兼具的全景性描述。针对西部民族地区四种不同的社区形态，提供具有中国西部特色的传媒使用结构及其内容推广模式。为了保证能对这四种社区形态做出科学比较，我们一方面基于对民族分层要素的考虑，另一方面是保证四种形态样本量数量相差不大。因此，选取了阿坝藏族羌族自治州的马尔康县、茂县、甘孜塔公乡和北川羌族自治县15个样本点，并综合地区、民族、社会形态等因素进行如下配额：

表2.6 社区形态配额方案（单位：个）

	城镇	河谷农区	半坡农牧区	高原牧区	总计
配额数	180	130	190	100	600
配额数量分布	北川县120+马尔康30+茂县30	北川县40+马尔康20+茂县70	北川县40+马尔康80+茂县70	马尔康50+塔公乡50	600
调查点	北川县（2）+马尔康（1）+茂县（1）	北川县（1）+马尔康（2）+茂县（1）	北川县（2）+马尔康县（1）+茂县（2）	马尔康县（1）+塔公（1）	15
比例	30%	21.67%	31.67%	16.67%	100%

注：15个样本点其中北川县5个点，马尔康5个点，茂县4个点，塔公乡1个点。

3.“年龄”分层指标。年龄按老年（60岁及以上）、青壮年（19–59岁）、学生（18岁及18岁以下）划分，分别占10%、60%、30%，即老年人60个，青壮年360个，学生180个。根据上述的民族配额，我们按同样的比例在三个调查点对不同年龄阶段的人口进行配额，具体如下：

表2.7 年龄配额方案（单位：个）

调查点	样本数	比例	学生	青壮年	老年
马尔康县	180	30%	54	108	18
塔公乡	50	8.33%	15	30	5
茂县	170	28.33%	51	102	17
北川县	200	33.33%	60	120	20
总计	600	100%	180	360	60

三、实地调查方案

为了降低调查成本，课题组按照配额方案并采取偶遇原则实施调查。我们在具体进行调查时，先进行样本的筛选，即通过询问三个分层指标的问题：1.您的民族；2.您的年龄；3.您的就业状况，以便及时调整调查对象，确保满足配额标准。

综合考虑以上因素，调查最终的样本抽样配额表如下：

表2.8 总样本抽样配额表（按比例抽样）（单位：个）

地区	民族			社区形态				年龄			产业		总计	
	汉族	藏族	羌族	城镇	河谷农区	半坡农区	高原牧区	学生	青壮年	老年	农牧民	非农产业人员	人数	比例
马尔康县	30	150	0	30	20	80	50	54	108	18	130	50	180	30%
塔公乡	0	50	0	0	0	0	50	15	30	5	50	0	50	8.33%
茂县	50	0	120	30	70	70	0	51	102	17	140	30	170	28.33%
北川县	120	0	80	120	40	40	0	60	120	20	80	120	200	33.33%
总计	200	200	200	180	130	190	100	180	360	60	400	200	600	100%

四、传媒使用分析

涉及大众传播过程的研究一般包括传媒供需的动机，传媒使用中的互动以及传媒使用后的效果分析。而对如此庞大和复杂的汉藏羌民族混居区域社会构成来说，我们只能侧重传媒使用这一块。首先确认并界定其社会真实性，再描述其传媒使用的实际存在现状。

要了解传媒在西部汉、藏、羌地区的使用情况以及和谐社会构建的问题，既要做环境假设，又要做精神假设。环境的假设是决定论的，西部汉藏羌民族混居区域特殊的自然环境、社会环境以及传媒的使用情况与东部发达地区存在差异；精神的假设是非决定论的，从伦理学意义上说，和谐社会乃是社会的多元利益主体通过道德的认同和行为选择的协调，而形成的一种有利于满足人的需要和促进人的发展，具有社会良好的道德关系和精神氛围的社会。在这个角度上，“和谐”是建立在道德、价值认同的基础之上的，而这种认同感则以各种符号化的结构形式存在，如标志性行为、文本、公共环境等具有代表性特征的符号，因而有必要以符号为焦点展开行为分析、话语分析、文本分析及图像分析。

首先，确认传媒使用与个体的社会行为之间的因果关系，并对其社会影响的正负效果建立一种类比性指标是本课题的难点所在。因此，行为分析成为研究的重点。行为是可观察并具有意义的，行为主义把研究重点放在人的外显行为上，通过对行为的研究来挖掘其内在的意义。因此，以行为作为研究的切入点具有重要的方法论价值。这样，本课题得以一方面研究人们日常生活中不同类型的传媒使用行为，使用的媒体分布、所占的日常时间、生活资源的付出比例和发生频率；另一方面研究行为的倾向性，即对自然或社会形成的亲和、回避、攻击三大行为倾向的构成；进而反映西部汉藏羌民族混居区域传媒的使用情况及社会的和谐状况。

其次，要想更深入、细致地研究这些问题，我们不能忽视通过对当地重要人物以及典型人物的访谈获取的宝贵资料。如果我们能从这些影响传媒使用与和谐社会构建的人物的话语中提炼出有关问题的共性因素，并能够与我们的观察和统计分析相吻合，那么我们的访谈就具有了意义，从而也为我们的调查增添生动而富有价值的资料。也就是说，人物访谈是有其方法论的确切价值的。对访谈资料的处理，我们通常采取两个步骤：首先是经过身份检验（如访谈对象的身份、地位、典型意义等），然后是对话语进行对比分析或相关度分析，从而确定其信息的可靠性和真实程度，以保障访谈的价值和意义。

最后，我们需要对在研究过程中，所获取的文本、图像进行分析。与直接接触研究对象的调查研究方法不同，文本研究侧重对二手资料进行研究，如文字、图片、宣传海报以及其他形式存在的文献资料，主要包括书籍、报刊、官方统计资料以及历史资料等。图像分析实际上是对我们分析范式的巩固和提升，用一个凝固的瞬间，确切的现实图像，可以表达许多用文字无法表达出来的信息，能够记录在特殊情景下，特殊个体的具体生活样态。可以说图像是一切可观察的物象的呈现，而物象本身又是各种社会行为、情感的聚合体。调查中，个人、家庭构成了我们图像中的主体，而社区环境则构成了图像中的背景。通过对图像的研究，我们可以挖掘出更多层面的社会意义。

第二节　研究方法

一、文献研究

文献研究中对经典文本的解读主要包括三个方面：一是有关大众传媒与社会发展对人类行为影响的理论文献，这些文献将为我们提供观察中国西部汉藏羌传媒使用及农村传播系统建构的理论基础和科学视角；二是有关世界各国对于开发本国多民族地区的、具有可比性的历史经验和教训，尤其关注其传媒的社会动员作用和现代观念的促进作用；三是有关中国西部农村的经济、社会发展状况和传媒市场分布的文献资料，这些资料将构筑我们对这一课题进行调查与思考的现实根基。

本课题的文献研究主要采取内容分析、现存统计资料分析两种方式。内容分析是指通过考察书籍、报刊、电视、电影、海报等媒介文本呈现的内容来了解人们的行为、态度和特征。内容分析的方法假定：在这些传播的资讯材料中所发现的行为模式、价值观念和态度，反映出并影响着创造与接受这些材料的人们的行为、态度和价值观。此外，还可通过内容分析的方法来了解传媒的传播效果和社会影响。作为比较研究的一部分，我们将对电视涉农节目中的科技推广类节目和纸质媒体中的涉农读物进行内容分析，通过对这两类媒体涉农内容的分析，以确定它们的内容在科技推广中可能发挥的同等功效和差异性功能；通过对涉农读物的内容量化分析，判断农民对农村读物的喜好程度与需求满足度，为农村读物的出版对策研究提供先导性的事实依据。

现存统计资料包括各个有关部门的经济、社会、人口资料。这是本项研究建立研究样本的可比性总体和社会级差比较的分析框架的重要依据。我们在使用这些资料时，始终坚持信度和效度的检验原则，确定其可靠性和可用性。目前采用的统计资料主要来源于《中国统计年鉴》（2008年）、《四川省统计年鉴》（2008年）、《阿坝州统计年鉴》（2008年）、《马尔康县志》（2008年）、《北川羌族自治县年鉴》（2008年）、《中国西部发展报告》（2008年）等。

二、问卷调查

本次调查共收回606份问卷，问卷内容涵盖了个人基本情况调查、传媒使用情况调查、传媒的影响力调查三个主要方面。通过问卷调查，本课题组得以系统、直接地从取自总体的样本中收集量化资料，保证研究内容的广泛性、资料收集的及时性、描述的全面性与概括性。为确保问卷的有效回收，克服被调查者在文化程度、语言表达等方面可能存在的沟通障碍，课题组在实施调查中配备了适量的访问员，并事先对访问员进行系统培训，或者在必要时聘请当地一些精通民族语言的人士协助完成调查。

表2.9 问卷被访基本信息（单位：个）

项目	选项	民族				总计
		汉族	藏族	羌族	其他	
性别	男	55	110	127	2	294
	女	63	108	132	2	305
总计		118	218	259	4	599
家庭类型	单身户	5	3	3	0	11
	一代户	18	25	15	1	59
	两代户	50	83	122	1	256
	三代及以上户	45	107	118	2	272
总计		118	218	258	4	598
文化程度	小学或小学以下	29	120	123	0	272
	初中	44	52	85	2	183
	高中或中专	29	13	29	1	72
	大专及以上	17	28	21	1	67
总计		119	213	258	4	594

注：每个项目总计的合计值不够606的为缺失选项导致。

表2.10 实际抽样配额表（单位：个）

地区	民族				社会形态				年龄			产业		样本总计	
	汉族	藏族	羌族	其他	城镇	河谷农区	半山农牧区	高原牧区	学生	青壮年	老年	农牧民	非农产业人员	人数	比例
马尔康县	32	164	3	0	55	64	96	0	11	140	48	108	47	200	33%
塔公乡	0	53	0	0	0	0	0	53	19	30	4	14	39	54	9%
茂　县	33	2	161	3	51	50	97	1	42	136	21	97	102	199	32.8%
北川县	54	2	95	1	29	73	50	0	32	78	7	36	117	153	25.2%
总计	119	221	259	4	135	187	243	54	104	384	80	255	305	606	100%

注：各部分相加不等于总样本数是由于有缺失值导致。

表2.8总样本抽样配额和表2.10实际抽样配额数据的差异及原因解析：

1.马尔康高原牧区配额人数的锐减——牧民定居计划①。马尔康高原牧区配额大幅缩水的主要原因在于，马尔康县的牧区主要为高山牧区，全省自2009年2月实施的牧民定居计划使得许多原本生活在高山上的牧民下山，集中在半山、河谷甚至城镇等交通相对便利的地区居住，导致高山地区牧民数量的减少从而使得原有的高原牧区的配额无法完成。而塔公地区主要为高原牧区，此地的定居计划实施内容更多地体现为“帐篷新生活”，上高原居住的牧民很少，因此有足够的牧民抽样配额。

① 牧民定居计划：为解决四川省藏区牧区9.9万户、48万未定居和仅有简易固定住所的牧民的生产生活条件，四川省委省政府决定在四川藏区实施“牧民定居行动计划”。该规划提出用4年时间，总投资180亿元，在29个牧区县规划建设1409个定居点，建成定居房9.9万套1043.96万平方米，并辅以配套基础设施，从根本上改善藏区牧区9.9万户、48万未定居和仅有简易固定住所的牧民的生产生活条件，意义十分重大。牧民定居行动计划主要包括三个方面的内容。首先，建设定居新村。在乡（镇）政府所在地或交通干线相对集中地建设具有民族特色的牧民定居新村，以村为单位组织牧民统一新建、改建住房，引导牧民集中居住。其次，实施帐篷新生活行动。组织生产厂家开发设计或统一招标比选适宜高寒地区使用的帐篷及生活设施用品，政府给予适当补助，鼓励牧民群众购买，让牧民群众在游牧过程中享受到现代生活。再次，建设村民活动中心。在牧民定居点新建综合配套的村民公共服务设施，配套建设初级小学、村卫生室、村级组织统一共用的办公场所和科技文化服务设施。

2.农牧民和非农产业人数比例的改变——农牧民就业方式的多样化。随着西部城镇化的逐渐推进，越来越多的就业机会被创造出来并被原来的农牧民发现并参与其中，也使得原有的农牧民不再囿于自己的牧场和土地。同时，教育水平的普遍提高以及东西部交流的增加，使得越来越多的人不再愿意回到原有的农牧业生产中，而是更多的在第二产业和第三产业当中寻求工作机会。

三、入户调查

实地的入户调查可以使我们获得一种可感知的最生动的情景，同时，可通过入户的方式，直接、真实地了解传媒的分布使用情况，以及传媒在人们日常生活中的作用和影响。

图 2.21 李苓教授在黑虎乡一羌族农户晒坝上做问卷调查（课题组摄）

四、座谈会

具体包括课题组与各样点所在的省、市、县、乡镇和社区主管官员、传媒流通渠道代表、社区意见领袖、社区宗教界代表及村民家庭代表之间进行的有多方参与的四级座谈会，目的在于收集社会各界各部门对本地区传媒使用现状的描述及发展趋势的预测。

图 2.22 调查组与茂县相关部门领导就当地传媒使用情况进行座谈（课题组摄）

五、个案访谈

访谈是搜集定性资料的重要方法。实地调查中通常使用无结构式访谈，即深度访谈。本次研究的主要访谈对象一部分是政治上享有权威的人士，一部分是经济上占有优势的人士，还有

图2.23 李苓教授在木耳村板房农家书屋内对何天友书记进行访谈（何天友书记因带领全村人种植淡季蔬菜和修村公路致富，在2008年获“四川省农村优秀人才”称号。他非常重视农家书屋的建设工作，该村的书屋管理工作由他亲自负责。）

一部分是当地居民中比较典型的人物。第一类人士有当地主管传媒的人士，如当地宣传部部长、报社和杂志社主编、广播电视台负责人等；第二类人士主要来至商界，如资助媒体的强势产业的高层管理者；第三类人士的选择，我们控制在两条路径：在调查之前通过当地人的介绍确定部分人选，以及通过在调查过程中发现有价值的个案。本次研究共选取50个样本作为访谈对象。在实施访谈过程中，我们常常需要进行某些必要的技术性处理，譬如寻找“双通”人士（通晓当地语言、精通本土文化的人士，他们是传统文化与现代化聚合交融的前哨，往往也是当地媒体使用与评价最活跃的人群），这些“双通”人士能够较好地协助我们进入到当地的日常生活情境中，帮助我们克服语言和陌生感带来的访谈障碍，从而保障调查的顺利进行。

表2.11 访谈对象分布（单位：个）

类别	县、社区、乡、村级领导、传媒相关部门领导	传媒从业者	社区居民
数量	13	8	29

第三章

传媒的社群级差效应——调查样本汇总

第一节 书籍、期刊、报纸等纸介质媒体的覆盖形态

本节分为两个部分来呈现各样点纸质媒体的覆盖态：第一部分是在社会分层视野下，即城镇、河谷农区、半山农牧区和高原牧区这四个形态下样本各自的纸质媒体接触情况及其比较分析；第二部分同样是在社会分层视野下，统计样本各自的纸质媒体使用情况及其比较分析。所有的问题没有特别说明，均为询问被访者2008年5月12日前一年内的普遍情况。

一、书报刊接触情况

（一）接触与否

表3.1 四种社区形态下书报刊接触与否分布情况（单位：%）

	城镇			河谷农区			半山农牧区			高原牧区		
	图书	报纸	杂志	图书	报纸	杂志	图书	报纸	杂志	图书	报纸	杂志
是	77.8	85.6	75.4	60.8	70.1	50.8	47.4	55.8	27.0	80.2	47.9	71.7
否	22.2	14.4	24.6	39.2	29.9	49.2	52.6	44.2	73.0	19.8	52.1	28.3

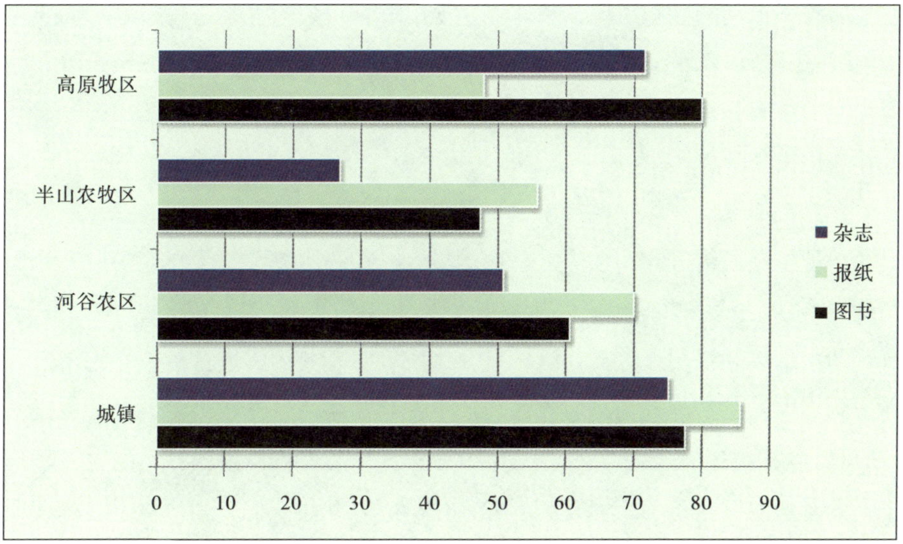

图3.1 四种社区形态下书报刊接触与否情况分布图（单位：%）

仔细分析表3.1中的数据，我们可以发现，城镇、河谷农区和半山农牧区这三种社区形态的书报刊接触率高低分布是一样的，报纸均是接触比例最高的纸媒，其次是图书，最后是杂志；并且各种纸媒所占的具体比例呈现出一种海拔由低向高递减的趋势。而高原牧区的书报刊接触比例则有了明显的变化，表现为接触比例最高的纸媒是图书，其次是杂志，最后是报纸。因此，我们将城镇、河谷农区和半山农牧区放在一起对比分析，将高原牧区单独分析。从图3.1中，我们可以很直观地看到四种社区形态下纸媒接触比例情况。

从城镇的数据来看，接触比例最高的是报纸，数据为85.6%，接着是图书与杂志，比例都达到了70%以上，这说明在城镇这一社区形态中，纸媒的接触情况比较好，一半以上的人在日常生活中都接触到了纸媒。

河谷农区的调查数据显示，民众接触比例最高的依然是报纸这一纸媒类型，比例占到了70.1%，紧接着的就是图书、杂志，这两者的接触比例都占到了50%以上，分别是60.8%与50.8%。但明显低于城镇的纸媒接触率。

半山农牧区与前两个社区形态一样，受众接触率占比最大的依然是报纸，为55.8%，紧随其后的依然是图书、杂志，但比例都要小于50%。综合评估三种社区形态书报刊的接触比例，总体上呈现出一种较大的等距递减趋势，报纸的接触级差约为15%，书刊的接触级差均在10%以上。此情况在当代城市人口中是不存在的。因此，我们需要进一步了解西部民族混居区形成这一纸媒接触梯形差异的相关变量。

而在高原牧区，纸媒的接触情况并没有延续前三种社区已然的递减趋势，反而出现了更显传统的阅读需求。数据显示，在高原牧区，受众接触最多的纸媒是图书，比例为80.2%，其后是杂志，为71.7%，报纸，为47.9%。可见，高原牧区的报纸接触情况在该类社区较差。经我们对相关因素进行分析和比较之后得出两点结论：首先是与高原牧区交通不便利，生活条件较艰苦，报纸所提供的信息时效性较强等因素相关；其次，图书和杂志所提供的内容“耐看”，基本不受时效限制，也易于保存和与他人分享。因此，我们认为，处于高海拔地区的民众在接触媒体时所呈现的“低需求”（相对于其他三种社区各自的需求总量）特征，并非完全由于主观原因所致。一旦现代交通和现代通信等客观条件覆盖这类地区，雪域高原依然是现代传媒可开发的良好市场。

（二）接触频率

表3.2 四种社区形态下书报刊接触频率分布情况（单位：%）

	城镇			河谷农区			半山农牧区			高原牧区		
	图书	报纸	杂志	图书	报纸	杂志	图书	报纸	杂志	图书	报纸	杂志
从来不看	17.3	14.4	15.9	19.4	29.9	26.0	15.0	44.2	19.2	19.8	52.1	28.3
很少看	28.2	18.4	28.3	43.5	17.4	47.1	43.0	14.2	43.8	15.6	12.5	19.6
有时候看	37.3	43.2	47.8	37.1	42.9	26.9	39.0	31.6	34.2	33.3	12.0	38.0
经常看	17.3	24.0	8.0	0	9.8	0	3.0	10.0	2.8	31.3	23.4	14.1

注：针对调查结果，我们以“从不接触”“偶尔接触”“频繁接触”来分析书报刊的接触频率（第二节中的分析方法也与此相同）。从不接触=“从来不看”；偶尔接触=“很少看”+“有时候看”；频繁接触=“经常看”。

四种社区形态下书报刊的接触频率的分布情况比较复杂，通过仔细分析表3.2中的统计数据，我们可以发现，从总体上来说，四种社区形态的书报刊接触频率基本上呈现菱形分布的态势，即“偶尔接触”这一频率在四种社区形态中均占据了最主要的位置，“从不接触”和“频繁接触”这两种频率分列两端。需要特别关注的是，虽然报纸这一媒介在城镇和河谷农区的接触情况要明显好于半山农牧区与高原牧区，但就纸媒接触的总体情况而言，河谷农区和半山农牧区的“频繁接触”频率要远远小于城镇和高原牧区。而且在高原牧区出现了“从不接触”和“频繁接触”这两极相反频率的最高值。

这样的数据显示需要有进一步的解释。我们在进行类比分析之后得出的结论有两点：

第一，高原牧区出现两极相反频率均高现象的原因应该和媒体选择有关系。因为，居于城镇的受众会有较大的媒体选择空间，他们的接触行为可以不局限在纸媒中选择；但高原牧区的人们因为传输信道受限的原因使得媒体选择余地较小，于是出现了对某类媒体“频繁接触”率偏高的情况。与此同时，由于接触纸媒与受教育程度高相关，所以出现了有阅读需求的人（譬如公务员、教师、学生和寺庙僧侣等）会频繁的接触书报刊，而没有阅读需求的人（譬如一般中老年牧民）则完全不去接触纸媒这种截然不同的数据呈现情况。

第二，河谷农区对三种纸媒都“偶尔接触”的冷淡态度值得传媒业思考。尤其对图书、杂志“频繁接触”的比例均为0，“从不接触”杂志的比例更是高于图书。在研究报告的因素分析中，经济收入、教育程度，甚至兴趣爱好都没有成为解释这一现象的最重要选项。但是，在有关评价纸媒使用功能的分析中，该形态社区被访者对纸媒的“消遣娱乐”认同度则偏高，而对有关“开拓眼界”“帮助脱贫致富”“提高文化水平”等传统意义上的积极功能的认同度，则全部低于其他三种社区形态的受众认同度。这似乎向我们呈现了一个事实：在河谷社区形态中，培养受众对图书、杂志等纸媒的信息传播功能的认知，将是一项重要的文化建设任务。

（三）接触渠道

表3.3 书报刊的来源渠道分布情况（单位：%）

选 项	城镇	河谷农区	半山农牧区	高原牧区
学校或单位的图书馆	34.0	28.0	41.5	（牧区无此选项）
农家书屋	9.7	24.0	27.7	25.4
居住地政府相关部门发放	7.8	15.2	14.9	33.8
自己购买	80.6	66.4	73.4	73.6
向亲戚朋友邻居借	51.5	44.8	43.6	53.5
党政机关	4.9	4.0	9.6	（牧区无此选项）
其他	4.9	6.4	1.1	23.9

注：限选三项，总比例大于100%。

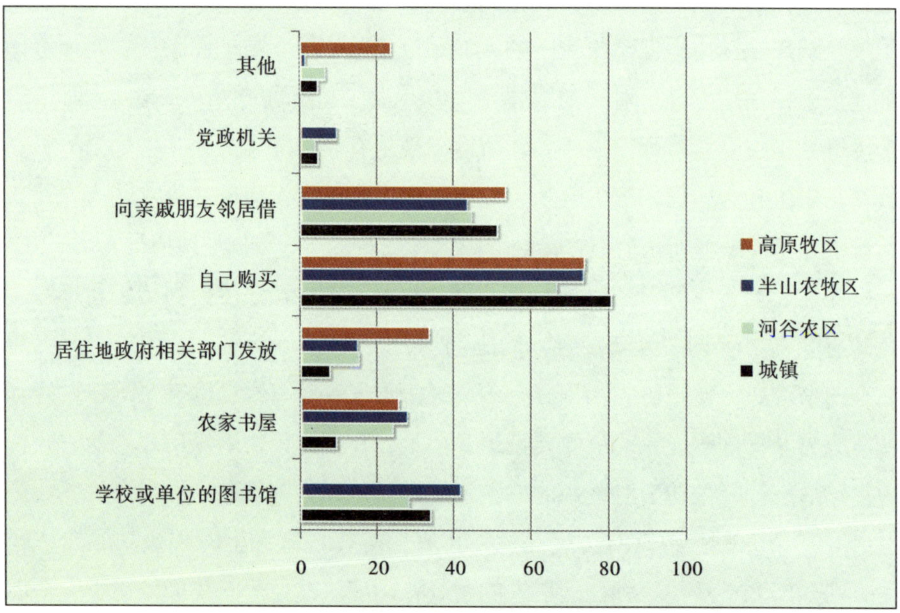

图3.2 书报刊的来源渠道分布图（单位：%）

从表3.3和图3.2的数据中可以看到，就书报刊的来源分布来看，四种社区形态受众的纸媒接触渠道选项中，排名前两位的均为“自己购买”与“向亲戚朋友邻居借”这两项。具体情况如下：

1. 城镇

在书报刊来源渠道分布上，“自己购买”这一选项所占比例最大，达到了80.6%，这与城镇的经济发展水平在四种社区形态中是最高的这一事实分不开。紧随其后的是“向亲戚朋友邻居借”和“学校或单位的图书馆”这两个渠道，比例分别是51.5%和34.0%。排在最后的是“党政机关”和“其他”两个选项，各自均为4.9%。很明显，“自己购买”“向亲戚朋友邻居借”和“学校或单位的图书馆”这三个选项是城镇读者获取书报刊等纸媒的主渠道。以此为依据我们可以判断，西部民族混居地区的城镇居民在书报刊的获取渠道上与中国大中型城市的纸媒获取渠道并无差距。

2. 河谷农区

在河谷社区形态中，读者获取书报刊的渠道分布清晰地呈现出三个层次：第一层次是“自己购买”与“向亲戚朋友邻居借”，这两项占比例最大；第二层次是通过“学校或单位的图书馆”“农家书屋”“居住地政府相关部门发放”这三类渠道获取书报刊，比例分别占到了28%、24%、15.2%，大致位于同一个水平；第三层次是通过“党政机关”和“其他”路径获取赠阅纸媒，比例各自为4.0%和6.4%。可见，第一层次是主渠道；第二层次的行政依赖性较强，其优势是对培养当地民众的阅读素养有利，也是政府扶贫持弱的着力点；第三层次往往来自于当地政府、社会个体和民间社团的援助，渠道资源并非源源不断。因此，将传媒产业的销售终端由现在的县城再延伸至乡镇一级，该类社区作为潜在阅读市场的开发价值是有可能迅速显现的。

3. 半山农牧区

在半山农牧区这一形态中，“自己购买”与“向亲戚朋友邻居借”这两项的主体地位并未改变，但“学校或单位的图书馆”这一渠道异军突起，比例占到了41.5%，这说明半山农牧区读者很好地利用了“学校或单位的图书馆”的资源。因此我们认为，该类社区具有分销河谷农区书刊货源的一定潜力。

4. 高原牧区

在高原牧区中，“自己购买”与“向亲戚朋友邻居借”这两个渠道依然是书报刊来源的主要渠道，但让人惊奇的是，高原牧区“自己购买”这一选项所占的比例比前面的河谷农区与半山农牧区还要高，“向亲戚朋友邻居借”这一选项的比例也是高于前面三种社区形态。这说明，相对其他三种社区形态来说，高原牧区书报刊的来源渠道相对单一，主要还是靠“自己购买”与“向亲戚朋友邻居借”这两个渠道，这应该和高原牧区的交通不便利有很大的关系。

最后应当指出的是，在四种社区形态书报刊的来源分布中，“农家书屋”均排在第四位。除了城镇“农家书屋”的比例较低以外，在其他的三种社区形态中，“农家书屋”都处于重要位置。这说明国家和行业主管部门为解决农民“看书难、买书难”问题而设立的农家书屋这样的公共服务平台是十分必要的。

（四）接触时间量

表3.4 每天使用书报刊平均时间分布表（单位：小时）

	城镇	河谷农区	半山农牧区	高原牧区
平均时间	1.4709	0.8673	0.7241	1.4437

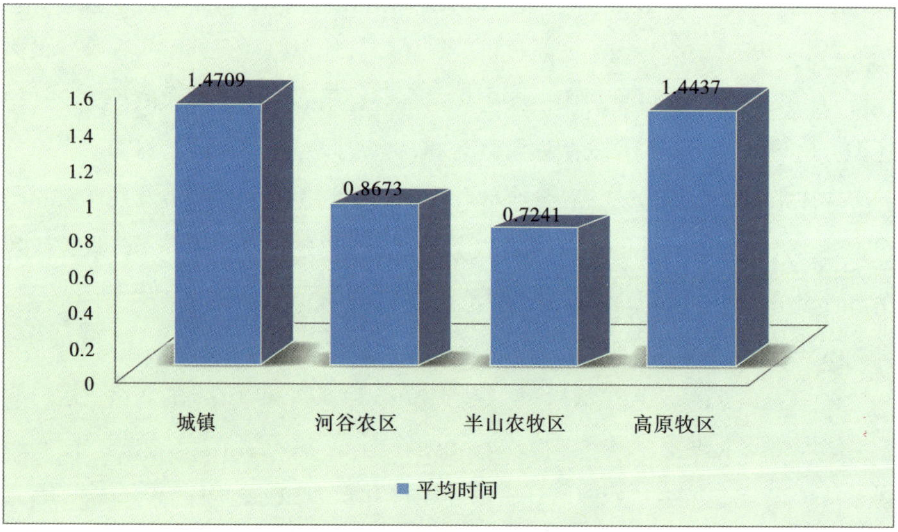

图3.3 每天使用书报刊平均时间分布图

从每天使用书报刊的平均时间分布表来看，四种形态社区的平均使用时间均大于0.5小时，其中又以城镇和高原牧区的平均使用时间量为最长。城镇使用书报刊的时间量为1.4709小时高于高原牧区的1.4437小时，但两地的差距并不大；同样，河谷农区使用书报刊的时间量与半山农牧区也无太大差异；值得注意的是，城镇和高原牧区的平均使用时间量明显高于河谷农区和半山农牧区。

表3.5 每天使用书报刊分段时间分布表（单位：%）

选 项	城镇	河谷农区	半山农牧区	高原牧区
0小时	20.0	36.0	52.3	11.3
0-1小时（包含1小时）	47.4	47.3	34.4	53.5
1-3小时（包含3小时）	25.4	14.0	9.3	29.6
3小时以上	7.2	2.7	4.0	5.6

对于每天使用书报刊的具体时间，调查者将其具体分为四个时间段，分别是0小时、0–1小时（包含1小时）、1–3小时（包含3小时）以及3小时以上。其中，在城镇、河谷、牧区三种形态中，0–1小时（包含1小时）所占的比例都最高；而在半山形态中，比例最高的是0小时时段，3小时以上时段所占的比例普遍较低。所以，从数据可以得出半山农牧区的人们最不喜欢接触纸媒。

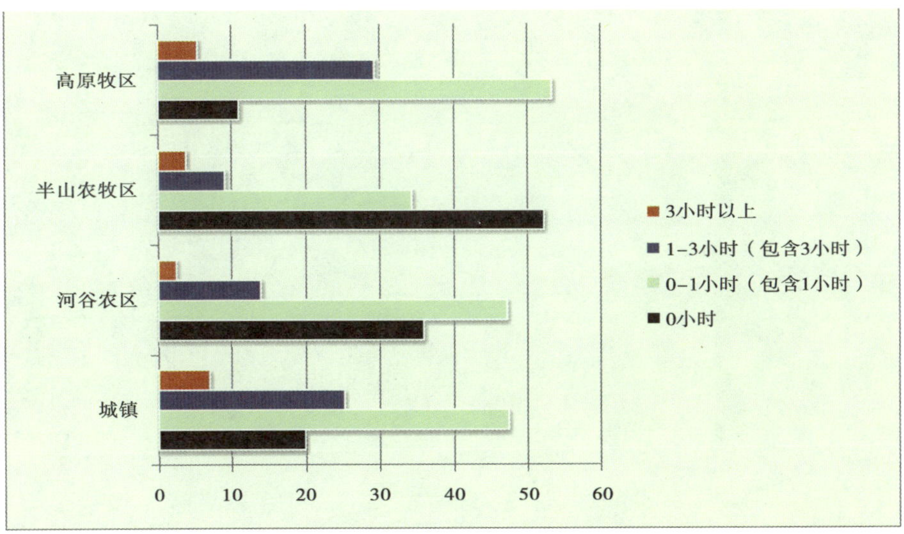

图3.4 每天使用书报刊分段时间分布图（单位：%）

值得注意的是，高原牧区0-1小时（包含1小时）和1-3小时（包含3小时）时段所占的比例比前面三种社区形态的同项之比都要高。这说明了高原牧区受众每天使用书报刊的时间是较长的，这或许和高原牧区人们有着比较空闲的时间和较少的媒体选择余地不无关系。

（五）消费情况

1. 平均消费水平

表3.6 每年购买书报刊平均消费水平表（单位：元）

选 项	城镇	河谷农区	半山农牧区	高原牧区
平均消费情况	521.6	262.0	168.6	189.6

从每年购买书报刊所花的费用平均数来看，城镇每年购买书报刊费用为521.6元要远高于河谷农区的262.0元，而高原牧区的189.6元要高于半山农牧区的168.6元。综合分析下来，按照消费金额的多少由高到低依次排序是城镇、河谷农区、高原牧区、半山农牧区；四种形态社区的平均消费水平与各自社区的经济水平紧密相关。值得注意的是，高原牧区的经济水平应该是四种形态社区

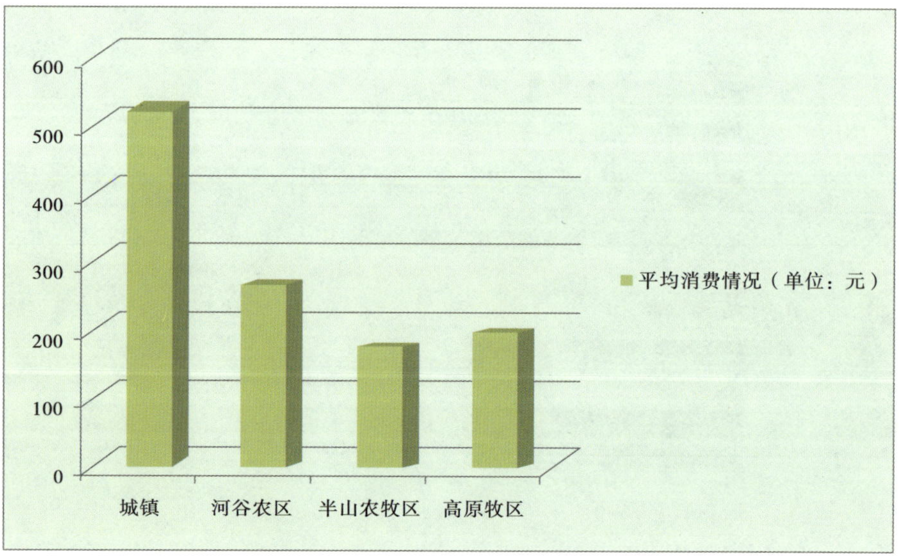

图3.5 每年购买书报刊平均消费水平图（单位：元）

中最低的，但在购买书报刊的消费水平上却高于经济水平相对好一些的半山农牧区。如前所述，这与牧区的媒体选择余地小有直接相关性。

2. 分段消费水平

表3.7 每年购买书报刊分段消费水平表（单位：%）

选项	城镇	河谷农区	半山农牧区	高原牧区
0元	11.9	20.3	31.2	1.5
0-100元（包含100元）	21.9	38.2	47.8	71.2
100-500元（包含500元）	55.2	38.9	16.4	27.3
500元以上	11.0	1.6	4.0	0

注：各项相加之和不为100%的选项是由于部分被试选项缺失导致。

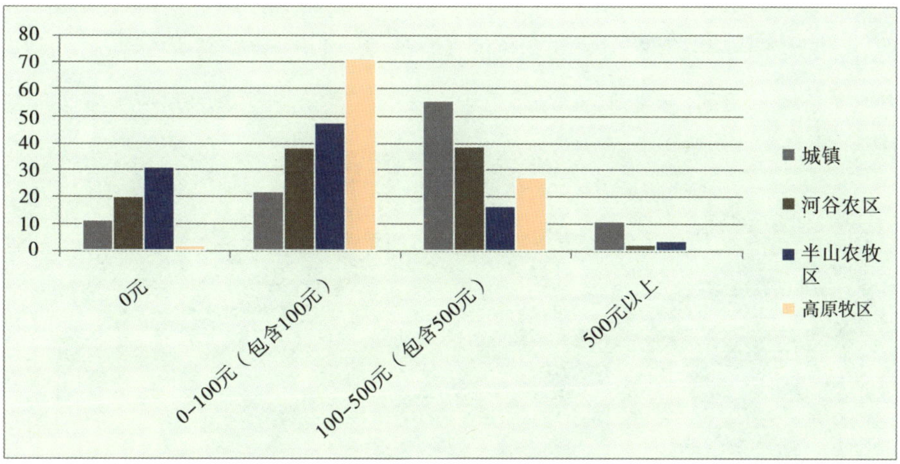

图3.6 每年购买书报刊分段消费水平表（单位：%）

从消费水平分布情况来看，城镇和河谷农区最主要的消费段集中在100-500元（包含500元）这个区间，而半山农牧区和高原牧区最主要集中在0-100元（包含100元）这个区间，这一分布情况与四种形态社区的经济发展水平基本呈正相关。值得关注的是，在高原牧区这类社区形态中，书报刊的分段消费值分布几乎都集中在了大于0元小于500元这个区间，两个极端值的比例几平没有。半山农牧区的平均消费水平最低，选择0元的比例在四种社区形态中最高，这与我们上面对书报刊使用时间的分析结果一致。也就是说，在这四种社区形态中，半山农牧区民众最不喜欢接触纸媒。

3. 人均收入情况

表3.8 四种社区形态样本点2009年人均收入水平（单位：元）

样本点	人均收入
城镇（凤仪镇雪花井社区）	4180
河谷农区（南新镇凤毛村）	2470
半山农牧区（太平乡木耳村）	2355
高原牧区（大藏乡春口村）	3756

从四种社区形态样本点2009年的人均收入水平情况来看，城镇的人均收入是最高的。我们选取了最具有代表性的茂县凤仪镇（茂县镇、县府驻地）。凤仪镇位于县境东南部，面积129.7平方公里，人口2.3万。凤仪镇2009年人均收入为4180元，位列四种社区形态人均收入水平之首。河谷农区我们选取的是茂县南新

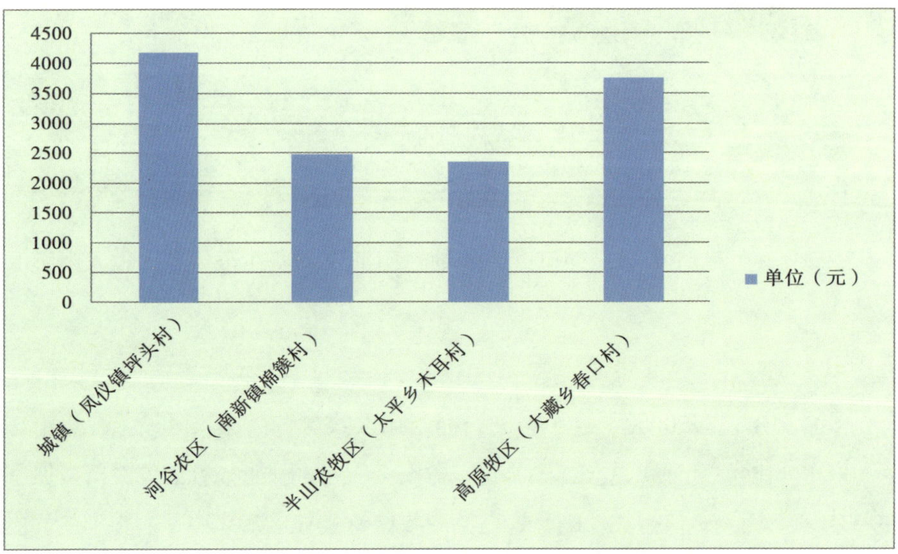

图3.7 四种社区形态样本点人均收入水平示意图

镇的棉簇村。虽同为茂县，但两个样点具有很明显的参照性和对比性。棉簇村以农业为主，人均收入2470元。半山农牧区我们选取的样本点是太平乡木耳村，木耳村位于县境北部，距县府51公里，面积162.4平方公里，人口0.3万。农业主产玉米、小麦、青稞，特产贝母、虫草、羌活等中药材，牧业以牛、羊为主，人均收入2355元，为四种社区形态中人均收入最低的一个。高原牧区我们选择的样本点是马尔康县大藏乡春口村，大藏乡春口村地处平均海拔3150米的高半山，有73户村民、294人。大藏乡春口村人均收入为3756元，高于半山农牧区，与我们调研前的推测出入较大。事实上，大藏乡境内拥有著名的省级重点文物保护单位大藏寺和广袤的原始自然风光，每年都会吸引成千上万的海内外游客慕名而来，独特的资源让春口村百姓年年都有好收成，再加上政府免费发放的牲畜，鼓励畜牧业的发展，这使得春口村的村民人均收入在四种社区形态中位列第二。

结合四种社区形态中的人们购买书报刊消费水平数据，我们获得以下比较直观的数据比例：

表3.9 纸媒消费在人均收入中的比例（单位：%）

社区形态	纸媒消费在个体收入中的比例
城镇	12.4
河谷农区	10.6
半山农牧区	7.13
高原牧区	5.03

从表3.9和图3.8中，我们可以清晰地看到纸媒消费在个体平均收入中所占的比例。数据还显示，纸媒消费在城镇人口中所占的消费比例最高，占12.4%，说明城镇人口比较重视纸媒消费。河谷农区的纸媒消费在个人收入中占的比例为10.6%，位列第二，但这个不低的占比值主要靠消费娱乐和致富类信息支撑，因此该类型书刊单价偏高也应该成为相关因素加以考虑。半山农牧区的纸媒消费占比排第三，最后是高原牧区。这说明，四种社区形态民众的纸媒消费能力与其收入水平基本呈正比关系。

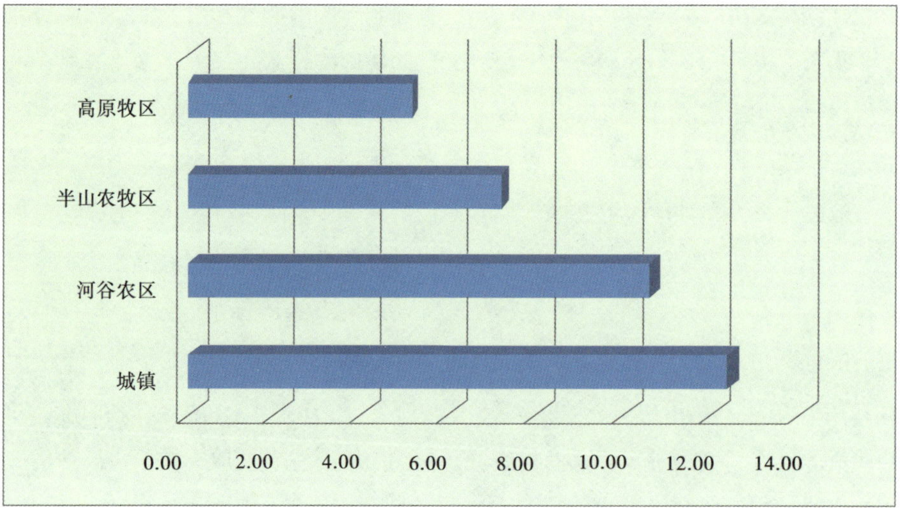

图3.8 纸媒消费在人均收入中的比例（单位：%）

二、书报刊使用情况

（一）书报刊使用目的

表3.10 书报刊使用目的分布表（单位：%）

选 项	城镇	河谷农区	半山农牧区	高原牧区
消遣娱乐	38.5	35.3	28.2	25.3
了解信息，开拓眼界	71.6	62.3	64.2	69.0
帮助脱贫致富	11.8	36.1	31.6	26.8
了解国家对农村的政策	21.6	28.7	29.5	33.8
提升文化水平，自我丰富	52.9	46.7	56.8	49.3
促进与人的交流，增加谈话内容	22.5	12.3	26.3	12.7
学会现代生活方式	9.8	13.9	14.7	16.9
其他	9.8	4.1	4.2	8.5

注：限选三项，总比例大于1。

针对书报刊的使用目的调查，课题组设计了“消遣娱乐”“了解信息，开拓眼界”“帮助脱贫致富”“了解国家对农村的政策”“提升文化水平，自我丰富”“促进与人的交流”，“增加谈话的内容”“学会现代生活方式”“其他”等八类选项。

如表3.10和图3.9所示，四种社区形态使用书报刊的主要目的均集中在“了解信息，开拓眼界”与“提升文化水平，自我丰富”两项上，此外，随着四种社区形态地形海拔的升高，经济实力的递减，“消遣娱乐”的使用目的呈现出递减的趋势，而受众“了解国家对农村的政策”的使用目的则呈现出递增的趋势。

在城镇社区形态中，“消遣娱乐”“促进与人的交流”“了解国家对农村的政策”等选项比例接近，这表明城镇受众使用书报刊的目的是多样的。在河谷农区形态中，唯有“帮助脱贫致富”的使用目的在四种社区形态中占比例最高，其次是“消遣娱乐”，其他选项均处于相对低值。这表明河谷农区的受众实用型动机非常明显。半山农牧区形态中的“提升文化水平”和“促进与人的交流”两项目的在四种社区形态中均占比例最高，除了“其他”选项，另五个选项所占比例都较高，说明半山农牧区的受众对纸媒的使用目的不仅多元，而且态度积极。

从使用纸媒的首位目的比较来看，高原牧区形态中因“学会现代生活方式”目的去使用纸媒的比例是四种社区形态中最高的，这应该和高原牧区交通

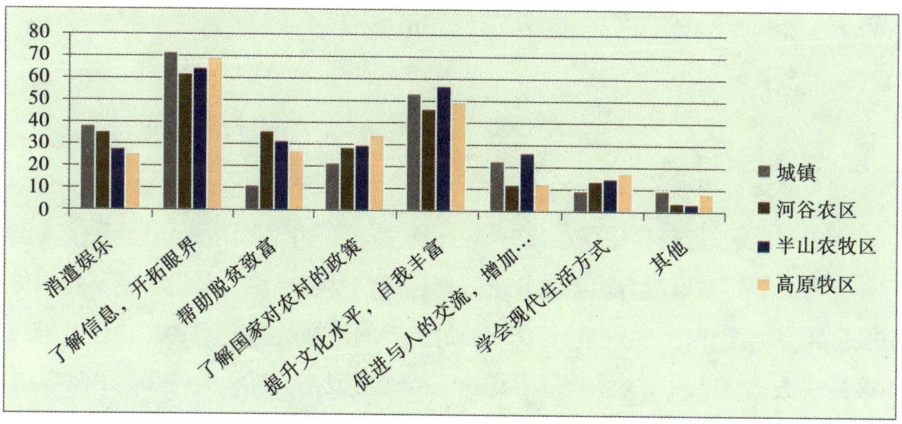

图 3.9　书报刊使用目的分布图（单位：%）

不便，与现代生活隔绝较严重，而雪域牧民又渴望靠近现代生活方式有一定的关系。半山农牧区形态中因“提升文化水平，自我丰富”和“促进与人的交流”目的而使用纸媒所占的比例是四种社区形态里最高的。河谷农区形态中因“脱贫致富”目的而使用纸媒的比例在四种社区形态中最高。城镇社区形态中因“消遣娱乐”“了解信息、开拓眼界”和“其他”三种目的而使用纸媒的比例在四种社区形态中占比最高。可见，四种社区形态的纸媒使用动机存在非常明显的差异。

（二）书报刊的使用内容

表3.11 书刊阅读类型分布表（单位：%）

选项	城镇	河谷农区	半山农牧区	高原牧区
农林生产实用技术类	7.0	29.2	36.6	（牧区没有这个选项）
生活技巧类	27.0	27.5	29.0	
休闲娱乐类	43.0	37.5	38.7	
政策法律类	19.0	32.5	16.1	
文学艺术类	46.0	36.7	37.6	
计算机与外语类	6.0	5.8	4.3	
健康卫生与保健类	31.0	13.3	16.1	
历史人物传记类	21.0	18.3	24.7	
政治军事类	11.0	10.8	14.0	
致富经验类	11.0	10.8	9.7	
哲学类	9.0	7.5	4.3	
其他	7.0	7.5	6.5	

注：限选三项，总比例大于1。

由于课题组没有将高原牧区纳入这一因素的类型比较，因而只呈现了其他三种社区形态的书报刊阅读类型分布数据。我们发现，“文学艺术类”和“休闲娱乐类”是三种社区形态的受众阅读最主要的选择类型；反之，“计算机与外语类”是三种社区形态受众最不喜欢的阅读类型，“哲学类”和“其他”选项次之。我们仔细观察数据还可以发现，“农林生产实用技术类”纸媒的阅读

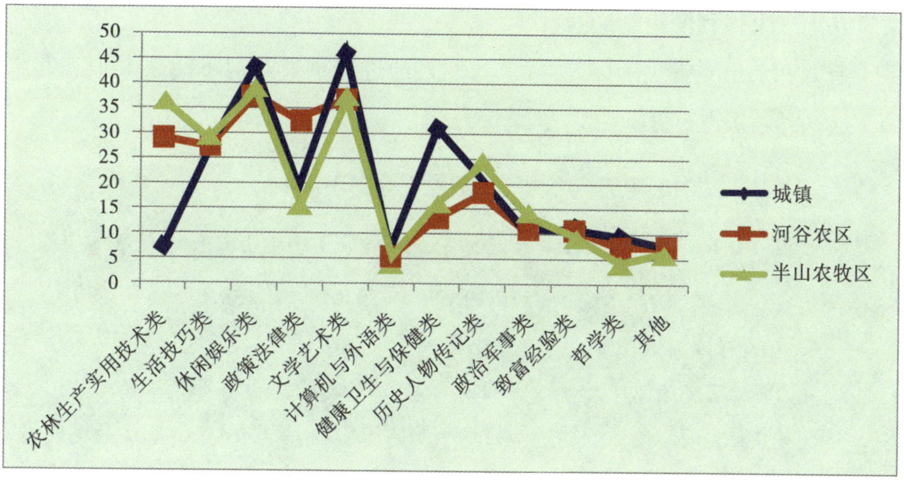

图 3.10　书刊阅读类型分布图（单位：%）

随着三种社区形态地形海拔的升高而呈现出一种递增的趋势，这与其实用性阅读喜好有着很大的关系。通过进一步分析，则可以看到各个社区形态纸媒的如下类型特征。

表3.11和图3.10显示，城镇形态中受众阅读类型的分布呈现出一个阶梯分布的态势，位于第一梯级的分别是“文学艺术类”“休闲娱乐类”以及“健康卫生与保健类”，其比例都在30%以上；位于第二梯级的则有“生活技巧类”、“历史人物传记类”和“政策法律类”，其比例位于15%-30%这个区间；余下类型的比例均在15%以下。

河谷农区形态同样存在着一个和城镇社区形态类似的阶梯分布，但是河谷社区形态受众对“政策法律类”纸媒的阅读态度要比其他两个社区形态受众更积极，升到了第一梯级。

半山农牧区形态中，“农林生产实用技术类”纸媒阅读选择跃升至第一梯级，“健康卫生与保健类”则退至第二梯级。这说明了半山受众的实用性阅读喜好有了明显的增强。

总体而言，三种社区形态的纸媒阅读类型存在较明显的差异。

（三）书报刊使用制约因素

针对书报刊的使用制约因素，我们是通过调查受众“不阅读书报刊的原因”这一问题来进行分析的。

表3.12 不阅读书报刊原因类型分布表（单位：%）

选 项	城镇	河谷农区	半山农牧区	高原牧区
没时间	26.9	25.8	38.8	（牧区没有这个选项）
没兴趣	23.1	17.7	7.5	
文化低看不懂	42.3	53.2	78.8	
没有书报刊可以看	11.5	9.7	10.0	
书报刊上的内容不实用，看了也没有用	3.8	4.8	2.5	
书报刊与电视、广播上的内容一样，不必看	3.8	6.5	1.2	
其他	11.5	6.5	2.5	

注：限选三项，总比例大于1。

表3.12和图3.11数据显示，在制约受众使用书报刊的原因中，最主要的两项是“文化低看不懂”以及“没时间”。城镇、河谷农区、半山农牧区三种形态

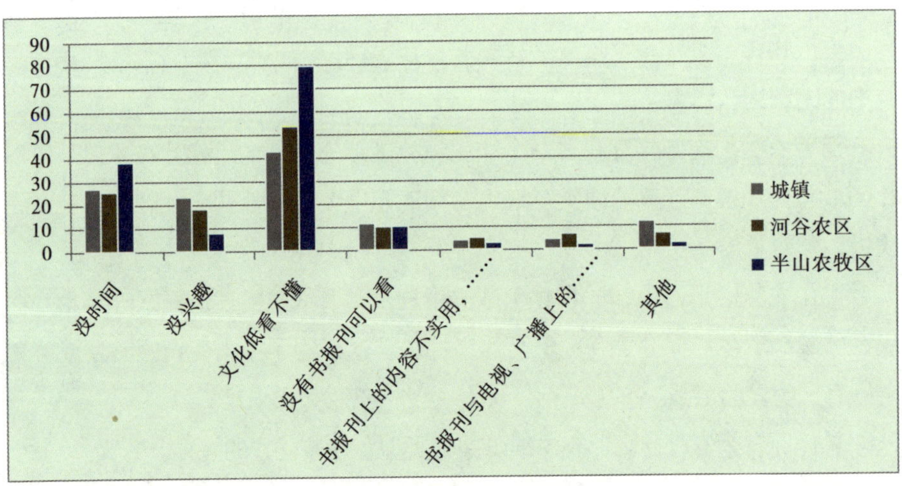

图3.11 不阅读书报刊原因类型分布图（单位：%）

的情况皆是如此，这凸现出以下两个问题：

1. 受教育程度的低水平是制约书报刊使用的最重要因素。这一情况与当前农村地区文化水平普遍较低这一事实是相关联的。通过对图表数据的纵向比较还能发现，随着三种社区形态地形海拔的升高，“文化低看不懂”的比例呈现递增趋势。这说明随着地形海拔的升高其居住人口的教育程度越低。

2. 阅读书报刊时间的缺乏是制约纸媒使用的次重要因素。由于广大农民群众平时要花大量的时间在农作物的耕种上，所以阅读书报刊的时间被挤占情况严重。

与此同时，“没有书报刊可以看”和“没有兴趣”等原因各自所占的比例在三种社区形态中大致相同。这暴露出一些相关公共机构（例如农村书屋和单位及学校的图书馆）在一定程度上还存在忽视受众的实际阅读需求的问题。

第二节 广播、电视、电影等电介质媒体的覆盖形态

一. 电质媒体拥有量

（一）媒体硬件设施拥有情况

各形态样点区拥有电媒硬件的情况是反映其接触媒介能力强弱的指标之一。我们决定在问卷、访谈等实地调查数据基础上，从两个维度对四种社区形态下的电媒硬件设施拥有情况进行总体描述和比较分析：1. 纵向描述四种社区形态样本点拥有媒介设施量的总体情况；2. 横向描述单一社区形态中五种主要电媒硬件设施的拥有量比较。

1. 纵向描述

我们先总体性地对四种社区形态拥有电媒硬件设施多少的情况依次排序为：河谷农区、城镇、高原牧区、半山农牧区；再对五种电媒设施的各形态占有数据进行纵向比较。所获得数据和比例情况如下：

表3.13 四种社区形态电媒硬件设施拥有情况

硬件设施	样本拥有情况态势由强到弱				
彩色电视	城镇	河谷农区	半山农牧区	高原牧区	（差异不显著）
黑白电视	高原牧区*	河谷农区	半山农牧区	城镇	
收音机	高原牧区*	城镇	河谷农区	半山农牧区	
音响	河谷农区	高原牧区	半山农牧区	城镇	（差异不显著）
影碟机	城镇	河谷农区	半山农牧区	高原牧区	（差异不显著）

注：*标记为显著性差异。

表3.13和图3.12显示，交通最不便利的高原牧区，其电媒硬件设施的整体拥有能力与其他社区形态的差距非常小，甚至比半山农牧区的拥有状况还乐观。调查数据还显示，高原牧区媒介设施拥有情况的两个重要特征：

(1) 电视更新换代速度缓慢。从以上表图中可以看出，虽然高原牧区的电视拥有量与其他地区的拥有量总体差异甚微，但是，黑白电视在其中所占的比重大大超过了其他形态区，是城镇的两倍多。这说明，作为21世纪新农村媒体标志的彩色电视还没有实现全覆盖的发展目标。

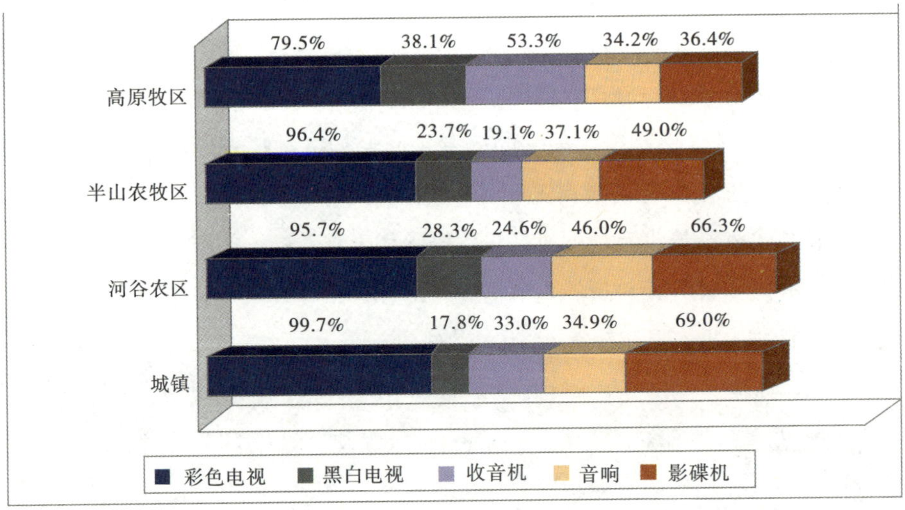

图3.12 四种社区形态电媒硬件设施拥有情况总体图

(2) 高原牧区的收音机拥有比重在四种社区形态中最大，尤其在2008年的大地震后增幅很大。但是，拥有率并不等同于使用率，课题组在入户调查中发现，一些随灾后重建项目捐赠给当地灾民的收音设备就因没有备用电池或看不懂使用说明，而成为“用不着的摆设”。通过数据分析，我们也并未看到拥有率与使用率同比增长的证明。

2. 横向比较

需要说明的是，2008年的“汶川地震”这一自然灾害事实上在本课题的调研地区已成为我们研究发展传播学和发展社会学的重要分水岭，党和政府针对灾后重建的战略部署已大大加快了这一地区的现代化进程。因此，西部汉藏羌民族混居区域的传媒生态发生了哪些结构与功能上的变化，是我们必须分“震前”和“震后”两个向度进行统计和分析的。以此为出发点，我们对各社区形态中的五种主要电媒硬件设施的拥有量分别进行横向比较，所获得数据如下：

表3.14 城镇电媒拥有情况（单位：%）

拥有数量	彩色电视		黑白电视		收音机		组合音响		影碟机	
	震前	震后	震前	震后	震前	震后	震前	震后	震前	震后
0	0.3	22.2	82.2	86.5	67	81	65.1	74.6	31	50.8
1	79	65.1	17	13.5	30.2	16.7	33.3	23.8	59.5	44.4
2	15.9	7.1	0.8	0	2.8	2.4	1.6	1.6	7.9	4
2个以上	4.8	5.6	0	0	0	0	0	0	1.6	0.8

注：限选三项，总比例大于1。

从表3.14可以看出，彩色电视作为电媒的大众性基础设备是城镇家庭拥有率最高的，其次是家用影碟机。如果加上黑白电视的话，电视在城镇家庭中的拥有率达到了100%（震前），这说明电视设备已基本上覆盖了每个家庭。但我们观察震后城镇家庭电媒的拥有率发现，电视的家庭拥有率已下降到86.5%，震后受损家庭新添置的电视设备尚不及原有电视拥有量。

数据还显示，以收音机为硬件支撑的广播这一传统电媒在城镇样本中收听率不尽如人意，收音机的拥有量仅占33%。事实上，震前城镇家庭就对收音机这类电媒硬件是否应该拥有持随意态度；震后的调查数据显示，对该类媒体的需求程度并未提升。考虑到地震后各样本点都受到不同程度的财产损失，我们将震后数据的降值暂时归入“恢复中”看待。但城镇社区民众对收音机媒体的功能认同度低却是显而易见的。

表3.15 河谷农区电媒拥有情况（单位：%）

拥有数量	彩色电视		黑白电视		收音机		组合音响		影碟机	
	震前	震后	震前	震后	震前	震后	震前	震后	震前	震后
0	43	30.5	71.7	89.3	75.4	84.5	54	69.5	33.7	58.8
1	85.5	61.5	27.8	10.7	24.1	15	43.9	29.4	59.9	36.9
2	8	7	0.5	0	0.5	0.5	1.1	0	5.3	3.7
2个以上	2.1	1.1	0	0	0	0	1.1	1.1	1.1	0.5

注：限选三项，总比例大于1。

表3.16 半山农牧区电媒拥有情况（单位：%）

拥有数量	彩色电视		黑白电视		收音机		组合音响		影碟机	
	震前	震后	震前	震后	震前	震后	震前	震后	震前	震后
0	3.6	17.5	76.3	86.6	80.9	80.9	62.9	68.6	51	61.3
1	91.3	77.8	23.7	13.4	16.5	29.4	34.5	29.4	46.4	35.6
2	4.1	3.6	0	0	2.1	1.5	2.1	1.5	2.1	2.6
2个以上	1	1	0	0	0.5	0.5	0.5	0.5	0.5	0.5

注：限选三项，总比例大于1。

通过表3.15和表3.16的数据显示，河谷农区和半山农牧区家庭的电媒硬件设施拥有率在2008年地震后均整体下滑，至少在2010年夏季还未恢复到震前水平。20%左右家庭的电媒设施在地震中有不同程度的损失，但电视硬件设备已基本上恢复到震前水平，即每个家庭均有电视。

表3.17 高原牧区电媒拥有情况（单位：%）

拥有数量	彩色电视	黑白电视	收音机	组合音响	影碟机
0	20.5	61.9	46.7	65.8	63.6
1	68.1	32.9	51.2	31.1	32.3
2	8.2	3.1	1	2.1	2.1
2个以上	3.1	2.1	1	1	2.1

注：限选三项，总比例大于1。

由于高原牧区样点并没有在2008年大地震中受到较严重损失，因而表3.17没有继续分震前和震后来统计数据。总的来看，高原牧区的家庭电媒设施以电视和收音机为主，电视的家庭拥有率已达到100%，但是，黑白电视所占有的份额约为1/3，表明电视硬件的现代化程度还偏低。此外，家庭拥有收音机的比例为53.3%，排在家庭电媒硬件设备拥有率的第二位，也就是说，一半以上的家庭事实上或理论上使用收音机，这项指标在四种形态样点中是最高的。

（二）当地政府对电媒的支持力度

衡量样本接触媒介能力强弱的另一个指标是当地政府对电媒的支持能力。目前各社区形态样本点家庭接收电视频道的途径有两种，即有线电视网和卫星电视接收器。有线电视网的收视特点是收视稳定、图像清晰，但接收到的频道数少。卫星电视接收器在当地俗称“锅盖”，是一种能够接收卫星电视节目的装置，其特点是接收频道数多，但很多频道不在政府控制范围内，因此图像和收视稳定性不及有线电视网。

表3.18 地区与家庭使用有线电视网情况（单位：%）

形态 使用情况	城镇	河谷农区	半山农牧区	高原牧区
本地还未接有线电视网	10.2	14.3	8.9	——
本地已有，但我家未接入	9.3	6.6	5.8	——
本地已有，我家已接入	61	17.0	16.3	——
自家安装了接收器（锅盖）	19.5	62.1	68.9	62.4
户均能收到电视频道数	26.3	37.1	30.5	24.3

表3.18显示，城镇样本点以接入有线电视网为主，城镇家庭接入有线电视网的比例为61%；而河谷农区、半山农牧区和高原牧区多为政府安装的卫星电视接收器（锅盖）。城镇户均收到稳定的电视频道数为26.3个；河谷农区户均收到稳定的电视频道数是37.1个，在四种形态社区中最多；半山农牧区户均能接收的电视频道数排在第二位，有30.5个；高原牧区户均接收频道数最低，为24.3个。

由此可见，当地政府对电媒的支持力度最大的地区是河谷农区、半山农牧区和高原牧区，而高原牧区的家庭电视拥有总量水平虽然与其他形态样点区差距不大，但其收到的频道数和收视的稳定性能却是最低的。“5·12”汶川地震后，当地政府尽可能合理调拨救灾款用于扩大本地的有线电视网和卫星电视接收器的覆盖面，进一步发挥电视在西部汉藏羌民族混居区域的强势媒体作用。

二、接触情况描述

（一）接触与否

1. 收听广播情况

研究报告从两个层面分析四种社区形态总体样本收听广播的情况：(1) 是否收听的情况；(2) 收听时所选择的硬件设施的情况。

表3.19 四种社区形态样点区收听广播情况（单位：%）

选项　形态	城镇	河谷农区	半山农牧区	高原牧区
通过喇叭听广播	4.9	7.6	6.3	12.1
通过收音机听广播	34.1	22.9	16.8	45.1
不听广播	61	69.5	76.9	42.9

将上表“收听情况”的前两项相加进行比较，高原牧区样点收听广播的比例为57.2%，这是四种社区形态中最高的，而且大部分通过收音机收听信息；而城镇、河谷农区和半山农牧区收听广播的比例均没有过半，依次为39%、30.5%和23.1%。城镇样点收听广播的方式以通过收音机收听为主，占34.1%，明显高于通过喇叭听广播4.9%的人群比例；河谷农区样本收听广播两种途径并存，且差异不显著，通过收音机收听的比例占22.9%略高于通过喇叭收听广播的比例7.6%；半山农牧区收听广播的比例最低，与城镇相同，主要通过收音机来收听广播，其比例为16.8%。

由此可见，所调查样点区域中收听广播的受众主要靠收音机收听信息，而且通过与前述样本收音机拥有情况进行比较，二者的状况在四种社区形态中均呈现正相关，且差异不大。如下图所示：

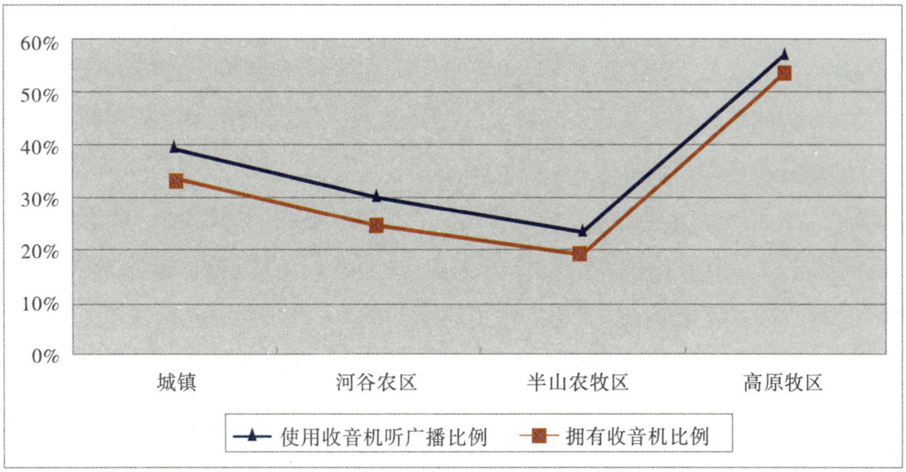

图3.13 收音机拥有率与使用率趋势比较图

2. 看电影情况

表3.20 四种社区形态样点区看电影情况（单位：%）

形态 频率	城 镇	河谷农区	半山农牧区	高原牧区
经常	11.7	18.8	10.2	21.1
有时候	32.5	22.1	22	33.3
很少	30.8	28.7	23.1	27.8
几乎没有	25	30.4	44.7	17.8

课题组设定，通过观察电影频率为“经常”和“有时候”的比例之和来表示受众接触电影的程度。我们惊讶地发现，受众接触电影比例最高的是高原牧区，占54.4%，其次为城镇，占44.2%，河谷农区接触电影的比例为40.9%，与城镇比例差异不显著；半山农牧区看电影的比例最低，为32.2%。以前，由于高原牧区的地理环境恶劣，人口稀少，有固定居所的居民不多，较大数量的游牧群落基本上居无定所，这使得高原牧区几乎成为现代传媒宏观布局上的盲点地区，牧民与主流媒体的接触非常少。在国家实施的退耕还林、退牧还草的“天

保工程”[①]后，牧民已逐渐撤离高山，将定居点建在半山农牧区或河谷农区，牧民的生活方式发生了结构性变化。他们由移动居住变为定居，生产方式从单一的放牧变为放牧、种植甚至外出打工等多元结构，他们开始有了频繁接触现代媒体的条件或机会。在调查中，我们了解到，“天保工程”启动后，政府对提高牧民的生活质量非常重视，作为建设新农村的文化发展目标之一，当地各级政府较统一为大定居点购置电影放映设备，定期组织定居点的牧民收看露天电影。因此，高原牧区样点出现了看电影的高比例。

（二）接触时间量

表3.21 四种社区形态电媒接触时间量表（单位：%）

接触时间（小时）	城镇		河谷农区		半山农牧区		高原牧区	
	电视	广播	电视	广播	电视	广播	电视	广播
0	1.8	51.4	2.2	70.9	2.7	81.9	2.2	28
0-1	28	41.7	16.5	22	20.3	15.4	25.6	60
1-3	47.4	4.1	57.7	7.1	65.5	2	61.1	9.3
3以上	22.8	2.8	23.6	0	11.5	0.7	11.1	2.7
平均值	2.69	0.51	2.76	0.33	2.27	0.18	2.07	0.86

通过上表的统计数据，我们可以进行三项比较分析：(1) 纵向比较，即对四种社区形态的电视和广播接触时间从0−3小时以上区间进行比较；(2) 横向比较，即对四种形态样本分别就某一时段接触广播和电视进行分析；(3) 将表中数据与前述收音机拥有情况及收音机使用情况做相关性比较，来检验问卷中相关数据的整体性和逻辑性。

1. 纵向比较

纵向比较四种社区形态下的电视和广播的日均接触时间量，我们可以看到，从河谷农区到高原牧区其日均看电视时间依次递减的趋势明显：河谷农区

① 1999年1月29日，四川省第九届人民代表大会常务委员会第七次会议通过《四川省天然林保护条例》。同年6月17日，中央机构编制委员会办公室批复成立国家林业局天然林保护工程管理中心。四川省率先启动天然林保护工程试点。

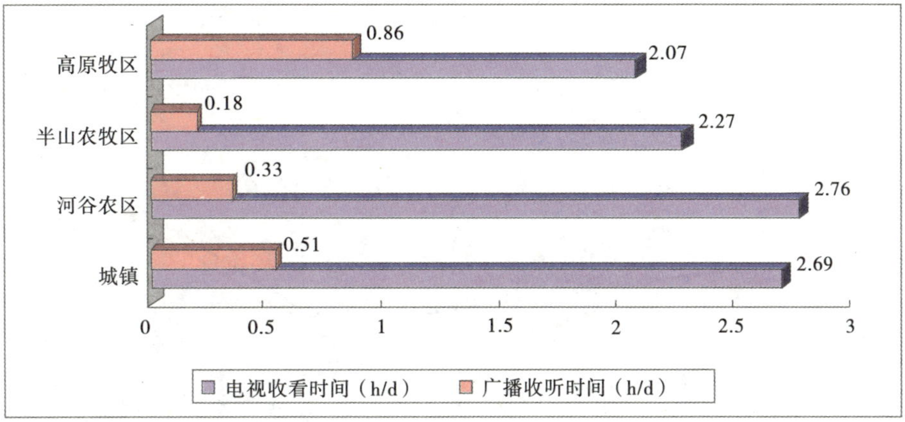

图3.14 电视和广播日均接触时间量

日均收看电视时间最长为2.76小时，半山农牧区日均收看时间为2.27小时，高原牧区日均收看电视时间最短为2.07小时。河谷农区和城镇的日收看时间差异不显著。但是，收听广播的时间量之比与四种社区形态的空间地理分层并无规律性变化，高原牧区收听广播的日均时间量是最长的，为0.86小时。

2. 横向比较

表3.21显示，城镇样本中，每日收看电视的时间在1–3小时区段内的比例最高，为47.4%；每日收听广播0小时为普遍状态（即不收听广播）。进一步分析日收听广播的时间，在0–1小时区段内的比例为41.7%，收听广播时间在1小时以上的样本寥寥无几，仅为6.9%。河谷农区和半山农牧区的接触时间特点与城镇样本相同，电视收看情况以日均1–3小时为普遍，广播收听时间量绝大多数为日均1小时以下。而高原牧区的广播收听时间量与其他三种形态下的情况不同，高原牧区的日均收听广播时间在0–1区段内比例高达60%，在1小时以上的有12%，与其他形态的样本相比，这个数字非常显著。

3. 收音机拥有比例、广播受众比例和收听时间量的相关性比较

如前所述，人们选择收听广播主要是为了利用已拥有的收音机，而收音机的拥有情况和使用情况与社区形态的类型变化趋势相同。从表3.21中观察到的收听广播时间为零的各社区形态比例，我们可以将日接触广播时间为零时段的相关数据理解为“不接触”；那么，不接触广播的样本比例应与收音机拥有比例、广播受众比例成反相关，其相关性比较如图3.15所示：

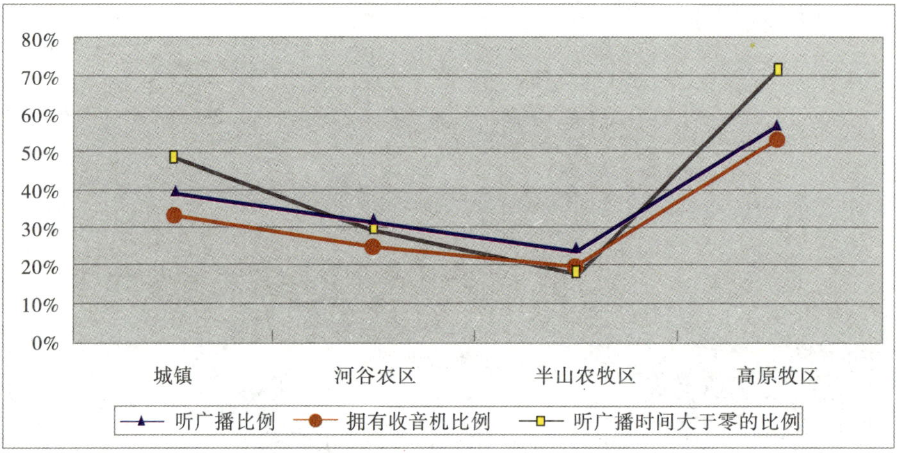

图 3.15 收音机拥有比例、广播受众比例和收听时间的相关性比较图

图3.15显示，不接触广播的样本比例与使用收音机听广播比例及拥有收音机比例呈反相关。为使图中的趋势线比较起来更直观，我们将不接触广播的样本比例转换为其反相关，即收听广播时间大于零的比例。图3.15所示的三条折线大体趋势一致，体现了问卷数据的逻辑性。从收听广播时间大于零的样本比例略高于收音机拥有比例和广播受众比例的情况看，应该有受众收听广播的途径还有社区喇叭的原因，虽然靠社区喇叭听广播的受众比例不高，但在此不能被忽视。

（三）消费情况

关于电媒的消费情况，在此仅对日常消费中的影碟购买情况做四种社区形态样本的比较。图3.16表明了样本每年购买影碟的平均费用情况。

四种社区分层形态下，城镇样本年平均消费影碟的金额最高为168.8元，其次是河谷农区143.3元，二者无显著差异。高原牧区与半山农牧区明显偏低，其中，半山农牧区是年消费最低的区域，年平均消费金额为89.1元，高原牧区位居第三，年平均消费104.1元。最大年消费差是在城镇与半山农牧区之间，有近两倍的差距。

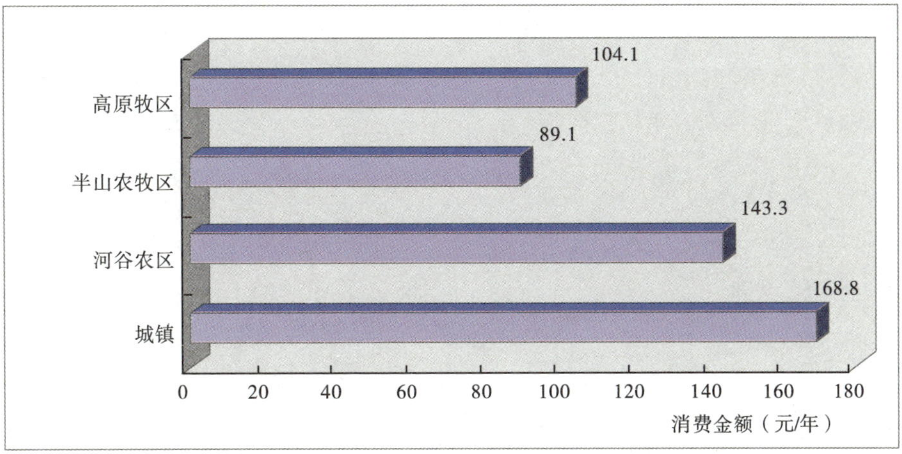

图3.16 购买影碟年费用比较图

（四）选择内容

表3.22 最常收看的电视节目内容（单位：%）

内容＼形态	城镇	河谷农区	半山农牧区	高原牧区
新闻事实类	77.5	77.3	70.7	6.3
科普教育类	24.3	23.8	28.7	19.2
音乐歌舞、戏剧曲艺	22.5	16.9	36.5	32.9
综艺、娱乐	35.1	32.6	21.5	19.2
体育节目	22.5	12.8	16	23.3
饮食、健康、卫生	14.4	10.5	5.5	1.4
生态环境及保护	4.5	5.2	3.9	1.4
天气预报	12.6	16.9	25.4	27.4
民俗风情类	4.5	4.7	4.4	5.5
广告	1.8	0.6	0	8.2
电影、电视剧	49.5	54.1	39.8	46.6
动画类	3.6	6.4	11.6	8.2
旅游类	3.6	1.7	1.1	6.8
其他	3.6	2.9	4.4	1.4

注：限选三项，总比例大于100%。

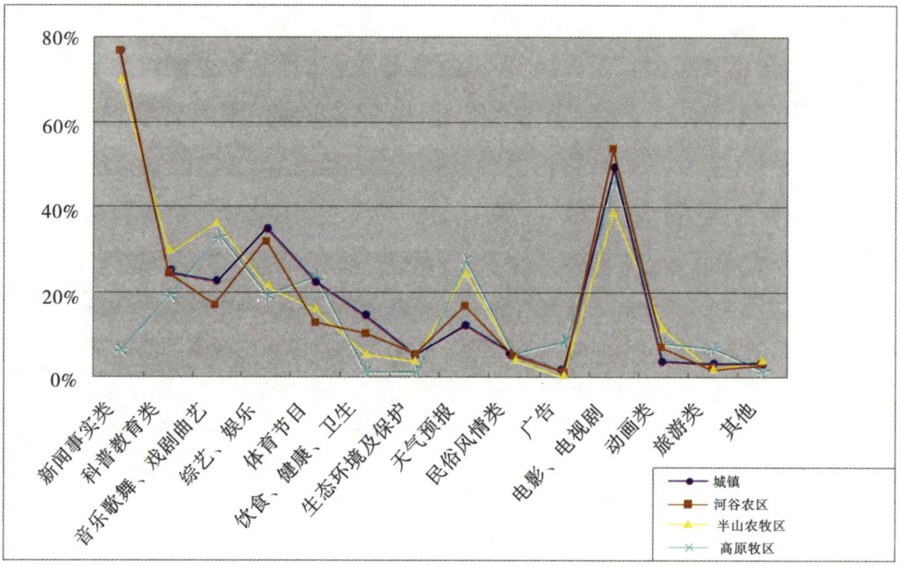

图3.17 四种社区形态下电视节目选择情况

如表3.22和图3.17所示，城镇样本中选择收看电视内容排名前三位的分别是新闻事实类（77.5%）、电影电视剧（49.5%）和综艺娱乐类（35.1%）。此外，科普教育类、音乐歌舞类和体育节目也是受众广泛关注的节目类型。

> 新闻、电视剧那些要看一点，唱歌跳舞、电影那些都要看，关于农业方面的东西也要看。
>
> ——受访村民

河谷农区样本对电视节目内容的选择排名前三位的分别是新闻事实类（77.3%）、电影电视剧（54.1%）和综艺娱乐类（32.6%），这与城镇样本的内容选择排序相同。另外，该类地区受众还广泛关注科普教育类、音乐歌舞类和天气预报。

半山农牧区样本的内容选择排名前三位的分别是新闻事实类（70.7%）、电影电视剧（39.8%）和音乐歌舞类（36.5%）。另外还广泛关注的还有科普教育类、天气预报和综艺娱乐类。

高原牧区样本的内容选择排名前三位的分别是电影、电视剧（46.6%），音乐歌舞类（32.9%）和天气预报（27.4%）。另外还广泛关注的是体育节目、科普教育类和综艺娱乐类。

我们对上述四种社区形态样本按关注程度排序其选择电视节目内容的情况进行了列表比较：

表3.23 四种社区形态电视内容选择比较

		城 镇	河谷农区	半山农牧区	高原牧区
内容选择排名	1	新闻事实类	新闻事实类	新闻事实类	电影电视剧
	2	电影电视剧	电影电视剧	电影电视剧	音乐歌舞类
	3	综艺娱乐类	综艺娱乐类	音乐歌舞类	天气预报
	4	科普教育类	科普教育类	科普教育类	体育节目
	5	音乐歌舞类	音乐歌舞类	天气预报	科普教育类
	6	体育节目	天气预报	综艺娱乐类	综艺娱乐类

我们从表3.23得到了五个很有价值的信息。

第一，我们发现，表3.22所列出的受众最常收看的电视节目内容的14个选项中，四种社区形态样本点出现“频繁”和“较频繁”交叉的共有6项。为了确保以下比较分析更有利于课题研究的针对性，我们又进一步将其归为新闻、娱乐、生活服务和教育等4大类问题，以准确把握四种社区形态受众在选择电视内容时是否存在差异？有哪些差异？

第二，城镇、河谷农区、半山农牧区这三种社区形态的受众期望通过电视获得满足的主要需求是新闻和娱乐这两大类信息；而高原牧区的受众期望通过电视寻求满足的主要需求是娱乐与生活服务类信息。高原牧区受众收看新闻类节目的比例仅为6.3%，这与其他三种形态社区七成以上的比例相去甚远。

第三，农区和高原牧区的受众都非常关注天气预报，尤其是半山农牧区和高原牧区。这两个样本点区选择经常收看天气预报的比例分别为25.4%和27.4%，对于靠天吃饭的农牧民来讲，收看天气预报对他们而言是最实在和最重要的信息需求。

第四，四种社区形态样本对广告类节目都表示没有兴趣。相比较而言，高原牧区的受众选择会经常看广告的比例最高，为8.2%，但绝大部分被访者表示接触广告的动机与消费无关；半山农牧区的比例最低，为0。受访者普遍表示广告信息与他们的日常消费没有直接关系，如需购买生活用品或家用电器常常是凭借亲友邻里的经验推荐。

第五，目前越来越引起国内东中部人们重视的关于饮食、健康、卫生等节目，四种社区形态的受众对其关注度的比例基本上依地区的发达程度而有所不同。城镇的收看比例最高，其次是河谷农区、半山农牧区，最低的是高原牧区。但是，即便城镇受众收看比例最高，这几类节目仍然不是他们收看的主流内容，仅排到问卷调查提供的收看内容选项的第7位。

我们的结论是：电视中的新闻类节目内容是西部汉藏羌民族混居区域四种社区形态受众普遍关注的信息，在城镇、河谷农区、半山农牧区这三种社区形态更是排在第一关注的位置，因此，电视新闻节目的议程设置功能对该类地区和谐社会的建构可发挥巨大的推动作用。科普教育类、天气预报、音乐歌舞和体育等类节目的较普遍被关注，说明这些地区对有关社会发展和民族文化发展的信息有高关注度。同时，从各样本点受众的信息需求取向来看，广告和追求现代化生活方式等“非必信息”还没有成为紧迫需求。

第三节　网络及新媒体的覆盖形态

互联网、手机等是近年来发展非常迅猛的新兴媒体。在中国，电脑及互联网等新媒体在城市已经非常普及。由于我国经济社会发展中存在明显的“二元结构”问题，新媒体的发展在我国城乡之间、东中西部之间存在着巨大差距，尤其是在西部偏远的农村及少数民族聚居区。由于新媒介接触与使用的不均衡，“数字鸿沟”正日益扩大。本课题组深入西部少数民族地区及多民族混居区，对各样本点区域新媒体的使用状况及分布进行了较基础的调查并客观全面的加以呈现。

一、四种社区形态之新媒体拥有情况

作为本课题研究的一个重要的独特的观察视角，我们在调查问卷和深度访谈中设定了既能反映汉藏羌民族混居区域使用媒体的“常态指标”，又能显示出2008年“汶川大地震”后，本区域在重建中的传媒使用“非常态指标”，并试图据此提供：在传媒使用与西部汉藏羌民族混居区域和谐社会建构的互动过程中，怎样合理制定关于新媒体发展在该类型区域的近期任务和长期目标的建议。因此，在调查中，我们对各类型样本点进行了大量“震前”和“震后”的数据统计。

对比各社区形态样本点地震前后的统计数据，我们看到了不同社区形态在新媒体拥有量上存在明显的差异，以及地震对这些地区新媒体使用条件普遍而严重的破坏性。从大体上说，手机在四种社区形态样本点区域覆盖率无论在震前还是震后都大大高于电脑和MP3，说明手机已成为西部汉藏羌民族混居区域不可或缺的新媒介工具和对外联系的重要通信工具。电脑和MP3在该地区的普及率极低（值几乎为零），而且城乡差距明显。

表3.24 城镇样本点新媒体拥有情况（单位：%）

拥有量	手机		MP3		电脑	
	震前	震后	震前	震后	震前	震后
0	16.7	28.6	71.4	77.8	72.2	78.6
1	49.2	37.3	25.4	20.6	25.4	19.0
2	11.1	8.7	2.4	0.8	2.4	2.4
3	13.5	15.1	0.8	0.8	0	0
4	2.4	4.0	0	0	0	0
4部以上	7.1	6.3	0	0	0	0

表3.24和图3.18显示，在城镇地区，手机零拥有情况在地震前后出现较大波动，从16.7%上升到28.6%，但较MP3和电脑来说，手机的拥有率在震前和震后都超过了70%，而且在户拥有量3-4部的较富裕家庭还出现了震后数据上升的情况，这是MP3和电脑无法比拟的。MP3和电脑的拥有率在地震后也出现下滑变化，但波动与手机相比较小，原因在于MP3和电脑的原拥有基数低。

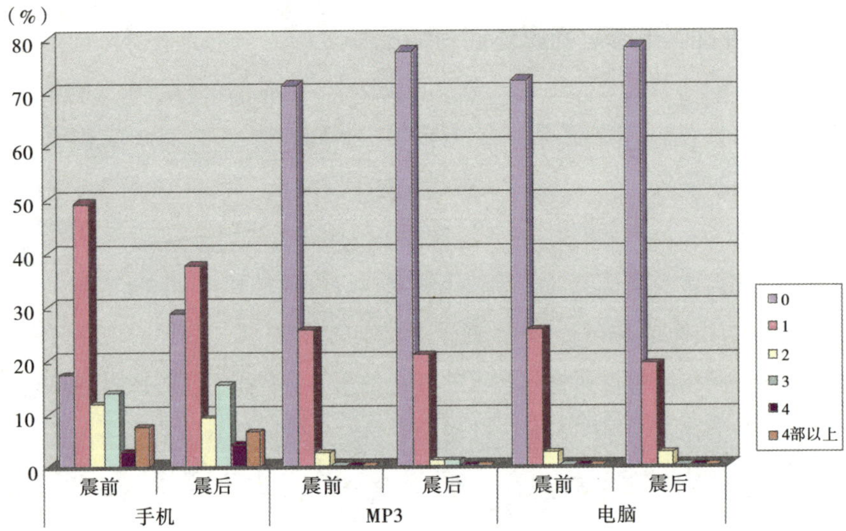

图3.18 城镇样本点新媒体拥有情况

表3.25和图3.19显示，在河谷农区，手机零拥有情况在地震前后也出现较大波动，从15.5%上升到34.2%，但较MP3和电脑来说，手机的拥有率在震前和震后都大大超过MP3和电脑，手机户拥有量在3部以上的家庭地震前后都达到15%以上。MP3的拥有率在地震后出现变化，但波动小于手机，原因在于MP3原拥有基数低。但电脑拥有率呈上升趋势，这与政府的投入和社会捐助密切相关。

表3.25 河谷农区样本点新媒体拥有情况（单位：%）

拥有量	手机		MP3		电脑	
	震前	震后	震前	震后	震前	震后
0	15.5	34.2	85.6	90.9	90.9	89.8
1	43.9	33.7	10.7	5.9	9.1	8.6
2	20.9	16.6	3.2	3.2	0	0.5
3	12.3	8.6	0.5	0	0	0
4	4.3	4.3	0	0	0	1.1
4部以上	3.1	2.6	0	0	0	0

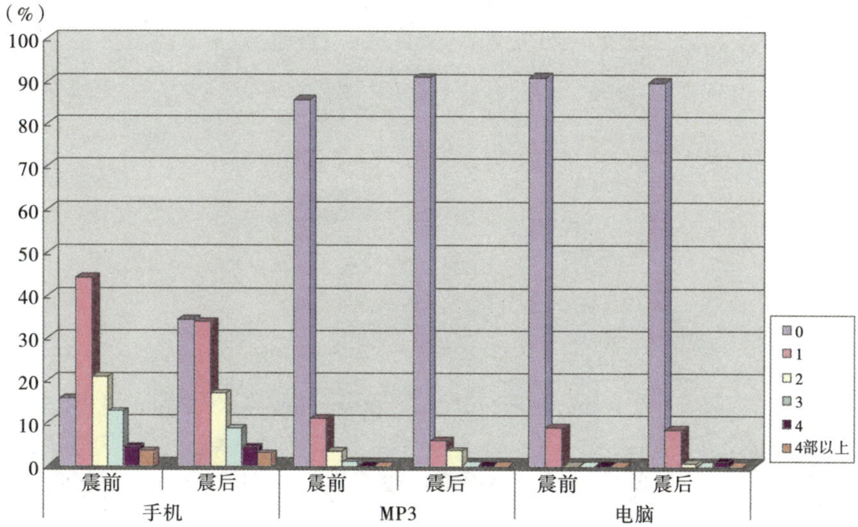

图3.19 河谷农区样本点新媒体拥有情况

表3.26 半山农牧区样本点新媒体拥有情况（单位：%）

拥有量	手机		MP3		电脑	
	震前	震后	震前	震后	震前	震后
0	19.1	35.1	89.7	91.2	96.4	95.9
1	44.8	34.0	8.8	7.2	3.1	3.6
2	20.1	18.6	1.0	1.5	0.5	0.5
3	8.2	6.7	0.5	0	0	0
4	4.1	3.6	0	0	0	0
4部以上	3.6	1.9	0	0	0	0

表3.26和图3.20显示，在半山农牧区，因为地震缘故，手机和MP3的零拥有率有所上升，但手机拥有量依旧占支配地位，手机稳居新媒体使用首位。电脑因为社会捐助和政府投入而发生零拥有指数下降，但基数还是极低。其他数据指标的升降与城镇、河谷农区样点的新媒体拥有情况相似。

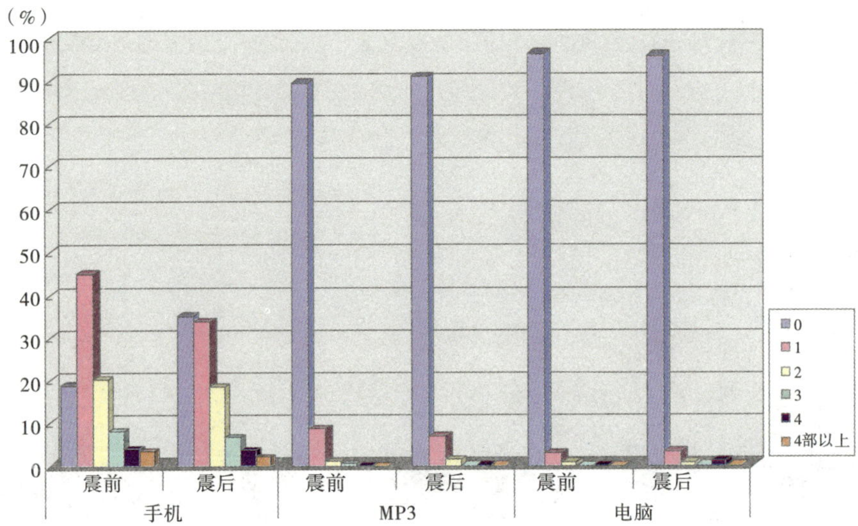

图3.20 半山农牧区样本点新媒体拥有情况

表3.27 高原牧区样本点新媒体拥有情况（单位：%）

拥有量	手机		MP3		电脑	
	震前	震后	震前	震后	震前	震后
0	24.7	0	81.4	0	72.2	0
1	57.7	0	14.4	0	25.4	0
2	9.3	0	3.1	0	2.4	0
3	6.2	0	1.1	0	0	0
4	0	0	0	0	0	0
4部以上	2.1	0	0	0	0	0

表3.27和图3.21显示，高原牧区没有震后数据，仅从震前指标看，该地区3/4的家庭拥有手机，有近1/5的家庭拥有MP3，有近1/3的家庭拥有电脑。新媒体的拥有情况比半山农牧区、河谷农区两类社区形态还要好。我们推测，如果新媒体的使用成本继续调低的话，高原牧区或许会成为新媒体更具潜力的大市场。

总体上讲，根据地震前后各社区形态新媒体拥有情况的对比分析（见图3.22、3.23），两条成相反的趋势线十分明显。这就是说，随着地理海拔高度的提升，新媒体的拥有量就呈逐渐下降的趋势，其具体分布为：城镇>河谷农

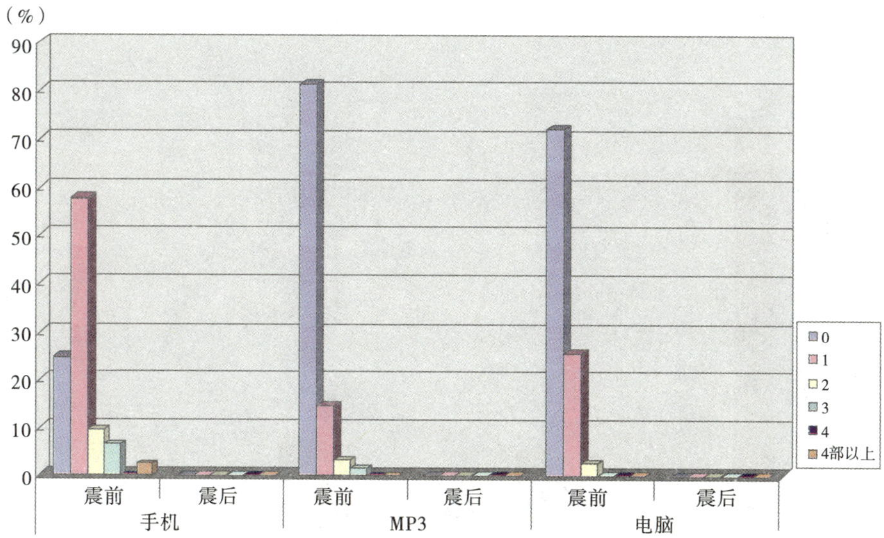

图3.21 高原牧区样本点新媒体拥有情况

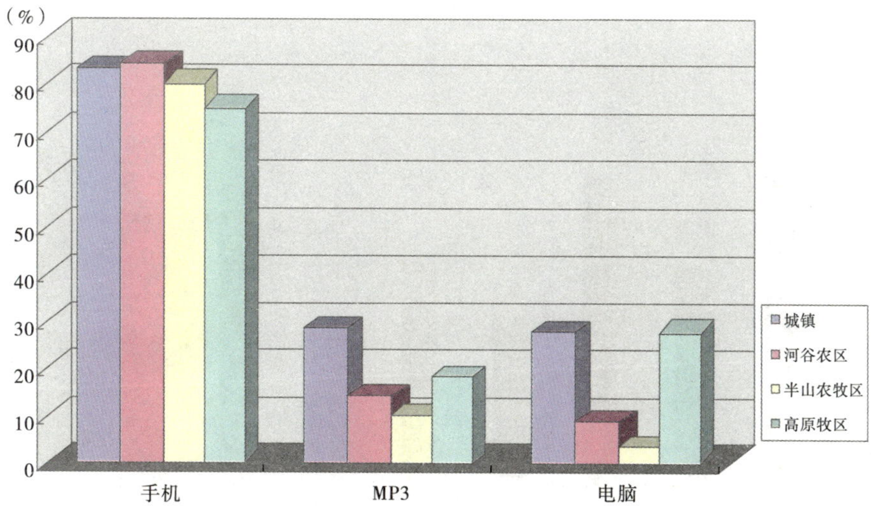

图3.22 地震前四种社区形态新媒体拥有情况对比图

区>半山农牧区>高原牧区。这与本课题的假设吻合，即地势越高，媒体总拥有率越低。因为越偏僻的地区，基础设施建设的难度越大，加之民众居住较为分散，新农村建设中的信息化工程难以深入。同时，区域经济能力薄弱，民众受教育程度低，也是导致四种社区形态受众对新媒介接受能力低的重要原因。

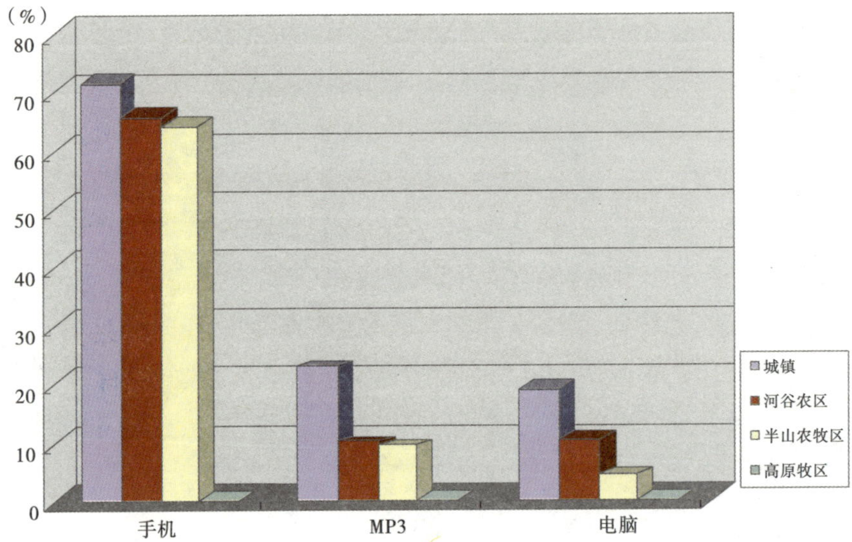

图3.23 地震后四种社区形态新媒体拥有情况对比图

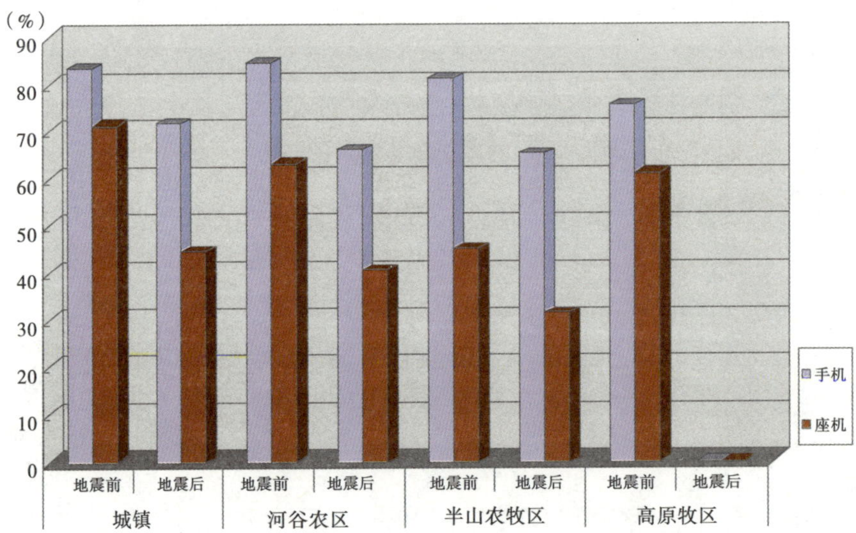

图3.24 四种社区形态的手机与座机拥有情况对比图

信息沟通、亲属间的联系是西部农村地区受众最重要的需求，在手机尚未普及的时代，传统的座机是最便捷的媒介。而手机因其快速便捷且成本越来越低，日渐成为西部农村地区受众信息沟通、加强联系必不可少的工具。

根据图3.24得知，与传统的座机相比，手机显示出更为强大的优势。在四种社区形态中，手机的拥有率均大大高于座机，且呈现如下地域特点：

1. 2008年“5·12”汶川地震后，手机与座机拥有数均下降，但座机降幅更大，可见地震破坏的更主要是有线电媒设施。

2. 手机的拥有率呈现出一种因海拔升高而递减的趋势：城镇>河谷农区> 半山农牧区>高原牧区；座机大致与手机相似，即：城镇>河谷农区>半山农牧区，但高原牧区座机拥有量高于半山农牧区，说明高原牧区使用传统通信工具的比例较大。

3. 河谷农区与半山农牧区在手机与座机拥有率的对比中，差异大，而城镇与高原牧区手机与座机拥有率的差异则相对较小，这与互联网的接入相关。

二、四种社区形态样本使用手机的主要目的

从城镇、河谷农区、半山农牧区这三种社区形态对手机的使用目的看，绝大部分（占70%以上）受众只是将其当做简单的通信工具使用，而对于手机的扩展功能（如手机上网、听歌、阅读、看新闻等）的使用尚处在初级阶段，手机上网比例只有7%左右，比例不是很大。这在某种程度上应该被视为一种预示：在西部汉藏羌民族混居区域，手机的扩展功能还有广阔的市场发展空间。

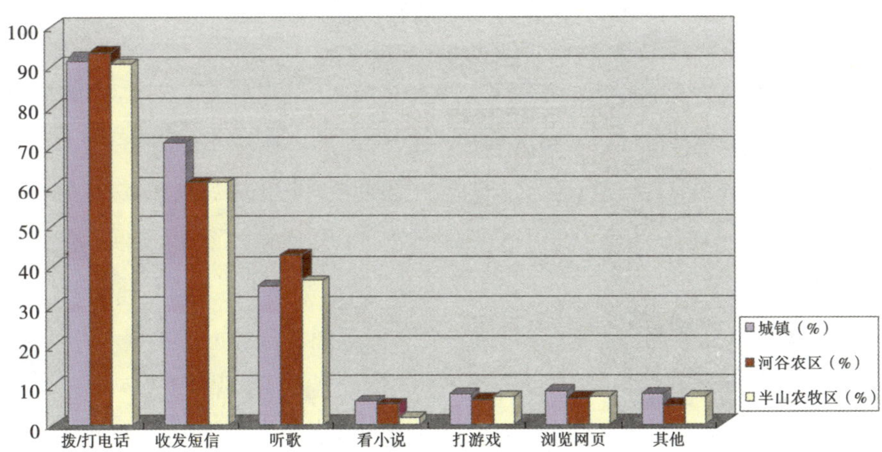

图3.25 四种社区形态样本使用手机主要目的

2009年，随着中国3G应用的发展，手机上网已经进入快速发展期，农村手机上网市场的前景广阔，开发农村通信市场也将会成为中国互联网快速增长的新动力。在手机娱乐方面，听歌比例较游戏高；上网看小说的比例较从农家书屋借阅低。这与农村受众知识水平普遍偏低有一定关系。我们还发现，农村受众目前拥有的手机普遍为低端类产品，缺乏功能延伸的基础。因此，让农民买得起，懂得用像手机这一类的新传媒工具，将是西部民族地区传媒现代化进程中的一项重要课题。

手机给我的影响最大就是我的手机可以上网，登QQ那些，通过上网可以查询到很多有用的信息。

——一位高中生被访者

手机给我带来了很多便利，我可以和外界联系，可以发短信和别人联系。网络上面的东西很多，里面有大量的信息，我可以很方便地知道。

——一位常年跑蔬菜运输的当地司机

三、四种社区形态样本上网的主要目的

图3.26显示，三种社区形态的样本在“获取生产资料来源与产品销售渠道”“更快更全面了解信息”“主要是为了好玩、打游戏、浏览网页”及“远程教育或获取学习资料”这四个选项上表现出目的的一致性，均排在使用网络目的前四位。具体分析可见：1.在三个社区形态中，受众最为关注的还是关于生存与发展类信息，对于农业生产信息的关注基本按自身发展需要选择，比较符合“使用与满足”理论的基本观点；2.在商务交易类（炒股、网上购物等），城镇网民使用率远高于河谷农区和半山农牧区，城乡之间使用差距明显。对比CNNIC发布的《2009年中国农村互联网发展状况调查报告》[①]，城镇网民因商务交易目的使用网络的比例为31.7%，农村为17.6%，此三种社区形态（城镇12.1%、河谷农区5.4%、半山农牧区0%）明显不及全国平均水平，处于落后阶段；3.娱乐类信息在三个社区形态样本的使用目的选项中都居高值，这说明经济条件的好坏并不是衡量受众对娱乐类信息需求强弱的唯一因素；远程教育与获取学习资料亦然，受众对于教育资源的关注，更多的还是处于自我发展的现实需求。

① http://www.cnnic.net.cn/html/Dir/2010/04/15/5810.htm.

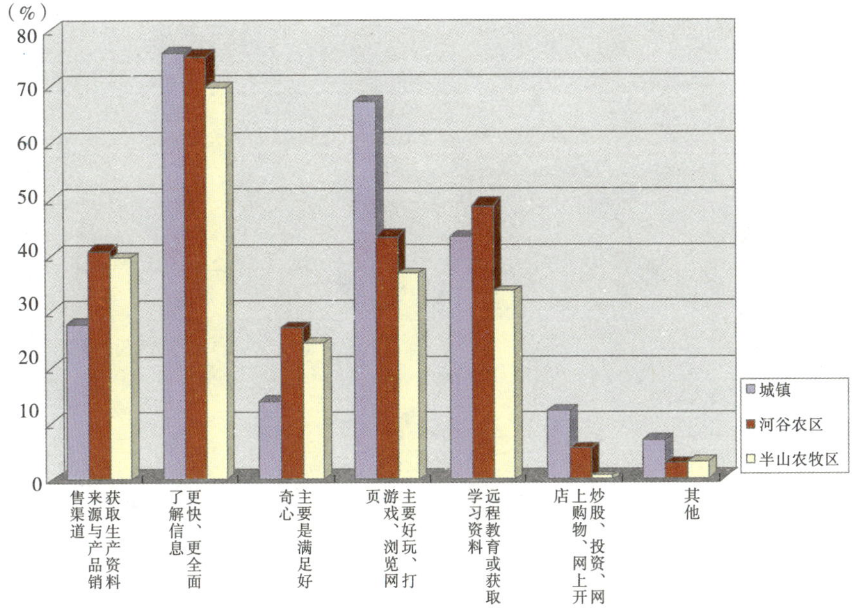

图3.26 四种社区形态样本上网主要目的

（四）上网时间量及联网年份

由于电脑这一新媒体在各样本点的普及率水平不一，尤其是地理位置偏远的地方，网络普及率很低。因此，将四种社区形态上网时间数据和入网年份汇

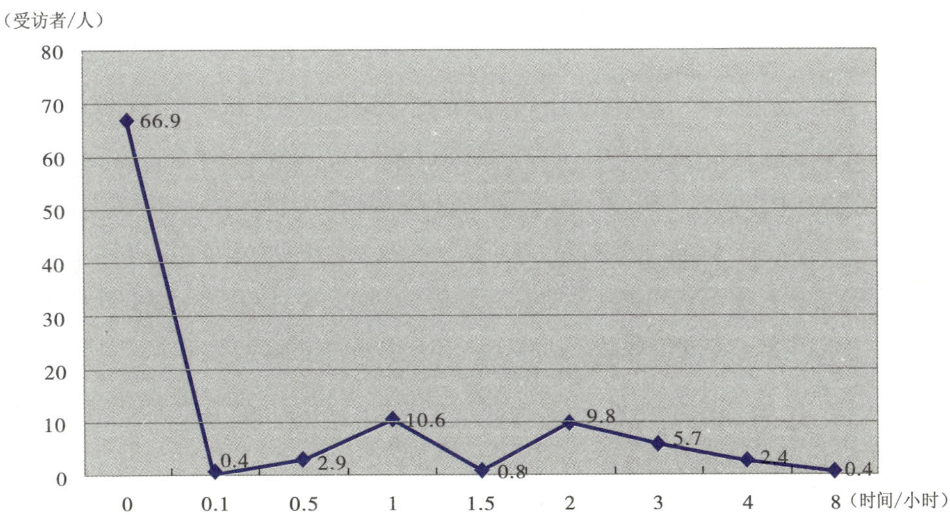

图3.27 上网时间量情况

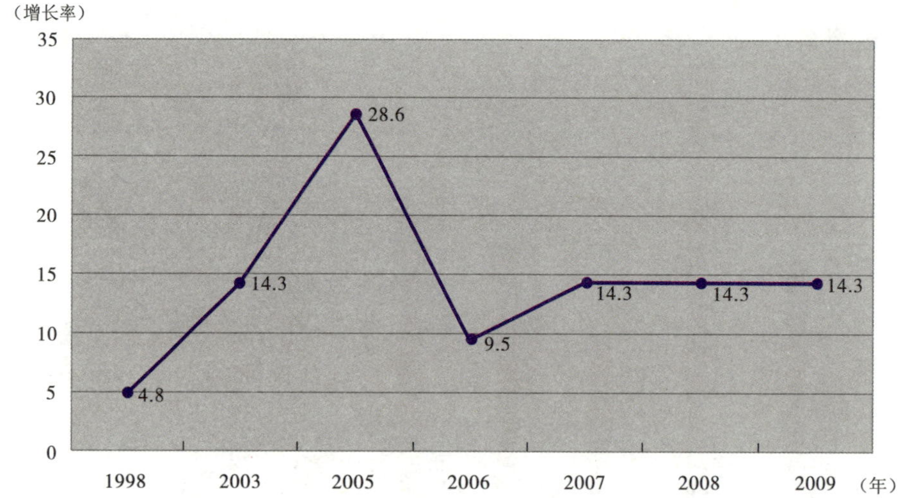

图3.28 入网年份图谱

总，得到以上两幅直观图谱。从图3.27得知，有66.9%的被访者几乎没有上过网，而上网时间最为集中的区域是1-3小时，能清晰观察到西部农村地区的民众对于新媒体的接触远远低于城镇网民。从图3.28得知，西部农村入网年份虽然在1998年就开始了，但是其增长时断时续（2005年出现最高峰，2006年陡然下滑，2007年小幅增长，此后无增长）。

第四节 媒体使用与媒介素养

"媒介素养指具有正确使用媒介和有效利用媒介的一种能力，就是人们对各种媒介信息的解读和批判能力以及使用媒介信息为个人生活、社会发展服务的能力。"[①]媒介素养业已成为现代公民素养的重要组成部分，同时，作为一种能力，媒介素养已经成为人类在"媒介化世界"中生存不可或缺的一项基本技

① 张志安、沈国麟：《一个亟待重视的全民教育课题——对中国大陆媒介素养研究的回顾和简评》，复旦大学媒介素养研究网站（http://www.medialiteracy.org.cn/prog/showDetail.sap?id=17）.

能。显而易见，作为一项面向全体公民的素养教育，媒介素养教育理应涵盖各种人群和各个社会阶层的受众。将媒介素养作为当前考察农民与传媒关系的一种特定视野，就是既有利于科学评估农民使用媒体的真实状态，也有利于寻找并建构恰当的培养模式使西部民族混居区的受众更好地使用大众传媒，参与传播活动，促进其自身的发展和农村现代化进程的现实使命。西部汉藏羌民族混居区域因其独特的社会环境和面临艰难的现代化任务，媒介素养的培养尤其重要。

一、媒体使用情况分析

农村受众的媒介接触与使用情况，是其媒介素养的基础。因此，对汉藏羌混居区受众媒介使用情况作出全面合理的分析与解释也就成为分析其媒介素养的基础。通过前三节对四种社区形态人口使用纸媒、电媒、新媒体的调查数据统计分析，我们可以发现，随着西部大开发的展开以及国家对西部地区体制上的倾斜与资金上的扶持，西部地区区域经济与经济结构发生了巨大变化。同时，以前与计划经济相对应的单一性农村社会结构也在向多元的社会结构转变，这都在相当程度上影响或改变了汉藏羌民族混居区受众的媒介接触行为与媒介使用习惯。

（一）电视已成为受众获取信息的最主要渠道

调查中我们发现，电视在四种社区形态中都是被访者最主要的信息渠道，受众的电视拥有率和接触率都极高。在报纸方面，“从来不看”报纸的被访者中，城镇占14.4%，然后随海拔升高，该比率越高，到高原牧区时已达52.1%（见表3.2），成为最高值，这表明报纸在该地区的影响力不及电视，成为弱势媒体。广播的使用率与影响力更不容乐观，不听广播的人在半山农牧区达到最高的76.8%（见表3.19）。图书与杂志的接触情况同样不及电视，呈现出不太高的接触频率。在深入访谈与考察中，我们发现，由于村级财政困难、管理制度和图书实用性不强等原因，前几年政府投资建的农家书屋，使用率并不高，在不少地方甚至形同虚设，几乎无人过问。新媒体的拥有率和普及率更值得担忧。虽然手机的普及率与城镇无异，但并未作为获取信息的主要方式，只是作为亲戚邻里沟通联系的工具，其强大的信息功能并未得到拓展。

我们认为，造成这种状况的原因一方面是20世纪80年代以后，电视日渐成为西部农村最大众化、最经常接触的一种传播媒介，电视因其较强的媒介特性受到各个社会阶层的接受。如今拥有电视机的家庭十分普遍（拥有率近100%），收看电视节目已经成为他们“习惯了”的生活方式。另一方面，报刊等纸媒较电视而言，对文化水平有一定程度的要求，加上纸媒销售渠道的缺失或者无法延伸至偏远山区，各样本点通过报纸接收信息的受众主要限于农村教师和干部等少数人群（此类人群报纸杂志大多来源于学校图书馆或者党政机关和单位）；而广播只有声音没有画面，通过广播获取信息的受众也大多仅限于一些老年人。新媒体方面，由于西部地区总体普及率不高，加上铺设光纤电缆成本较高，新媒体硬件购置费用高等诸多因素，该区域新媒体只有手机拥有率高，电脑却几乎处于盲点。

（二）从媒介内容偏好来看，新闻时事类节目、消遣娱乐性节目所占比例最大

从受众使用率较高的电视来看内容选择取向，汉藏羌民族混居区域出现“信息与娱乐并重”局面。对电视收视内容选择的调查结果显示（见表3.22），收看较多的三类电视节目依次是：新闻时事类(最高77.5%)、电影电视剧（最高54.1%）、综艺节目(最高35.1%)。其中，新闻时事类和电影电视剧位居第一二位，显示出该区域受众利用媒介更多的是获取信息与娱乐消遣功能，而发展经济和商品信息服务功能却没有得到很好地发挥（广告、旅游、农林等节目选择不高）。可以看出，汉藏羌民族混居区域受众对信息获取还是比较关注，新闻时事类节目在提高民众关注时政、培养民族认同感和强化民族间团结等方面确实大有可为。而电影电视节目在日常生活中也的确起到放松身心，娱乐消遣的作用。但该地区受众节目选择较为单一，对媒体功能认识不全也是值得重视的问题。这一方面是由于目前媒体播放的节目类型与这一地区受众的需求和社会现实有很大差距，而且关于西部民族混居区受众的差异性研究仍处于空白，传媒服务与受众期待关系发生错位，致使受众无法全方位认识到大众媒介在促进当地经济和社会发展中的作用；另一方面由于本地化的节目产量与播出量不足且质量不高，对当地百姓无法产生较大的吸引和引导作用。因此，就大众传媒方面而言，针对民族混居区受众节目的播出还需要下大的工夫。

（三）各种媒介使用的动机有所不同

通过对汉藏羌民族混居区域四种社会形态受众使用媒体动机数据统计得出，该区域受众对不同媒体使用有着不同的动机或目的。在纸媒方面，受众使用动机集中在“了解信息，开拓眼界”和“提升文化水平，丰富自我”。可以看出，纸媒成为该地区受众获取知识，提高文化水平最为有效的媒介；在电媒方面，接触广播和电视主要是以“消遣娱乐”与“获取信息”为目的。这说明，电媒的快捷和图文声像并茂对于受众较快获取国内国外新闻、娱乐消遣有着不可取代的位置。在新媒体方面，手机成为日常沟通联系最主要的工具，但只是作为人际交流的一种延伸。电脑因为需要一定的技术操作水平，也仅限于年纪较小的受众，他们的使用动机大多集中在“打游戏”和“获取教育资源”上面。在纸媒、电媒、新媒体使用上面，很清晰地显示出不同社会阶层、不同社会形态、不同社会群体、不同年龄阶段的样本对媒体使用有着不同的目的或动机。总体上说来，纸媒成为具有一定文化水平受众选择性较强的媒体，对他们进一步提升文化水平、知识贮备有着不可或缺的作用；而电媒作为主流媒体，因其媒介特性而得到社会各个阶层受众的接受，信息获取与娱乐消遣成为主要目的。而新媒体除了手机普及率很高之外，电脑使用仅在较小部分受众之内，且使用目的单一，充分利用电脑网络的各种功能并未得到扩展。从根本上讲，不同的使用动机根源于差异化的社会经济水平、社会结构与受教育的程度等等。

二、媒介素养现状

一般来说，受众对媒介的接触与使用只是一种单向、被动的信息接受过程，它将传媒放在传播活动的主导地位上，受众只是处于传播链条的终端上，缺乏一种独立、主动、互动的姿态。而媒介素养是一种积极的应对与使用媒介的能力，它是受众使用传媒过程中一种积极的与传媒的互动。对汉藏羌民族混居区域受众媒介素养水平的考察，我们采用如下三种逐级推进的指标来进行：（一）媒介认知，可以显示出受众对媒体性质与功能的大致了解。（二）媒介评价，反映出受众对所接收到的信息进行积极主动的处理与加工，进而有可能导致某些积极或是负面的行为。（三）媒介参与，是受众主动性最为高级的一个指标，反映出受众利用媒介积极的创造过程。传媒使用的基本状况加上这三个指标逐级推进，成为考察汉藏羌民族混居区域受众媒介素养的完整性链条。

（一）媒介认知

关于受众媒介认知，本课题侧重考察该区域受众对媒体功能的认知，尤其是对媒体教育功能和广告功能的认知。

从图3.29可以看出，在汉藏羌混居区受众看来，各类媒体都发挥了教育的作用。同时他们也认识到，媒介的教育功能不仅有正面作用，还有负面作用。在手机和网络的认知上，该区域受众认为此两种媒介的负面作用高于其他媒介。这显示出与城市受众对新媒体负面作用差异不大的认知。

在对广告功能的认知上（见第五章第二节图5.19），汉藏羌混居区受众对广告功能未能呈现出理性的认知。三个社会形态有近25%的人认为广告是“老王卖瓜、自卖自夸”，有超过5%的人认为“广告打得越久的商品就是好产品”等等。虽然有超过三成的受众认为自己并未受到广告的影响，在表面上看来，

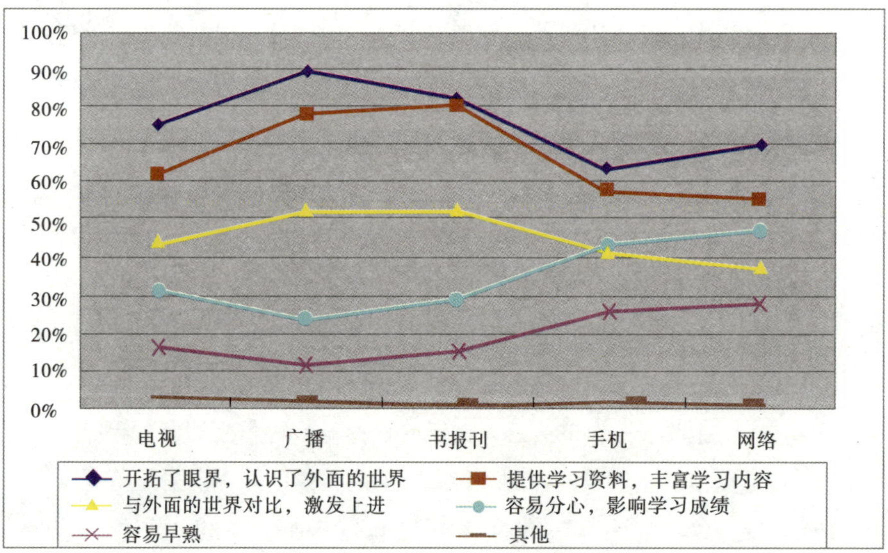

图3.29 受众对各种媒体教育功能的认知

这是受众购买行为的理性，但从深层次来说，这种不受广告影响是由自身经济条件所决定的（经济条件差的时候看重的是商品的“性价比”，经济条件好的时候则侧重商品的“品牌”）。广告作为市场经济中的一个重要环节，并不是简单的个人好恶（非理性）所能否定的。同时，该区域的受众并未看到媒介广告功能中所包含的经济职能。

（二）媒介评价

对受众媒介评价的考察主要通过四个指标来衡量：其一，受众对纸媒的信任度；其二，受众对电媒的信任度；（对纸媒和电媒信任度的评价，侧重考察在汉藏羌受众眼里，媒体是否真实准确地反映了客观世界）；其三，受众对媒介作用的评价（包括对影响经济发展、科学技术的作用、日常交往提升的评价）；其四，受众对所传递各类信息的解读（考察他们是否能够对媒介所传递信息进行评判）。

1. 对纸媒的信任度

为了解受众对书报刊等纸媒的信任度，我们设计了这样一个问题“您相信报纸、书本等纸媒的内容吗？”，同时将选项分为“很相信”“比较相信”“不太相信”“不相信”“不知道”5个类别。在具体计算方法上，“很相信”计为5分，“比较相信”计为4分，“不太相信”计为3分，“不相信”计为2分，“不知道”计为1分，分别乘以各自所占比例，然后得出信任度的得分值。

表3.28 受众对书报刊等纸媒的信任度分布（单位：%）

信任度形态	城镇		河谷农区		半山农牧区		高原牧区
	选项比例	信任度	选项比例	信任度	选项比例	信任度	
很相信，内容都是真实的，来源于老百姓生活	12.2	0.61	15.6	0.78	18.5	0.925	问卷无此选项
比较相信，有部分是真的，但有些不是真的	64.2	2.568	51.1	2.044	51.6	2.064	
不太相信，有些部分离我们真正的生活很远，不太能分辨真假	17.1	0.513	17.2	0.516	10.9	0.327	
不相信，都是编出来的	0	0	1.1	0.022	0.5	0.01	
不知道	6.5	0.065	15.0	0.15	18.5	0.185	
合计	100	3.756	100	3.512	100	3.511	

正如上表中数据所显示的，三种形态中对纸媒信任度的得分都位于3–4分之间，即处于“不太相信”与“比较相信”这个区间，这表明受众对纸媒的信任是中等程度。同时，我们还发现，在城镇、河谷农区、半山农牧区形态中，对纸媒的信任度呈现出递减的趋势。

2. 对电媒的信任度

同样，针对受众对电媒的信任度，我们设计了“您相信电视、广播、手机等电媒的内容吗？”这样的问题，选项分为四个层次，“很相信”“比较相信”“不太相信”“不知道”，得分信任方法依然是“很相信”计为4分，“比较相信”计为3分，“不太相信”计为2分，“不知道”计为1分，分别乘以各自所占比例，然后加总得出信任度的得分值。

表3.29 电媒信任度分布表（单位：%）

信任度形态	城镇		河谷农区		半山农牧区		高原牧区
	选项比例	信任度	选项比例	信任度	选项比例	信任度	
很相信，电视、广播、手机上的内容基本上都是真的	12.2	0.488	12.0	0.48	17.7	0.708	问卷无此选项
比较相信，有些是真的，但有些内容却不是	61.8	1.854	58.5	1.755	54.7	1.641	
不太相信，有些内容和信息不能判别	14.6	0.292	23.0	0.46	17.7	0.354	
不知道内容是真是假	11.4	0.114	6.6	0.066	9.9	0.099	
合计	100	2.748	100	2.761	100	2.802	

分析三种形态下受众对电媒的信任，我们看到得分都大于2分小于3分，即位于“不太相信”与“比较相信”这个区间。因此我们同样可得出受众对电媒的信任度属于中等程度。与对纸媒的信任度不同的是，在城镇、河谷农区、半山农牧区形态中，对电媒的信任度呈现出递增的趋势。

总体说来，汉藏羌地区受众对纸媒和电媒可信度评价得分并不高，均位于中等水平。由此可以断定，在当地受众看来，这些媒体未能真实准确地反映他们身边世界的本来面貌，他们对媒介是否值得信任持保守态度。而这在一定程度上会影响他们利用传媒或参与到媒体活动中来。

3. 对媒介作用的评价

（1）媒介影响经济的评价

为了调查受众对媒体对当地经济发展所起作用的评价，调查者设计了“您认为媒体对当地经济的发展有没有用？”这样一个问题，将选项设置为“非常有用”“比较有用”“一般”“不清楚”“没什么作用”5个选项。具体满足度的得分计算方法为：“非常有用”选项计为5分，“比较有用”计为4分，“一般”计为3分，“不清楚”计为2分，“没什么作用”计为1分，分别乘以所占比例，然后加总，得出受众对媒介影响当地经济发展的评价度。

表3.30 受众对媒体影响当地经济作用的评价（单位：%）

信任度形态	城镇		河谷农区		半山农牧区		高原牧区
	选项比例	评价度	选项比例	评价度	选项比例	评价度	
非常有用，带动了当地经济的发展	40.7	2.035	34.6	1.73	36.0	1.8	没有这个选项
比较有用，介绍致富信息和致富门路	27.6	1.104	30.8	1.232	29.1	1.164	
一般，了解得不多	17.1	0.513	16.5	0.495	16.4	0.492	
不清楚	9.8	0.196	5.5	0.11	11.6	0.232	
没什么作用	4.8	0.048	12.6	0.126	6.9	0.069	
合计	100	3.896	100	3.693	100	3.757	

调查数据显示，三个形态下媒体对经济发展所起作用的评价度分值均位于3分到4分之间，属于“比较有用”与“一般”这个范畴，这说明了受众对媒体在经济发展方面所起作用的评价是位于中等水平。

（2）对媒体宣传的科技知识作用的评价

受众从媒体中了解的科技知识到底有没有作用？针对这个问题，我们进行了调查。调查中，我们将受众的评价分为了“很有用”“有些有用”“看不懂”“不知道”这四个层次。在具体的评价情况得分计算中，“很有用”计为4分，“有些有用”计为3分，“看不懂”计为2分，“不知道”计为1分，分别乘以所占比例，然后加总，得出评价度。

从得分情况来看，四种社区形态中受众对媒体宣传的科技知识作用评价度得分均位于3-4分之间，即处于“很有用”和“有些有用”之间，这说明受众对媒体宣传的科技知识作用评价处于中等偏高的水平。同时，调查还发现，半山农牧区形态对科技知识作用评价的得分最高，而高原牧区则最低，这表明媒体在科技知识宣传效果方面在半山农牧区的效果最好，而在高原牧区的效果最差。这也说明，传媒推进该地区科技进步得到了受众的认可。

表3.31 媒体宣传的科技知识作用评价分布表（单位：%）

	城镇		河谷农区		半山农牧区		高原牧区	
	选项比例	评价度	选项比例	评价度	选项比例	评价度	选项比例	评价度
很有用，教会了农民科学技术，增加了产量	56.6	2.264	53.5	2.14	61.5	2.46	52.9	2.116
有些有用，希望更多这方面的信息	30.2	0.906	32.1	0.963	30.2	0.906	25.9	0.777
看不懂，也不知道该怎么使用	8.5	0.17	8.2	0.164	7.1	0.142	10.6	0.212
不知道	4.7	0.047	6.2	0.062	1.2	0.012	10.6	0.106
合计	100	3.387	100	3.329	100	3.52	100	3.211

（3）对媒介影响社会交往的评价

媒体对受众的日常交往有无作用？作用程度如何？受众评价如何？我们通过设计“媒体对您的日常交往有没有用？”这个问题来进行分析。同样，我们将选项设置成了“作用很大”“作用比较大”“作用一般”“没什么作用”四个层次，同时按照“作用很大”计为4分，“作用比较大”计为3分，“作用一般”计为2分，“没什么作用”计为1分，分别乘以所占比例，然后计算得分值的方法来考察受众对媒体在社会交往方面发挥作用的评价进行考察。

调查数据显示，在城镇、河谷农区与半山农牧区形态中，受众对媒体在社会交往方面发挥的作用评价度得分处于2-3分之间，处于“作用比较大”与“作用一般”这个区间，评价度为中等偏低；而在高原牧区形态中，社会交往作用得分值为3.11，介于3-4分之间，处于“作用比较大”与“作用很大”这个区间，受众评价度为中等偏高。这说明了媒体在社会交往方面发挥的作用在高原牧区的效果要好于其他地区。

表3.32 社会交往满意度分布表（单位：%）

	城镇		河谷农区		半山农牧区		高原牧区	
	选项比例	评价度	选项比例	评价度	选项比例	评价度	选项比例	评价度
作用很大，丰富了谈话的内容，教会了与人交往的方式	39.2	1.568	35.0	1.4	36.0	1.44	45.6	1.824
作用比较大	16.8	0.504	16.1	0.483	18.0	0.54	28.9	0.876
作用一般	28.0	0.56	26.1	0.522	23.8	0.476	15.5	0.31
没什么作用	16.0	0.16	22.8	0.228	22.2	0.222	10.0	0.1
合计	100	2.792	100	2.633	100	2.678	100	3.11

4. 对各类信息的评价

在对各类信息的评价上（见第六章第一节表6.3），我们考察了十二种信息类型的评价。统计表明，汉藏羌受众在一定程度上能积极处理媒介信息，评价媒介发挥的作用。比如在“揭露腐败和社会不正之风”的信息上，表现出较低的满意度，说明他们对媒体报道提出了质疑，有媒体报道与现实不相符合的媒介印象。而在“报道地震重建情况，宣传重建政策”信息上，满意度就很高，说明他们认同媒体的报道与现实相一致。但是总的来说，他们对新闻报道各类信息提出质疑或批判的主动性并不高，其余各类信息满意度都极高（不满意度极低），但这并不能掩盖当前传媒报道中出现的诸多问题。

（三）媒介参与

对受众行为素养的调查，我们设计了两个相关问题来进行考察：其一，主动性的行为；其二，利益受损时的行为。这两个指标考察的并不是受众直接的媒介参与活动，而是考察他们的“行为意向”。

调查数据显示，在与媒介素养有关的前两项调查中，受众主动使用媒体的比例非常低，主动使用媒体、运用媒体解决实际问题的意识并不强。

表3.33 受众有否进行下列活动（单位：%）

取向形态	城镇		河谷农区		半山农牧区		高原牧区
	是	否	是	否	是	否	
向媒体（记者）反映问题与否	17.0	83.0	10.5	89.5	2.6	97.4	牧区无此选项
运用媒体寻找农产品销路与否	10.6	89.4	6.9	93.1	6.9	93.1	
向官员反映问题与否	28.2	71.8	38.1	61.9	16.4	83.6	
集体上访请愿与否	8.2	91.8	8.0	92.0	7.4	92.6	

表3.34 利益受损时采取行为类型分布表（单位：%）

类型　　形态	城镇	河谷农区	半山农牧区	高原牧区
打电话到电视台、报社反应	4.0	3.8	3.7	牧区无此选项
向相关部门反应，请求调解	36.8	40.2	39.5	
寻求法律部门的帮助，运用法律手段	39.2	30.4	16.8	
请亲朋好友帮忙解决	8.8	14.1	22.6	
其他	11.2	11.5	17.4	

如表3.34所示，受众在利益受损时，最常采取的途径是“向相关部门反应，请求调解”与“寻求法律部门的帮助，运用法律手段”这两种方式，而主动使用媒体解决问题的比例几乎没有，这表明媒体并未成为受众解决生活难题的重要途径。

三、媒介素养现状之分析

根据前面的调查统计资料得出的结论，我们认为：

（一）汉藏羌民族混居区域受众现代化观念有所提高，但传媒使用模式存在问题

调查结果显示，与汉藏羌民族混居区域受众现代化观念提升相对应的信息化表征是：对新闻类信息表现出较强的偏好和需求（新闻性节目占到了70%强）；对科技类信息的评价在四种社区形态中均超过50%以上的认可度；对传媒的教育功能基本肯定；对国家西部大开发政策的宣传，特别是“汶川地震”后灾后重建政策的解释给予了高度关注。这说明该地区民众借助现代传媒工具关注自身利益和社区发展的意识在增强，通过传媒了解国家的现代化发展进程，并在媒体引进的新思维、新做法推动下参与本地的现代化建设的能动性在提高。而这些都是促进西部社会现代化发展不可或缺的重要因素。但同时我们也看到，在媒介使用模式上，西部仍然存在一种畸形分布的情况。比如电视在该地域属于强势媒体，而报纸、杂志、图书、广播、网络等其它媒体的接触率和使用状况都不容乐观。这种传媒使用结构的失衡现实很显然不利于当地媒介素养的有效提升。

（二）汉藏羌民族混居区域受众对媒介及媒介信息的认知、评价能力有待增强

汉藏羌民族混居区域的受众虽然拥有了一定数量的媒体硬件，但他们常常无法对媒体信息的传播方式和信息本身做出准确全面的评价，也无法将个人的信息需求与媒介所提供的内容进行有效联系，因而不能甄别所传信息的价值所在，使得媒介资源在当地的利用率不理想。比如广告信息的传播在当地的拒斥现象，农家书屋的种养殖类图书出现“此玉米非彼玉米[①]”的问题，牧区的语言障碍问题等等。我们发现，受众对纸媒的评价出现了随着地理位置的上升信任度下降（高原牧区除外）的趋势，而对电媒的评价基本属于随着地理位置

① 李苓在前期研究中发现，不少涉农书籍因忽视了某些农作物的生长环境等限制条件，在发行工作中不注重图书内容的针对性，结果“书虽到手却不能用”。见《西部民族混居区书籍、期刊、报纸等纸质媒体的使用调查》，中国编辑，2011年6期。

的上升认知度亦同步上升，但认可度处于中等水平的趋势。从宏观而言，这一趋势与城市受众对纸媒和电煤的认知与评价相比没有明显差异。但就微观而言，地处高原的受众对纸媒传递出的知识量和拥有价值与对电媒提供的信息价值持“同样关注”的态度，保持着对文字信息有利于读者进行抽象和理性思维的认知，这在神职人员中表现特别明显。总体而言，城镇、河谷农区、半山农牧区三种社区形态的受众对各类媒介的信任度以及对媒体作用的评价仍持“半沉默”的态度，许多“自上而下”的借传媒促经济发展的活动，主要还是靠政府，官员、技术人员推动或引导，社会个体对现代传媒的认知与评价态度仍处于一个满足度较低的水平。

（三）汉藏羌民族混居区域受众媒体参与度低，利用媒体意识薄弱

社会心理学认为，人的认知、态度在某种程度上决定了行为。受上一因素影响，该地区受众的媒体参与度也不高，还处于一种“光想不做”的边缘化状态，很少将自己的想法付诸行为。因此媒介素养的培养，应该从传媒产业上游的信源组织，内容编排，发行对路等环节入手。

（四）政府和传媒应积极承担汉藏羌区域受众媒介素养提高的责任

我们认为，传媒在促进思想观念改变上有着巨大作用。值得肯定的是，汉藏羌民族混居区域的受众对新闻、社会资讯类信息日益增强的获取欲，期待自己的文化水平能够借传媒内容有所提升的愿望更加明显，以及2008年“汶川地震”与灾后重建过程中迅速提升的传媒信任度等变化，政府和传媒产业一方面应因势利导，抓住机遇推进传媒现代化进程；另一方面需要增强自身的社会责任感，为提高西北民族地区受众的媒介素养整体水平做出更大的贡献。

第四章
现代传媒在嘉绒藏区的传播效应研究

相对于羌族聚居区域来讲，在我们所调查的藏传佛教覆盖区内，宗教对信众生活具有非常深刻的影响力。作为藏民族文化的核心，藏传佛教已完全融入藏区人民的日常生活行为中。随着社会的不断发展，科技的不断进步，信息传播方式的不断更新，现代传媒业已深入到藏传佛教的传播过程中，使传统的藏传佛教传播方式发生了根本的变化，并在藏传佛教对社会产生强大影响力的过程中扮演了十分重要的角色。基于此，本课题中的藏区样本因高海拔的地理与文化特殊性，而重点选择和确定在与现代传媒互动最活跃的寺庙和僧人群体。

本章的任务是，调查和描述现代传媒使藏传佛教的传播方式发生了什么样的变化？这种改变对藏区社会产生了怎样的影响？同时分析藏传佛教是否需要现代传媒工具的介入？怎样的“介入”可以帮助藏区的现代化发展，以及促进民族和谐社会的建构。

第一节
嘉绒藏区信仰人群与现代传媒的关系

一、研究视角

藏传佛教，作为世界三大宗教之一——佛教的一个分支，因为崇尚密宗，也被称为西藏密宗，一直以其神秘、深邃、神圣等种种特点吸引着世界各地的朝拜者。由于现代人对宗教的信仰度不断提升，藏传佛教逐渐从神秘转向开放，走出雪山，走向世界。同时，个体需求的提高也使藏传佛教传统的传播方式受到了挑战。藏传佛教传统的传播方式包括印经、建寺、口口相传等，在现代传媒工具普遍发展的社会，这种传统的传播方式已经无法满足不断增加的信众，这就需要藏传佛教改变原有的传播方式，通过现代传媒工具去创新扩散其教义的影响力。

然而，藏传佛教一直以清修、无欲为教义，很少参与到世俗社会中来；现代传媒工具的介入，在扩大传播范围、加快传播速度的同时，一定也会带来一些外界社会的信息，其中有积极的信息也有消极的信息，这势必会影响僧侣的修行生活。在田野调查中，我们发现，藏区已基本实现了传媒工具的普及，表象上呈现出的因各种硬件设施都已齐全的情况下藏传佛教传播方式的改变，使我们想深入了解，这种改变是否每个人都可以接受？现代传媒的接触人群——神职人员及信众，是否会在接触传媒的态度上产生差异。本章将嘉绒藏区的现代传媒效应作为研究对象，通过了解进而分析这种变化和影响，即是想解决以下三个问题：现代传媒使得藏传佛教的传播方式发生了什么样的变化？这种改变对藏区社会产生了怎样的影响？藏传佛教是否需要现代传媒工具的介入？

二、几个关注点

（一）嘉绒藏区研究

国内对嘉绒藏区研究的古史资料是非常匮乏的，并且大都属于汉文资料。在20世纪50年代流行的民族调查之后，学界开始对嘉绒藏区岷江上游的羌族族源问题展开讨论，研究范围从岷江上游区域的“石棺葬族属问题”扩展到其他领域，并在80、90年代形成一个嘉绒藏区研究高潮。在这一时期，研究过程秉承实地调查与文献研究相结合的方法，对嘉绒藏族的族源、语言、宗教以及文化等方面展开较全面和系统的研究。

“尤其值得一提的是，20世纪80年代以来，随着地方志编纂工作的积极开展，不少地方学者(其中很多是藏族甚至是嘉绒藏族)加入到对嘉绒藏区研究的队伍中来，他们为推动嘉绒研究的发展做出了不小的贡献。”[①]1991年，四川阿坝藏族羌族自治州地方志办公室完成的《嘉绒史料集》和1995年民族出版社出版的志雀丹的《嘉绒藏族史志》都可以被认为是优秀的研究成果。

国外对除西藏外的藏区的研究比较少，大多都集中在对西藏的研究，关于嘉绒藏区的文章或书籍，最近几年出现了以游记为代表的出版物，比如嘉绒本土留学生翻译的英国女旅行家伊莎贝拉·伯德的《长江流域旅行记》和《伊莎贝拉在阿坝》等图书。

（二）区域的宗教世俗化倾向

“宗教世俗化”一词，原本专指原属天主教教会所控制的领土和权力，被转让给世俗统治者的权移现象。后来，宗教世俗化涵盖的内容日益宽泛，泛指信徒宗教观念的淡化、宗教情感的变异、宗教活动的减弱、宗教功能的退化，以及宗教认同观的失落等。在这个过程中，宗教在社会系统的操作中变成了一种边缘现象，社会运行较为理性化，脱离了宗教机构的控制[②]。在现代社会，无论东方还是西方，宗教世俗化的现象都是存在的，而藏区在现代化的过程中，宗教世俗化的倾向更是不可避免。

最早，“世俗化”并不是一个含有贬义的词语。藏学学者嘎·达哇才仁在一篇文章中提出他的观点：“它作为一个名词，最早的使用是在1648年签订的结束三十年战争(宗教内战)的《威斯特伐利亚和平条约》中。在条约中，‘secularization’(世俗化)一词被用来表示教堂的财产变为王子们绝对控制的财产。在此之后，世俗化又用以表示有教职的人回归世俗社会，而反教权的人又

① 杨嘉铭：《解读“嘉绒”》[J]，康定师范高等专科学校学报，2005（3）。
② 嘎·达哇才仁：《藏区现代化过程中宗教世俗化的趋势》[J]，中国藏学，2007（1）。

用以指人们脱离宗教而获得自由。”[①]可见，“世俗化”最初的含义主要指宗教职责的“单一化”和人的“非宗教化”。

随着学界对世俗化研究的深入，很多宗教社会学家开始加入该议程的讨论。“社会功能学派一般把宗教在人类社会生活中的功能和作用作为宗教的基本因素甚至本质来看待，认为宗教的基础是社会的需要，因此被宗教奉为神圣的事物，本质上还是社会本身，宗教所要解决的无非都是人生与社会问题。”[②]但有些学者认为，历史上的宗教并非全都是非理性化的、一无是处的，宗教曾经发挥过的效用恰恰是其理性层面在社会上产生的结果，宗教本身其实包含了很多“世间化”和“现世性”的因素，因此有学者主张用“世间化”取代“世俗化”这一有歧义甚至带有感情色彩的概念。

方立天提出：“宗教世俗性的增多，意味着宗教超越性的减少，又意味着宗教生命的延长……但是，在研究宗教世俗化时，一定要考虑到宗教界尤其是宗教领袖以及一些神学家对世俗化的理解和回应，研究宗教世俗化问题，不能只是停留在书斋里，而要以与宗教界人士对话的方式参与其中，从‘他者’的角度观察和分析问题。”[③]

对于藏传佛教的世俗化研究，洲塔、齐德舜在《藏传佛教世俗化研究中的几个理论问题探析》中提到：“藏传佛教由于深深扎根于青藏高原这一独特的地理环境之中，地广人稀，生活方式主要以游牧为主，从而使得大批僧人和信教群众又不得不依赖世俗社会。所以从藏传佛教产生的第一天起，就深深地打上了世俗社会的印记……从宗教内部来看，世俗化产生的原因在于宗教自身发展的内在动力……宗教的世俗化，从某种意义上说，是神学宗教向道德宗教的转化。从宗教外部的原因看，世俗化与社会变革也是同步的。”[④]“藏传佛教在长期的发展过程中并不反对世俗化，相反却大力提倡世俗化。例如‘大乘佛教把大小五明世俗文化作为佛教徒学习的内容’。佛教传入藏族地区后，藏族的佛教学人们把大小五明世俗文化完全纳入了佛教的体系建构之中，作为佛教结

① 洲塔、齐德舜：《藏传佛教世俗化研究中的几个理论问题探析》[J]，甘肃社会科学，2007（5）。
② 同上。
③ 方立天：《中国宗教十年》[J]，世界宗教研究，1990（2）。
④ 洲塔、齐德舜：《藏传佛教世俗化研究中的几个理论问题探析》[J]，甘肃社会科学，2007（5）。

构体系中的有机要素……表现出了明显的世俗性和实用性。”[①]所以，藏传佛教与世俗化的关系并不是像世界上其他宗教那样根本对立，相反，藏传佛教中包含着认同现世的内容。

新中国成立以前，四川省的藏区大部分处于土司的统治下，实行自给自足的土司制度。于是我们看到，这种土司制度统治下的宗教势力事实上给世俗土司贵族势力提供了一种帮助，宗教为世俗服务所体现出的宗教世俗化是很明显的。1950年以后，四川藏区经历一系列的社会改革，而“市场经济时代的各种社会发展变化，则使藏传佛教以更入世的态度面对各种新的需求，加速了这种世俗化的进程”[②]。本章所探讨的世俗化，就是藏传佛教在现代化过程中的世俗化。

在本项研究所涉及的概念体系中，世俗化与现代化是两个密切相关的词。所谓现代化，一般被用来描述现代发生的社会和文化变迁的现象。根据马格纳雷拉的定义，现代化是指发展中的社会为了获得发达的工业社会所具有的一些特点，而经历的文化与社会变迁的全球性过程。这个过程包括了学术知识上的科学化、政治上的民主化、经济上的工业化、思想文化领域的自由化、个人化、世俗化等。其中，世俗化的发展往往带有宗教力量减弱，理性文化发达等特征 。所以，世俗化和现代化的关系是相辅相成的。世俗化离不开现代化，如果没有现代化的工业、农业、科学技术等对整个人类社会的冲击，世俗化在一定意义上就不会发生，或者世俗化的步伐将会大大放慢；同样，如果没有世俗化，现代化的高科技将难以为人们(至少在广大信教群众中)所认可，现代化的脚步也将难以前进。

可见，宗教的世俗化一定是与宗教的现代化相关的。在宗教世俗化的过程中，需要正面与积极的引导，使宗教既能不失传统地融入世俗社会，又能通过现代化的方式让世俗社会了解其真正的含义，适应现代社会的发展。因此，我们需要了解并作出准确描述的是，现代传媒对嘉绒藏区的信仰人群产生了哪些影响，影响程度如何？藏传佛教是否也需要借助传媒的力量来扩大其传播范

① Brug-thar vPhrin-las-rgya-mtsho 、Yang Wenfa, *On the Secularization of Religion in the Process of Social Transformation of Tibet* [J], CHINA TIBETOLOGY, Number 1, March 2009.

② 洲塔、齐德舜：《藏传佛教世俗化研究中的几个理论问题探析》[J]，甘肃社会科学，2007（5）。

围，使更多的人受益？

（三）传媒社会学的探索

媒介与传播（media & communications）始终是社会科学的重要研究领域，而对第三世界（或称发展中国家）的传媒实践，以及传媒现代化与国家现代化的互动关系的研究，更是传播学发展中最具活力的创新点。社会学主要是对人类“当下”的社会行为及其所形成的社会关系作出解释，进而关注社会结构与功能问题。这其中，大众传媒对个人和社会的影响早在半个世纪以前就成为社会学关注的焦点。与此同时，传播学界也有重大发现：每一种新媒介及其新的传播技术都会在个人和社会事务中引进一种新的“尺度”——使得人类社会发生一系列变革，进而产生社会结构和形态的调整①。两个学科在大众传播的社会功能问题上进行了大量探索性的交叉研究。

早期经验主义研究，始于20世纪20年代中后期的美国。当时美国社会科学研究受实用主义的影响，普遍认为“社会科学的用途不在于从根本上对社会进行批判和反思，而在于解决实际社会问题，最大程度地维护现有制度的稳定”②。这个时期有代表性的研究是“潘恩基金研究（The Payne Fund Studies）”，主要调查有声电影对青少年所产生的影响。到50年代中后期，研究工作开始采用实地考察（Field Studies）的方式，对已经普及电视的社区与还未普及的社区进行传播效果的比较。从60年代中期开始，该类研究的观察点从社区转向了心理学研究室，研究对象主要集中于电视中的暴力与性等问题，研究方法严格遵循量化研究的原则。这一时期的研究，无论是继续坚守社区调查，还是在心理学研究室的实验探索，都为后来兴起的传媒社会学确立了研究方向并奠定了科学的研究方法与理论基础。

批判传媒研究，始于20世纪60年代后期的英国，80年代中期进入鼎盛期。这个时期最具代表性的学术机构是英国伯明翰大学于1964年成立的当代文化研究中心（Centre for Contemporary Cultural Studies）和莱斯特大学于1966年成立的大众传播研究中心（Centre of Mass Communication Research）。伯明翰大学

① [加]马歇尔·麦克卢汉：《理解媒介：论人的延伸》[M]，何道宽译，北京：商务印书馆，2000：33。
② 赵斌：《英国的传媒与文化研究（上）》[J]，现代传播，2001（5）。

研究中心主要研究英国传统文化的传承与扬弃，大众传媒是其研究领域的重要组成部分。莱斯特研究中心“以社会学为其学科基础，全力以赴地对传播媒体进行全面深入的批判研究”[①]。伯明翰研究中心的代表人物有斯图亚特霍尔（Stuart Hall），他致力于重新发掘“意识形态”。他认为，马克思所说的意识形态，是建立在经济基础之上的上层建筑的一部分，是统治阶级的思想意识和价值观念。但在电子传媒时代，意识形态专属统治阶级的格局变了，它更准确的是指包括了被统治阶层在内的全社会的意识形态。这实际上是一个争夺和取得文化领导权的问题，也就是霍尔所说的“语言阶级斗争”。在这样一个“和平”而非强制的过程中，传播媒体扮演着极其重要的角色。文化研究的任务之一就是要解构这一过程，探讨媒体有意无意中采取的意识形态立场[②]。“除了对文化研究领域进行理论探讨，更为重要的是，伯明翰研究中心还作了大量的文本分析和经验研究，对包括大众传媒在内的当代西方社会的文化现象进行多方位的描述、阐释和批判，内容涉及亚文化(subculture)、青年文化(youth culture)、女性研究(women's studies)等方面。在追述文化研究的理论和思想根源时，霍尔不但谈到英国本土‘鼻祖’郝哥特(Richard Hogard)、威廉斯(Raymond Williams)和汤姆逊(Thompson)，还谈到欧陆的阿尔杜塞(Louis Althusser)、格拉姆西(Antonio Gramsci)、列威–斯特劳斯(Levi–Strauss)、福科(Foucoult)和拉康(Lacan)，可见伯明翰文化研究从一开始就确立了其理论和方法资源上集大成的原则。”[③]莱斯特大学大众传播研究中心是英国第一个研究媒体与传播的学术机构，也是传媒社会学的兴起地。

从严格意义上讲，传媒社会学兴起于1966年莱斯特大学成立的大众传播研究中心。该中心坚持采用社会学的研究视角和方法，考察大众传媒在当代社会生活中扮演的角色。当年莱斯特中心的核心研究人员默多克和戈尔丁，仍是这一学派的最有影响的倡导者。他们强调把大众传媒放在整个社会的政治经济和文化变迁中进行审视和思考，在社会学理论指导下，用量化或非量化的研究方

① 赵斌：《英国的传媒与文化研究（上）》[J]，现代传播，2001（5）。
② 同上。
③ 同上。

法从事实地调查并进行严密分析。传媒社会学的目的在于通过批判研究，对国家的文化和媒体政策施加可能的影响，并且对媒体从业人员的职业习惯和自我意识加以冲击。也就是说，这一研究途径始终是以批判为宗旨，以改变现实为目的，它本身就是一种十分严肃的社会活动。”[①]很显然，当我们选择用传媒社会学的视角研究现代传媒对嘉绒藏区以及藏传佛教的影响的时候，我们也就准备好为传媒社会学研究提供新的范例。

第二节　嘉绒藏区研究的重要性

一、四川藏区研究的重要性

四川藏区是我国藏传佛教传播较早的地区之一，佛教从西藏较早地传入四川藏区，有以下三个史证。

1. 据《西藏王臣记》记载，大昭寺在初建时期，“白天所修建筑物，晚间即遭鬼神捣毁”[②]。“公主依据中原《八十五种行算观察法》来细推观察，而知道雪域西藏的地形，俨若罗刹魔女仰卧的形状。娥塘湖恰是罗刹女的心脏；红铁山好似罗刹女心骨的形状。所幸，湖的上面已决定奉安释迦牟尼佛像，而红山顶上已建筑有王宫来作镇压。”[③]除此之外，为了彻底镇伏罗刹女，还必须在其四肢和肢体各个关节部分修建寺庙，共计12座，史书分别称之为“四茹四寺、四厌胜寺和四再厌胜寺”[④]。《西藏王臣记》中所记“在魔女的左掌心上建康隆塘度母寺”[⑤]，这个度母寺就是之前史书中所记载的“四再厌胜寺”中的一座，即今天坐落于四川省甘孜藏族自治州石渠县洛须镇的“卓玛拉康寺”。该

① 赵斌：《英国的传媒与文化研究（下）》[J]，现代传播，2001（6）。
② 杨嘉铭：《四川藏区藏传佛教的基本特点》[J]，西南民族大学学报（人文社科版），2007（2）。
③ 同上。
④ 柏景、陈珊、黄晓：《甘、青、川、滇藏区藏传佛教寺院分布及建筑群布局特征的变异与发展》[J]，建筑学报，2009（3）。
⑤ 李利安：《西部地区宗教的结构及发挥积极作用的领域》[J]，中国宗教，2010（5）。

寺是甘孜藏族自治州州级文物保护单位。

2. 8世纪中后期，吐蕃赞普赤松德赞迎请印度高僧寂护和莲花生大士入藏弘扬佛法，并修建了西藏首座“佛、法、僧三宝俱全”的桑耶寺。在桑耶寺第一批出家并具有较高造诣的7位高僧中，有一位名为毗卢遮那，后由于各种原因，被赤松德赞流放。“流放途中，他沿途弘扬早期的宁玛派（红教）佛法，后来在四川西部的嘉绒藏区落脚，曾经在今丹巴县、马尔康县、金川县一带弘法，并在今阿坝藏族羌族自治州境内的马尔康县松岗镇创建了第一座宁玛派寺庙——直波罗尔伍寺。毗卢遮那在嘉绒藏区的墨尔多神山、马尔康等地都留下了他修行弘法的圣迹。”①

3. 9世纪中叶，吐蕃最后一代赞普朗达玛掀起一场灭佛行动，吐蕃核心地区的佛教势力受到了严重的打击。在这个时期，“一些佛教僧人离开卫藏，到了阿里和多康边地，继续传播佛法教义。灭佛过去之后，曾经卫藏的佛教再度从阿里和多康传入西藏，在历史上分别被称为‘上路弘法’和‘下路弘法’。其中，‘下路弘法’的核心人物是藏绕赛、钥格迥、玛尔释迦牟尼及其著名弟子公巴饶赛等。‘下路弘法’的中心在青海的玛珑和丹底一带”②。除此之外，到10世纪后半期，在邓柯一带也形成了一个佛教复兴的中心，核心人物是弥底。由于弥底的努力，在康区也形成了一个讲授佛学的小中心③。由此可见，四川藏区在藏传佛教历史上有重要的研究意义。

二、样本点的代表性描述

由于藏区地域辽阔，各地在语言的发展上形成了各自的特色，产生了很多方言，其中影响最大、覆盖面最宽的有三个方言区：卫藏方言、康巴方言、安多方言。其中，安多方言区包括青海省（不包括玉树县），甘肃省，还有四川省阿坝藏族羌族自治州的西北部。阿坝藏族羌族自治州的梭磨河流域、大小金川流域和杂谷脑河流域的嘉绒方言，属于安多方言中的农区方言。

---

① 彭云茜、唐堰琳、彭毅：《浅谈康巴藏族与嘉绒藏族的区别——以云南迪庆州和四川阿坝州为例》[J]，内江师范学院学报，2010（25）。
② 杨嘉铭：《四川藏区藏传佛教的基本特点》[J]，西南民族大学学报（人文社科版），2007（2）。
③ 同上。

嘉绒藏区，位于四川省西北部高原地区，是一个以嘉绒藏族为主要居民的多民族混居区。“嘉绒”是藏语音译词，代表地名，藏语全称为夏尔嘉莫察瓦绒（藏文见图4.1）[①]，由地理位置、山名、气候和生产方式四种内容构成。

ཤར་བ་རྒྱལ་མོ་ཨུ་རྡོ་ཚ་བ་རོང་།

图4.1　夏尔嘉莫察瓦绒

“‘夏尔’即东方，指地处西藏的东方；‘嘉莫’指今位于四川省甘孜藏族自治州丹巴县与阿坝藏族羌族自治州小金县交界地的嘉莫墨尔多神山；‘察瓦’即温暖（年日照时数平均2000小时，日照百分率50%以上）；‘绒’为农区，连起来就是东方嘉莫墨尔多神山一带气候温暖的农区。历史上属吐蕃四大绒区（即四大农区）之一。”[②]“嘉绒”的地理位置，具体说就是“东起成都市的都江堰市和阿坝州坟川县、雅安地区的宝兴县，西至四川甘孜州的炉霍县、雅碧江一带地区，南起四川凉山州冕宁县和雅安地区的石棉县一带，北至四川省阿坝州坡塘县与红原县界，与青海省的果洛州班玛县接壤，南北长840余公里，东西宽650多公里，总面积为15万余平方公里”[③]。它覆盖了“今四川省阿坝藏族羌族自治州、甘孜藏族自治州、雅安地区和成都市的都江堰市、邛崃、宝兴、天全、石棉、汉源、泸定、康定、雅江、道孚、炉霍、丹巴、金川、小金、壤塘、马尔康、红原、理县、汶川、黑水等二十个县市的全部、大部和一小部分地区”[④]。

本课题组调研的寺庙主要位于阿坝藏族羌族自治州的马尔康县和甘孜藏族自治州的康定县。“马尔康县是阿坝藏族羌族自治州州府，是嘉绒藏区文化圈的核心。马尔康是原嘉绒藏族‘十八土司’中梭磨土司、松岗土司、卓克基

① 白湾·华尔登：《嘉绒藏族历史明镜》[M]，成都：四川民族出版社，2009：1。
② 同上，第2页。
③ 齐德舜：《清乾隆攻打川西北大小金川战役研究》[D]，《兰州大学》，2007。
④ 雀丹：《嘉绒藏族史》，北京：民族出版社，1995。

土司和党坝土司四个土司的属地。国民政府统治时期，马尔康地区被称为‘四土’。四土人自称‘垄巴’或‘巴布’，即‘山谷里人’之意，历来他们又有‘嘉绒哇’即‘嘉绒藏族’的称呼，意为‘接近汉族的溪谷居民’。”[①] “四土”地区大部分区域是藏、羌、汉民族混居区。经过长期的民族融合，文化交汇，形成了别具特色的嘉绒藏族文化。所以，马尔康地区拥有的嘉绒藏族文化积淀最为厚重浓郁。

康定县作为原西康省的省会，现甘孜藏族自治州州府，同样处于汉藏文化交汇地区，同时具有独特的地域文化，根据地形地貌，可以划分为三个小区：高山峡谷区，大渡河、康定河谷地带，二级阶地完整，是农业较发达地区和工业小区；西北部丘状高原区，新都桥一线以北，古夷平原保存完整，耕地集中，草地辽阔，是半农半牧和纯牧区；西部高原深谷区，贡嘎山以西，立曲（河）中下游流域，耕地集中，水草茂盛，为半农半牧区。可以说，康定县囊括了农、牧区地形，并且因为康定县城在历史上有经商传统，经济较为发达、人员流动性较强，使其成为本课题设计的四种社区形态中城镇社区的最佳代表。

三、“嘉绒”研究的意义

嘉绒藏区是一个多民族混居区，宗教的种类比较多，除藏传佛教之外，还有汉传佛教、道教、天主教、基督教、伊斯兰教，但是嘉绒藏族作为主要居民的藏区，藏传佛教的信仰占绝对优势的地位。嘉绒藏区有自古就存在的本土原始宗教苯教和与藏区文化相融而形成的藏传佛教，“作为一定历史时期的意识形态和社会现象在这一地区已有数千年的历史，至今仍非常盛行，形成了这一地区苯波教和藏传佛教具有教派齐全、寺庙林立、僧人众多、信众广泛的特点”[②]。而作为世界三大宗教之一的佛教分支，藏传佛教不仅维系着各大藏区信众信仰的特色，其密宗教义对国外尤其是欧美国家的民众有特殊的吸引力。随着社会的不断发展，藏传佛教已逐渐通过传媒的传播力量将教区扩大到世界各地。

---

① 耿少将：《魅力嘉绒马尔康游记散文集》[M]，成都：四川人民出版社，2008。
② 白湾·华尔登：《嘉绒藏族历史明镜》[M]，成都：四川民族出版社，2009：4。

（一）嘉绒藏区的特殊地理位置

嘉绒藏区在历史上并没有明确被划分出来，一直都划归于安多藏区，位于横断山脉长江流域上游，“其范围主要是以嘉莫墨尔多神山为轴心的金沙江上游、大渡河、大金川河、杜柯河下游、小金川河、梭磨河、杂谷脑河、黑水河及岷江下游流域的广大农区，地跨今四川省的雅安地区、甘孜藏族自治州和阿坝藏族羌族自治州，即藏族历史上康巴和安多下部地区，为内地通往西藏、青海和甘肃藏区的要冲，同时又是汉藏文化交流的重要走廊”①。从历史上看，嘉绒藏区位于黄河文明与长江文明自东向西传播扩散的主要通道上，它几乎与著名的丝绸之路呈水平线，从阿坝藏族羌族自治州汶川县沿大渡河、金沙江河流成为政治、军事、经济和文化交流的主要通道，地理位置十分重要。嘉绒藏区是藏区文化与汉文化交流最多的地区，地处安多藏区、康巴藏区、卫藏藏区三区的交界处，亦是三大语言区的交汇处，其多区域文明和多民族交融的区域特殊性堪称西部典范。

（二）区域内发生的重要历史事件

1. 大移民

嘉绒藏区的历史最早可以追溯到远古的吐蕃和象雄时代，嘉绒藏族是吐蕃人与象雄人长期融合、同化之后繁衍的后裔。而多民族融合的前提是整个四川经历的几次大规模移民。据资料统计，四川省历史上历经了七次大移民，第一次是在秦灭蜀、巴之后，秦朝移民万家入蜀地，有四五万人；第二次是从西晋末年开始，全国性的北方人口进行南迁，在此期间，邻近四川的陕西、甘肃等地移民大量从秦岭进入四川；第三次在北宋初年，再一次发生了全国性的北民向南迁移，在这个时期，陕、甘移民入川；第四次是元末明初，以湖北为主的南方移民进入蜀地；第五次是在清朝前期，十余个省的移民入川，以湖北、湖南（当时的行政区叫“湖广省”，辖广西的一部分）的移民最多，人口达100多万，今民间传说的“湖广填四川”，就是这个时候发生的，这是一个特定的历史概念，指前后长达一百多年的大移民；第六次是抗日战争前期到新中国成立后，不少人逃难

---

① 德吉卓嘎：《试论嘉绒藏族的族源》[J]，西藏研究，2004（2）。

或作为“南下干部”定居四川；第七次是20世纪末到21世纪初叶的三峡大移民，期间有许多人落户四川。上述七次大移民中，影响最大的要数第五次张献忠灭川后的130年间，湖广填四川时的移民，这次移民不仅人口最多，还为四川注入了新鲜的异域文化，为多民族融合及文化的交融起了巨大的作用。

2. 战争

嘉绒藏区在历史上经历了清朝乾隆时期的大小金川之役，第一次金川之役，又称大金川战役，始于1747年，历时两年，以清军失败告终；第二次金川之役从1771年7月到1775年2月，清军大胜，并且在金川实施了一系列改革。金川战役之前，金川地区长期处于一种封闭状态，而且全民信仰苯教。战争在一定程度上改变了这一区域的社会结构。

首先是教育方面的改变。金川地区以前没有学校，普通百姓没有接受教育的机会，只有土司子弟和僧人才有资格学习。金川之役后，大批汉人进入金川地区，同时也普及了儒学教育。道光十八年（1838），金川地区兴起义学馆，“客商贾逢源捐银200两生息，由屯员经营，延师支给修舍，训迪兵民子弟”[①]。同年，懋功五员官之一的强丞望泰（抚理官）亲自建起了懋功有史以来第一所官府学堂——绿竹书院。绥靖屯公立学堂也是光绪年间将坐落于绥靖屯老街育才巷内原为绥靖屯四大商号之一的盛兴号商栈征用后，作为校舍。这是继绿竹书院之后的第二所学堂。这些学校、书院的设立在一定程度上改变了金川地区的教育格局，尽管这种改变是十分有限的。

其次是语言方面改变。汉藏文化交流的增多，使许多的藏族民众学会了汉语，其中很多人还因为经常往返于藏区与内地，汉语说得十分标准，“语言清利，全似燕音，几不复知为土著”[②]。同时，当地驻防的屯兵来自全国各地，他们也把自己家乡口音带到了金川地区，使这一地区在战后成为多种地方语言聚集的地区，久而久之，一种既适合当时历史现状又符合地域特点的方言应运而生。这种方言被称为金川土方言，它既含有西北汉语方言和四川汉语方言的成分，又

① 吴德煦：《章谷屯志略》[J]，《夷人风俗》，《中国志》卷四十八[M]，兰州大学出版社，2003。
② [清]李心衡：《金川琐记》[M]，卷六·夷语。[清]王锡祺，辑《小方壶斋舆地从钞》，第八帙。

带有藏语宾语前置的语法特点。“这种土汉语经过几代人的发展，逐渐取代了早期传入大小金川地区的汉语的其他方言，成为这一地区公认的汉语方言。这种方言，不但大小金川地区土生土长的汉人会说，当地藏人的大部分也可对答如流。”[①]可见，“金川之役”给嘉绒藏区带来的社会变迁是显而易见的。

3. 西康建省始末

西康建省，明末清初就有倡议。民国二十四年（1935）7月22日，西康建省委员会在雅安成立，刘文辉任建省委员会委员长，次年迁往康定。在刘文辉的努力下，西康省政府于民国二十八年（1939）1月1日正式成立，刘文辉任主席，省会设在康定。1949年12月9日，西康省主席、国民党第24军军长刘文辉与西南军政长官公署副长官邓锡侯、潘文华在四川省彭县通电起义，宣布西康省和平解放。新中国成立后于1950年4月26日正式成立了西康省人民政府，廖志高任省主席，省会设在雅安。1954年西康省人民政府改为西康省人民委员会，廖志高当选为省长。1955年7月30日第一届全国人民代表大会第二次会议决议，撤销西康省。同年9月西康省正式撤销，金沙江以东各县划归四川省，金沙江以西各县划归西藏自治区筹备委员会。从民国到新中国，西康省的建制共存在了十六年九个月。

原西康省简称“康”，包括今四川省西部甘孜藏族自治州、凉山彝族自治州、攀枝花市、雅安市和西藏自治区东部昌都地区，全省辖33个县和3个设治局，包括宁属的西昌、会理、盐源、盐边、宁南、昭觉、冕宁、越西8个县和1个金汤设治局；康属的康定、泸定、丹巴、九龙、雅江、理化、稻城、定乡、得荣、巴安、义敦、白玉、石渠、邓柯、德格、甘孜、炉霍、瞻化、道孚19个县和1个泰宁设治局。全省面积3521平方公里，人口150万人[②]。这一地区也是嘉绒藏区覆盖的少数民族聚居区，“地处交通要道，进可为西藏之后援，退可为四川之屏障，左右可为青海、云南之策应。明、清时期，该地区就已是中央政府控制藏、彝等少数民族的军事战略要地”[③]。因此，在当时，西康建省有利于

① 雀丹、柯正才、洛桑：《乾隆金川之役》[M]，阿坝州地方志编纂委员会编，1998：118。
② 马宣伟：《刘文辉与西康建省》[J]，文史杂志，2002（5）。
③ 黄天华：《西康建省论述》[D]，四川师范大学，2002。

消除民族分裂势力，有利于维护国家统一，在历史上曾具有非常重要的意义。

4. 红军长征

20世纪30年代，中国工农红军举世瞩目的二万五千里长征曾经过嘉绒藏区，并在此驻扎一年多。这期间，嘉绒藏族人民也一样投身革命，为红军长征北上抗日作出了不可磨灭的贡献。飞夺泸定桥、翻越夹金山、召开两河口会议等重要史实都是在嘉绒藏区发生的历史事件。1935年，红四方面军在大金川与金沙江流域的嘉绒十八土司区域曾建立了苏维埃政权，至今嘉绒地区都能看到当时保留下来的红色政权印记。

在中国共产党和中央政府和平解放藏区的过程中，嘉绒藏区马尔康县的卓克基土司索观瀛发挥了积极的协助作用。索观瀛从小在汉区接受教育，讲汉语，读汉书，熟悉汉文化，在十八个嘉绒土司中是很罕见的。他重视民族友谊的发展，倡导改造农业，引进商业，梳理政教关系，思想进步开明，在协助解放军平叛黑水一役中立功。如今，索观瀛家族于卓克基的土司官寨已被政府列为集红色文化旅游与嘉绒民族风情为一体的国家二级保护旅游景点。

鉴于上述重要的区域性特征，本项研究确定选择嘉绒藏区作为汉藏羌中“藏”的主要抽样区域，力图在样点样本特殊的地理位置、历史背景以及宗教文化的社会生态中，去阐释现代传媒与该地域社会发展的互动关系。

第三节
样点样本调查所描述的阶梯效应

一、寺庙样本点的阶梯效应

课题组在马尔康县共选取了四座寺庙，分别是城镇寺庙代表昌列寺（宁玛教派）、高原牧区寺庙代表大藏寺（格鲁教派）、半山农区寺庙代表若布洛寺（噶举教派）和河谷农区寺庙代表扎西日岗寺（觉囊教派）。

昌列寺 位于今马尔康县马尔康镇英波洛村，海拔约3400米的高山上，始建于公元13世纪40年代，距今有700余年的历史，教区范围是马尔康镇英波洛村与俄尔雅村一组。寺庙内有僧人90人，有电视、座机、电脑等现代化传媒设备，并且有宽带，僧人每天有1小时集体上网的时间，由专人管理寺庙网络环境；昌列寺还有自己的网站，由海归或北京的居士维护网站的运营。昌列寺虽然建寺于高半山，但是依然作为城镇寺庙的代表，原因如下：

1. 寺庙原计划修建于英波洛村境内的河谷地带，由于地形、资金等多方面原因，后改建至半山；

2. 昌列寺采用现代科技材料和现代建筑结构方式建造，是藏区现代化进程中，将传统与现代化，藏文化与汉文化，宗教文化与世俗文化相结合，在寺庙外观和理念上实现创新的典范，并且是马尔康县境内利用现代传媒工具最多的寺庙之一；

3. 昌列寺被现代传媒关注的程度和僧侣们的媒介素养，已使该寺庙的影响力超越了国界。

图4.2 昌列寺全景图（课题组摄）

大藏寺 是宗喀巴大师修建的108座格鲁派寺庙的最后一座，意为“功德圆满”，坐落于马尔康县大藏乡东南隅，是马尔康县两大格鲁派寺庙之一，距今约有

图4.3 大藏寺全景图（课题组摄）

596年历史。大藏寺僧人最多的时期达800多人，现有定员81人，寺院内有嘉绒十八土司的扎仓小房共93幢，还记载了乾隆打金川时期有各路将军出发前到大藏寺布施，祈求六臂护神助战的历史。大藏寺作为牧区寺庙的代表，受现代传媒影响的程度偏低，与积极入世的昌列寺比较，大藏寺显得较为严谨和传统。

若布洛寺 是马尔康县唯一一座噶举派寺庙，位于马尔康县脚木足乡白莎村。1935年10月，张国焘在若布洛寺召开“党的活动分子会议”，宣布“另立中央”，公然与毛泽东和党中央对立，这就是历史上的“卓木碉会议”。若布洛寺距今已有700多年的历史，有僧人60名，寺庙内配备了电视、电脑等设备，但是媒体设备还不齐全，现代化程度也不高。

扎西日岗寺 距今有550年的历史，位于马尔康县康山乡雅儿珠村，寺庙有67名僧人，该寺以优美的唐卡佛像闻名于世，寺庙目前供奉的有：108幅释迦牟尼佛的传记的唐卡，200多幅更钦笃布巴传记、绿度母等唐卡。其中，绿度母的唐卡曾经在1987年马尔康宗教局

图4.4 扎西日岗寺全景图（课题组摄）

和文化局举办的展会上展出，一名国外专家说，这幅唐卡起码价值250万美元，这样有价值和有加持的唐卡在阿坝地区是非常稀有的。目前寺内有3台电脑，但是没有宽带。

二、地理地形的阶梯效应

之所以选择马尔康县境内的四座寺庙作为调查样本，首先是因为它们能够分别代表城镇、河谷农区、半山农牧区、高山牧区这四种阶梯地形的社区寺庙类型，而且随着地理海拔高度的提升，相对应寺庙内所拥有的现代传媒设备和对媒体的使用频率就呈现递减趋势。这是我们需要求证的传媒使用级差与社区发展的相关性问题。

其次，马尔康县境内共有寺庙61座，是全州寺庙最多的县，其中包含藏传佛教五大教派及苯教寺庙。同时，马尔康县属于城镇复合社区，其产业结构覆盖农业、牧业和城镇的工业及服务行业，自然地理和人文地理同时具备了四种社区类型的特征，符合调查所需的变量要求。

以地形的阶梯级差选取样本的意义在于以下三点：

1. 从信众分布上看，虽然马尔康县基本是全民信教，但是调查资料显示，阶梯式差异明显。从居住地形分布来看，信仰的虔诚度分别为：牧区虔诚度最高，然后依次是半山农牧区、河谷农区、城镇；从年龄分布上看，中老年人尤其是中老年妇女占信众的绝大部分；从受教育程度看，受现代教育程度低的人占多数；从身份职业来看，农民、牧民占多数。

2. 从信众的信仰态度来看，“多数信众是在自然环境恶劣、文化教育落后、医卫条件差、原始迷信观念普遍存在的状况下，以实用主义和功利主义的原则来信教”①。从而可以得知，大部分信众对于藏传佛教的信仰依然停留在比较功利的状态上，而且，藏区尤其是牧区由于基础文化教育普遍薄弱使得部分信众对现代传媒工具的需求意愿不明显，对藏传佛教是否引进现代传媒工具以提高传播效应的问题关注更少。所以，海拔越高，传媒影响力越小。

① 张雪梅：《四川藏区藏传佛教现状调查》[J]，西北民族研究，2006（4）。

3. 从现代传媒的普及情况来看，显然城镇居民接触现代传媒的时间最多，然后依次是河谷农区、半山农牧区、高山牧区。出现这种情况有很多原因，收入、交通、地形、受教育程度、生活方式等都是影响因素。

可见，由于信众的信教动机，一定程度上影响了他们对现代传媒的接触意愿和认同度。而且，这一状况仍然呈现出地形阶梯越高，现代传媒的实用功能认同度越低的走势。

三、现代传媒对区域文化扩散的拉动作用

一般而言，现代传媒是拉动并加速扩散现代文化的最有力的工具。在藏区样本点，我们也看到了这种拉动作用，比如城镇居民通过现代传媒工具接触到现代文化的条件和时间远远大于远离城镇的居民。以马尔康镇为例，马尔康县是阿坝藏族羌族自治州的州府，而马尔康镇属于马尔康县的县中心地，这里有电台、电视台、报社、杂志社和众多的文化公司，因写作小说《尘埃落定》而闻名国内外的作家阿来，曾经就担任这个镇上《新草地》的杂志编辑。现代传媒的高度渗透和较强的媒体消费需求，使得该镇成为嘉绒藏区文化对外交流的重镇，以及州内人流、物流、货币流和文化流的枢纽，各类大小会议多，人员流动大，信息传播与扩散的速度很快，这使得马尔康镇的政治、经济、文化和生活方式的现代化程度都远远高于其他县。

相比之下，远离城镇的其他类型的社区民众所接触到的现代传媒相对少，尤其是牧区，闭塞的交通、有限的受教育条件、不断游牧的生活方式，致使这些区域的居民与现代文化和现代传媒有一种文化上的隔阂，而半山农牧区和高原牧区也是民族融合相对较弱的地区，一般只有单一的民族，也就一直存在一种单一的民族文化。在这种情况下，社区的信仰需求和语言差异压抑的交流欲望就越强烈。

因此我们推测，嘉绒藏区一旦实现了现代传播工具的普及和媒体使用的方便易得，现代传媒就会对藏传佛教与区域文化的扩散起到重要的拉动作用。

第四节 现代传媒给藏传佛教带来的影响分析

一、现代传媒工具对藏传佛教传播方式的改变

藏传佛教在藏区社会甚至全世界都具有非常大的影响力，其传播深度与广度都不容忽视。一直以来，藏传佛教都是通过印经、建寺、传统的口口相传以及密宗的心口相传的方式进行传承，千百年来一直保持着媒体介质的时间偏倚性。然而，社会的现代化进程和现代传媒的冲击，使藏传佛教的传播方式出现了相应的改变。

（一）传统的传播方式

1. 印经

通过手工劳作、木板雕刻、纸墨印制的古老而传统的工艺生产经书。德格印经院作为藏传佛教印经中心之一，对当时镌刻甘珠尔和丹珠尔经书有以下记载，“印经院创始人第十二代土司主持镌刻甘珠尔时，曾收集当时流传的版本，聘请八帮寺著名学者司徒·却吉迥乃整理，精心审阅校订。历时5年，共刻经版33748块；丹珠尔的刊刻历时7年，共刻版64512块”①。也就是说，藏传佛教的文本形式——经书，主要是由寺庙僧人和地方首领监制，而非市井商贾所为，唯传而论道而已。

2. 僧人建寺

寺庙作为一种具象的符号，不仅是藏传佛教的物质载体，还是联结整个社区的公共领域和信息链的源头。在嘉绒藏区，几乎大部分信众的日常生活行为都以寺庙为中心。在德格印经院大门外的建院简介文字中，我们看到了这样的描述：藏传佛教寺院不仅是僧尼进行诵经修持等各种宗教活动以及供信徒们顶礼膜拜的场所，而且也是该地区的文化中心，是研习佛教和藏族语言文字、天文历算、医药卫生、工巧建筑、绘画雕塑、宗教舞蹈等多种学科的地方。走进

① 藏传佛教圣地——德格印经院http://cn.chinagate.cn/aboutchina/2009-04/07/content_17566315.htm.

寺庙，我们看到寺庙中保存了大量佛教经典与艺术品，庙内的雕塑、壁画和各类艺术品，都有极高的艺术水平。千百年来，藏区曾用寺庙佛学教育代替社会教育，寺庙即学校，佛教经典即教材。除此之外，寺庙还具有医院、敬老院、图书馆等诸多功能。寺庙就是一座藏族文化和佛教文化的博物馆，汇聚了两种文化及其相互融合的精髓。传统的藏传佛教寺庙建筑大都以木石为材料，并且具有浓厚的当地藏族民居特色。

3. 通过教区传教

每个寺庙都有其固定的传教教区，一般就是它附近的村子。这种在教区传教的方式有一定的局限性，比如在藏区存在相隔一段距离就有不同语言的村落，这个村子与那个村子因为语言不通，往往交往很少，两个寺庙的教区之间也因此缺乏交流，加之交通条件不完善等原因，当地不少寺庙的传教范围相当封闭。

4. 信众传播

传教活动除了在修行者之间进行，教义常常还在信众和信众之间甚至与非信众之间传播扩散。斯达克在《信仰的法则》一书中谈到："理性，就社会学意义而言，其核心意味着人们一直在宗教行为之中进行着付出和回报的考量。"信众期待的是高回报，宗教给他们的回报越高越能满足他们的宗教需求；同样，宗教也希望通过信众的高付出实现宗教事业的发展。藏传佛教就是建立在信众需求的基础上传播其行善积德的教义，使信众在日常生活中离不开它。那些关于生老病死的法事、念经、转经、磕长头等种种宗教行为，虽然具有个人或者某个家庭的私密性，但是作为一种宗教物象化的动态符号，在整个藏区社会中仍然是很大众化和日常化的自我传播和人际传播行为。

从上述藏传佛教传统的传播方式和传播效应看，亲身传播的可信度高与单位时间内传播扩散度低的特征都很明显。这使得借用现代传媒工具以提高藏传佛教的传播效应的需求，日益成为嘉绒藏区宗教发展的时代任务。

（二）现代传媒工具影响下的传教效应

在本次调查走访的寺庙中，我们发现城镇社区和河谷农区的大部分寺庙已经实现了通电，安装电视接收设备和台式电脑，拥有个人手机、铺设有线电缆和建立网络系统的现代化和信息化改造，个别寺庙还开设了自己的网站，使寺庙成为一个网络中心，直接进入到电子传媒的信息时代。

现代传媒工具的介入使更多的寺庙开始意识到跨语言、跨文化发展的重要性，一些优秀的僧侣被送到国外学习；藏经室的修建更加靠近阅览室，而书架上大多是激光照排版的精装本藏经。而且，在大众传媒和道路交通这两个最重要的现代化要素的拉动下，嘉绒藏区的寺庙开始成为旅游业的重要景点，许多游客以非信众的身份走进寺庙，了解和感受宗教文化，使圣俗边缘的多元魅力拉近了僧侣和百姓的交流距离。

总体而言，纸质媒体在藏传佛教的传播方式中依然是主要传播方式之一，有改变的是出版物逐渐从雕版印刷转变为电子印刷方式，很多寺庙的高僧大德开始习惯于将自己的佛法见解以及感悟写下来，以书本的形式用多种语言出版发行，使藏传佛教的纸质媒体传播进入一个全新的时代。

二、现代传媒在嘉绒藏区寺庙和僧侣中的影响差异

在选择可能体现传媒影响力的工具时，课题组选择了三个具有代表性的工具：手机、网络和纸质媒体，并设计从僧侣对工具的认知和使用中分辨出传媒影响力的大小。在调查过程中，我们发现，传媒影响力在僧侣中出现差异性的主要原因是年龄、受教育程度以及个人的修为。

（一）年龄分层及手机使用率

表4.1 被访僧侣是否使用手机及年龄分层（单位：个）

		是否使用手机		合计
		是	否	
被访僧侣年龄分组	25岁以下	3	0	3
	26-30岁	19	0	19
	31-40岁	45	1	46
	41-60岁	20	2	22
	60岁以上	7	3	10
合计		94	6	100

课题组把接受调查的100位僧侣按照年龄分为五个组，分别是25岁及以下组、26–30岁组、31–40岁组、41–60岁组以及60岁以上组。我们需要通过年龄分层，更清楚地辨识僧人在使用现代传媒时的频率和态度上的差异性。

调查发现，被访僧人中几乎人手一部手机，而且每天使用手机的频率超过使用其他传媒工具，触达率很高（见表4.1）。他们使用手机的主要用途是与上师、家人以及信众打电话、发短信，大部分被访者认为手机的普及为自己带来了方便，缩短了时空距离。

（二）手机使用态度差异

在调查僧人使用手机的态度时，我们发现两种截然不同的态度出现了。持肯定态度的被访僧人认为，时代不同了，使用现代传媒工具可以使藏传佛教的教义传播得更广更快；通过传媒了解现代社会，对解放思想观念有帮助，可以促进僧人与外部世界的交流，了解现代社会的发展状况，了解当代人的想法，不封闭自己，不远离社会；现代传媒工具的使用可以提高生活质量。

寺庙的所有僧侣都有手机，现代社会发展得那么快，这些东西都是人类进步的发展的成果，作为我们出家人，身在现代社会，是应该接触这些东西的。如果我们一直封闭自己不去接触这些，就会越来越远离现代社会，也会越来越不了解现代人类的想法，所以我觉得这些事物是可以使用的，但是要用到实际。

——一位僧人

而持矛盾和担忧态度的被访僧人则认为，曾经的高僧大德在修行时期没有如今这些传播工具，同样可以将佛法弘扬出去，所以现在自己也不需要借助这些工具；接触这些东西带来的更多是对修行生活的打扰，比如在闭关时注意力不集中，眼前容易出现电视里的情节。

（三）僧侣是否需要现代传媒工具传教的认同差异

课题组设计了“藏传佛教的传播是否需要借助传媒的力量”和“出家人是否应该接触现代传媒”两个问题在五个年龄组进行调查。结果显示，选择肯定态度的大部分是处于20–40岁之间的僧人（见表4.2、表4.3），他们大都认为，现代传媒对传播教义、传播善心是很有帮助的，并且有利于搞好团结；现代传媒工具带来了很多方便，他们可以通过传媒了解汉传佛教，可以交到很多朋友，了解外界信息。一些年轻僧侣明确表示，他们愿意接受新的东西，新的理念，因为社会在发展，科技在发展，与以前不同了，藏传佛教作为入世的宗教，应当利用传媒的力量，更广更快地把佛法弘扬出去，让更多的人来了解佛法，了解藏区。这表明，现代传媒给藏传佛教带来的影响力在青、中年僧侣中比较大，认同度比较高。

表4.2 被访僧侣对于“藏传佛教的传播是否需要借助传媒的力量”的看法（单位：个）

年龄		藏传佛教的传播是否需要借助传媒的力量		合计
		是	否	
被访僧侣年龄分组	25岁以下	3	0	3
	26-30岁	18	1	19
	31-40岁	38	8	46
	41-60岁	17	5	22
	60岁以上	4	6	10
合计		80	20	100

表4.3 被访僧侣对“出家人是否应该接触现代传媒”的看法（单位：个）

年龄		出家人是否应该接触现代传媒		合计
		是	否	
被访僧侣年龄分组	25岁以下	2	1	3
	26-30岁	16	3	19
	31-40岁	35	11	46
	41-60岁	14	8	22
	60岁以上	0	10	10
合计		67	33	100

而在大年龄组的僧侣中，传媒影响力相对较小，因为年龄较大的僧侣认

为，传统意义上，僧侣应当远离世俗，做好苦行的决心，不应受外界的影响；外来的交流工具固然可以带来方便，但是过多的接触也是不好的。

> 年轻人呢跟我们不一样，光是嘴巴念得来经，他不懂，他是不得学下去的。所以朝国外跑，朝其他各个地方跑，原因是什么，原因是年轻人的要求高，想跑到其他地方和国家去了，那当然学文化什么的就好学一点，可能是这个样子，所以就在跑。
>
> ——一位老年僧侣

上述认同差异也对寺庙的内部传袭产生了挑战。1959年西藏民主改革，1963年中国佛协西藏分会第三届代表会议协商制订、西藏自治区筹备委员会第五十四次会议通过了《寺庙民主管理试行章程》，使藏传佛教各个寺庙在内部管理体制上发生了重大变革。寺庙内部开始精简机构，规定18岁以下不能出家为僧尼，使寺庙内部僧人的年龄比出现明显代沟。青年满18周岁后再被送到寺庙学习，他们早已适应了现代教育方式，很难再对传统信仰产生较高的认同。

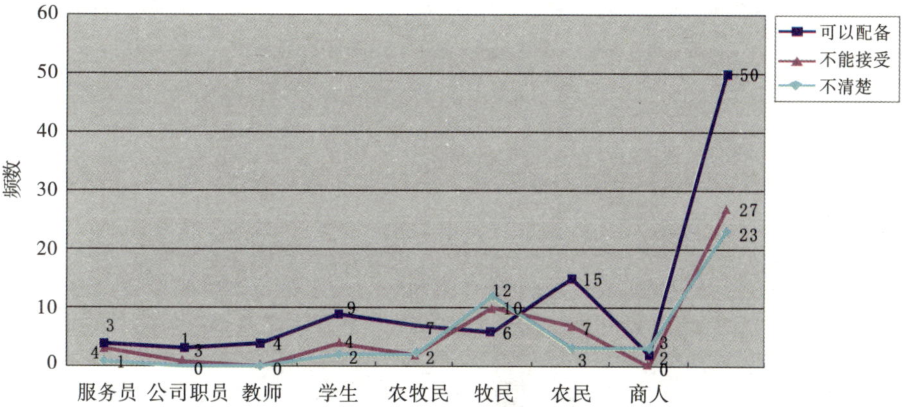

图4.5 被访者对“寺庙内配备现代化传媒工具”的看法折线图

为了在四种社区形态的信众中了解寺庙内是否应该配备现代化传媒工具的社会看法，课题组对以下八类人群进行了问卷调查：服务员、公司职员、教师、学生、农牧民、农民、牧民、商人。共发出问卷100份，收回有效问卷100

份，有效率100%。为了保证每一社区被访者的身份具有代表性，我们在城镇社区投放问卷给学生、教师、服务员、公司职员、商人等职业；在河谷农区和半山农牧区主要投放给农民和农牧民职业；在高原牧区投放给牧民职业。调查结果显示，八种职业的被访者比较一致地认为，出家人应该清修，做好自己的“念经本职工作”，不应该过多接触传媒，会受到尘世影响。（见图4.5）

（四）僧侣接受现代教育程度的差异

排除在寺庙外学习或者出国留学的年轻僧人，接受调查的僧人年龄普遍在27岁以上，受教育程度大多在小学教育水平，初中及以上文化水平的总体比例未达到30%。（见表4.4）

表4.4 被访僧侣受教育程度

年龄		受教育程度				合计
		小学	初中	高中或专科	本科或以上	
被访僧侣年龄分组	25岁以下	3	0	0	0	3
	26-30岁	13	4	0	2	19
	31-40岁	35	8	3	0	46
	41-60岁	12	6	1	3	22
	60岁以上	10	0	0	0	10
合计		73	18	4	5	100

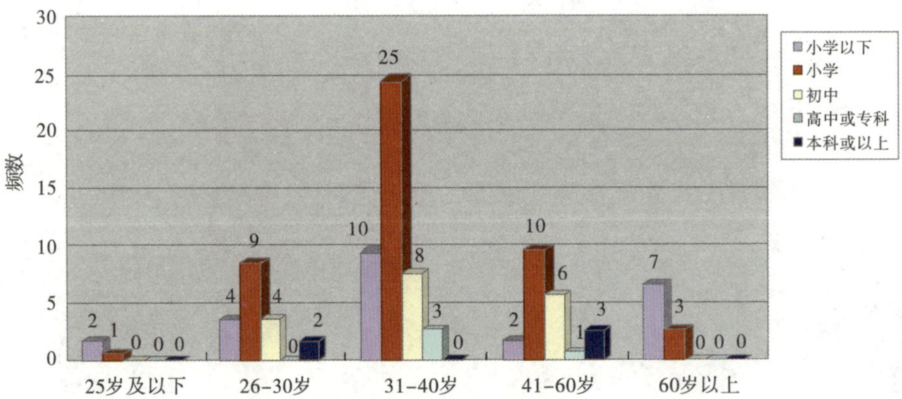

图4.6 被访僧侣受教育程度柱状图

通过上表我们可以看出，被访者中只有5人学历在本科及以上，4人学历在高中以上，18人初中学历，剩下73人学历只有小学甚至小学以下。

值得关注的是，在调查过程中，我们了解到，嘉绒藏区皈依佛教的人群已经从最早的本地居民发展到跨地区、跨民族甚至跨国际的状况，而且越来越多的外地居士到寺庙来长住修行，在这些信徒中不乏受教育程度很高的人群。在大藏寺就有一位毕业于北京大学的籍贯山西省的汉族皈依者，他目前是大藏寺年龄最小的沙弥。采访中他告诉我们：

> 寺庙需要一个外壳，以供佛法传播及旅客观光，但是也需要考虑在这个外壳中修葺一个修行的清净之地。佛教的教义是保守的，如果别人不问我们也不开口，那么就不会有人了解佛法……磕头、拜佛是可以的，但是不是所有的人都明白“关爱”的道理。……媒体的宣传非常重要，但是一定要有我们的引导，之所以现在依然存在对藏区和藏传佛教的歪曲理解，就是因为引导不够，其中传媒舆论引导得不够，我们同样引导得不够。如果媒体宣传向善，那么所有人也都能收到这种信息。
>
> ——高学历僧侣

一般而言，高学历的僧人赞同出家人接触现代传媒，也认可藏传佛教的传播需要借助现代传媒的力量有效扩散。他们认为，佛法本来就有“经变”的道理，以前传统的传教就有使用图片、佛像造型等方式来帮助人们理解教义，现代传媒也通过照片、电视、电影、书本、网络等方式来展现佛法的精髓，其希望传播效应最大化的动机是一致的。这一部分僧人虽然数量不大，但接受寺庙改革的决心和促进藏传佛教的传播与现代传媒接轨的作用却很大。一些大胆的实践也在进行。比如，青海省僧侣和尼姑自拍自演的《米拉日巴传奇》，就是用现代社会普遍使用的影视、影像等传媒手段来弘扬佛法教义。

但是如表4.4所示，寺庙中的大多数僧侣仅有小学文化程度或属于准文盲，有的僧侣甚至不会讲汉语，特别是在纯牧区的寺庙，更没有人教会他们使用现代传媒工具的方法。此种状态中的僧人，往往不关心现代传媒对自己的修为和对藏传佛教传播乃至整个藏区现代化发展是否重要的问题。

……来了寺院我们就要教文化，因为我们这里来的有些人连小学都没有读过的，可以说大家都是文盲。但到了寺庙，寺庙从小学一年级这样开始教，一直到几年之前，我们一直教的都是念诵啊、佛教的修法啊这些，三年不到四年前这样，我们办了一个辩论（性质的）学经班，但自己看来很惭愧，这么多没文化的（年轻人）一直压在寺庙里也太可怜了。

——一位老年僧侣

（五）僧侣佛法修为的个体差异对使用传媒动机的影响

现代传媒工具是一把双刃剑，寺庙僧侣利用它的主要动因是为了更有效地弘扬佛法，传播“关爱”“向善”的道理。但僧侣们需要面对的难题是如何找到一个平衡点：既能很好地将佛法传播出去，又能保持一颗不受世俗影响的宁静心。

通过传媒把教义传播到大众中，主要在于心的选择。到世俗社会中之后，是否还能保持一颗宁静的心，这就称为“高僧的保鲜期”……

——一位年轻僧侣

另一位被访僧人很坦率地把我们的思考引到有关传媒使用动机的问题上：“（我们）做所有的事情都只有自己知道。……过程中也会有不好的欲望，所以一定要有戒律。用传媒传播何种信息，是对个人佛法修为的考验，如果每个人都能遵守戒律，那么传媒在藏传佛教的传播过程中所起的作用将是不可忽视的。”这表明，有的僧侣已能清醒认识现代传媒本身只是一种交流工具，这种工具的使用效果究竟是利大于弊还是弊大于利，将取决于僧侣个人的不同动机。是否每个出家人都能以弘扬佛法这种初衷来使用传媒，这需要僧人自己做选择。

僧人也可以用这些东西（手机）。僧人并不是说就要完全和你们脱离，手机是离不开的，汽车，和马啊牛啊一样成了交通工具了，我们这边的僧人都会开车。但是上网呢我们还是要约束的，因为现在网上好的东西很多，坏的东西也很多，喇嘛我们也不是很提倡看电视的，我建议网吧也可以关一些，因为很多暴力啊，刑事犯罪都是网络上的不良影响。所以我们传统的儒释道文化很好。

——一位中年僧侣

三、现代传媒给寺庙和藏区社会带来的变化

20世纪50年代起，西藏和其他藏区实行了民主改革，这一改革实现了政教分离，也是从那个时候起，藏传佛教就拥有了两种权威——传统权威和现代权威。以寺庙作为主体的传统宗教权威主宰着信众的灵魂中心，传统权威更多地发挥着精神文化的功能。现代权威是经济制度和政治制度相结合形成的国家权威，更多的是合理分解和改变藏区的世俗生活，它主要解决"肉体法则"，即由国家制度影响藏区的土地和人口管理权威。传媒的功能主要从现代权威体现出来，具有通过信息传播整合社区各部分协调发展的功能。寺庙的传统传播功能主要体现在宗教活动的举行上，现代传播功能主要体现在向藏区输入国家的管理制度。后者更是推动了藏传佛教的社会同化过程。

（一）现代传媒促进寺庙重视对外交流和学习其他语言文化

随着现代传媒对藏传佛教的影响力不断扩大，也为了使更多的人了解藏传佛教，以便与其他地区或国家的人群交流，很多寺庙派出僧人到外省外国学习其他民族的语言文化，同时，也在寺庙的佛学院内开设英语课程的教学。除了传统佛教经典和各类科学知识的普及教育之外，寺庙还大力提倡僧人对国内国际时事政治、相关政策法规的学习。在昌列寺活佛的书房里，我们看到了古今中外的丰富藏书，有经史子集、小说杂文、外文经典书籍和装帧精美时尚的当代畅销书等。活佛说，看各种书籍有助于了解现代人的想法和心理现状，是一件很有意思的事情。

一位被访活佛告诉我们，他常到美国免费讲学，在讲学之余曾作为"心理医生"以每小时15美元的收费方式赚得生活费。他说，出家人外出化缘所得是不劳而获，在这个倡导人人平等的社会，没有人拥有不劳而获的权利，这每小时15美元的费用是靠自己的劳动挣得的，这样做才是真正意义上的平等。

（二）僧人的现代传媒素养不断提高

近年来，许多高僧大德积极写书传道并出版发行，并且自觉录制讲经传道的宣传片光盘，充分利用现代传媒手段和方式来弘扬佛法，如前面已经提到的青海省的和尚和尼姑自发拍摄了一部名为《米拉日巴传奇》的连续剧，以自导自演的方式，朴实又生动地展现了米拉日巴大师的一生，受到了各个阶层观众的欢迎。我们看到，受访的每座寺庙都有电视，僧人每天都会组织观看《新闻联播》，关心国家国际时事；其中，昌列寺还通了宽带，每天为僧人集体安排一个小时的上网时间。

事实如此，僧人在讲经过程中对现代化工具的应用，以及对党和政府的民族政策、宗教政策、计划生育政策、改善民风等精神的宣传，使宗教的神秘性大大降低，宗教服务于和谐社区构建的积极作用是有目共睹的。与此同时，现代传媒帮助僧人了解外部世界的变化，在他们的修为和日常生活方式中注入时代观念和行为模式的作用也是突出的。

（三）现代传媒拉动了寺庙的经济效益增长

过去，寺庙的经济来源有三种：一是僧人化缘，二是群众供养，三是庙产经营。近年来，国家在完善宗教政策的工作中积极创新，在进行宗教与政治、教育等相分离的民主改革的同时，提倡“藏传佛教在法律法规允许的范围内阐释教义教规，建立寺院民主管理制度和反映宗教界愿望、代表宗教界利益的各级佛协组织，并且开展‘以寺养寺’活动。在这种政策引导下，各寺院因寺制宜，积极参与种植业、养殖业、运输业的经营，通过开办藏医门诊、旅店、商店、餐馆等活动拓展可能的经济来源，自养收入不断增加”①。

另一个发展现象同样重要：近年来，信众数量的不断增加，使信众对传播藏传佛教的书本、图片、电影、网络等媒体的需求量快速增长。而不断扩大的信众范围，也增强了信众的捐赠能力，使得当今藏传佛教的捐赠收入相当可观。一些有名望的活佛动辄可以化到上百万元的善款。

① Brug-thar vPhrin-las-rgya-mtsho 、Yang Wenfa, *On the Secularization of Religion in the Process of Social Transformation of Tibet* [J], CHINA TIBETOLOGY, Number 1, 2007 (2).

第五节　问题与思考

一、关于与僧人修为相悖的欲望

现代传媒工具的介入固然给藏传佛教的传播带来了积极的正面的扩散效应，但是现代传媒是一把双刃剑，它完全有可能因信道受到其他破坏性因素的干扰而致使元信息流被污染。比如，非宗教甚至反宗教因素的干扰问题；现代传播媒体对使用者的依赖性诱惑与藏传佛教中无求、无争的教义产生的超强冲击等等。

二、藏传佛教文化独特性的保护问题

近十年来，藏区寺庙通过现代传媒的力量进入全球视野，受到国际关注，使藏传佛教在现代社会中的认同发生了改变。“最后的净土”这种称呼，提升了藏传佛教对非信仰人群的影响力和吸引力，有利于藏传佛教向非教区的传播。但是，由大众传媒聚集起来的大量非信众以及他们对藏区的符号化认知——高原风光，雪山森林，草地湖泊，还有信众磕长头、转经、诵经、辩经等虔诚的宗教行为——有可能会导致媒体受众误读藏传佛教传统的一对一场景式的交流方式，以及“献身型”生活方式的修为践行。他们对现代传媒提供的“拟态藏区”以旅游过客的视角“记录”着藏传佛教文化，往往不是一味的“天上神界”印象，就是高寒贫困的“可怜人间”情景，甚至进入藏区后也无法觉悟到“不能在这片土地上留下物质的或精神的垃圾”的意义。

对此，国家相关部门和联合国教科文组织都陆续颁布文件，呼吁社会各界和国际社会要保护藏传佛教文化的独特性，对藏传佛教文化独特性的宣传应主要集中在两个方面：一是生态，二是人文。

三、宗教的“商业化”

怎样正确理解国家的“以寺养寺”精神和把握好“创收自养”的度是很棘手的问题。它涉及僧人的道德观、人生观和修为的动机问题，也涉及信众和社会民众对“净土”的价值认同问题。因此，近年来宗教旅游的发展，寺庙开始

收门票、修旅馆、做生意等创收现象，自然引发了寺庙内和寺庙外的议论。

接受调查的信众大多认为，寺庙作为一个信众精神寄托的地方，如果掺杂了收费，就对藏传佛教的发展非常不利，人们在心目中对藏传佛教就不尊重了。有信众还认为，出家人吃饱穿暖就行了，既然选择了出家，那以前的家庭就不能再回去了，寺庙就是家，而这个家是靠大家捐钱供养起来的，那些钱里有小孩子的零花钱、老年人省吃俭用的钱，还有大老板、成功人士捐的钱，如果还要收取门票，这就是非常不对的事情了。

> 真正学佛的……因为你那个宗教呢，朝拜的呢，收钱，性质就变了。那就是商业化了，宗教本身就是一个信仰，愿意就愿意，不愿意就不愿意，不能规定，你给我交一块钱、交十块钱才能进去，那个不得行。
>
> ——一位信众的观点

僧人中对寺庙收取门票、经商的态度也大多持反对意见。他们认为，宗教的“商业化”是不被允许的，做商人不是为了众生，而是为了自己赚钱。捐赠得到的钱不是给这个人，而是给这身衣服，应当把这些钱还给众生。

> 以前政府叫我们收钱，我们都……包括我本人都不同意这个。那你那个性质就变了嘛，我们这个……本来讲的是信徒捐的钱，大家崇拜的地方，大家精神寄托的地方，你收钱，几个管理人员揣包包，这个不得行。这个我们违背良心的。
>
> ——一位寺庙敬老院负责人

> 这种现象现在确实比较多。经商是很不符合教义的，因为佛教的教义倡导不欺骗，既然经商，就会带有一定的欺骗性质，所以这是违背了教义的。但是，现在提倡“以寺养寺”，如果寺庙不依靠外界只凭借自己是没有办法养活这么多僧人的。所以如果要经商的话可以采取其他的方式，比如可以写书或者打造旅游等。这个其实可以叫做“方便法”，寺庙可以接近现代化，但是不可以改变教义，在保持原有教义的基础上，与不同的人，不同的宗教和不同的文化接触，这其实也是坚持了政教合一的政策，既要透明，也要分考两者。这就

是“方便法”，可以方便，但不可以随便。寺庙的规矩只是在当时的特定时间定下的，随着社会的进步，时代的发展，规矩也会不断变化，这种情况下就要保持传统与现代的结合。

——一位高僧人

可见，“以寺养寺”精神指导下的创收所得，只要使用得当，比如教育培养年轻弟子、逢灾救助回报社会、增加和更新寺庙内的现代传媒设备以紧跟时代步伐等等，做有利于众生的事情，创收自养就是一件光荣的事情。

综上所述，本章的结论是：藏传佛教的弘扬需要借助现代传媒的力量。因为大乘佛教不提倡出世，相反，提倡到世俗中传法。这种传播的初衷是为了让更多的人了解到佛法的“向善”“关爱”等道理，并且让所有人都这样做，让社会呈现出和谐美好的状态，这与党和政府宣传“和谐社会”的政策有相同的意义。如果没有与外部世界的对比和外来文化的冲击，藏传佛教也许会以最初的传统秩序延续下去，藏传佛教也将一直封闭在藏区，无法传扬出去。而且藏区的现代化必然带来藏传佛教的现代化，这一社会发展进程将越来越需要现代传媒的社会整合功能。

第五章

社会效应测量：传媒使用的趋同与分化

根据本书的有限调查，本章将在前面的定量测量的客观数据基础上，对现代传媒使用与社会变迁之间的关联状态，以及这种状态的构成元素和逻辑关系进行定性的描述。

第一节 传媒与公民一体化效应

传媒与政治一直有着不解之缘，政治离不开传媒，传媒为政治服务，这是任何时期的政治与传媒都无法回避的法则。传播学的主流学派中的政治经济学派就对传媒与政治的关系进行过深刻反思。近20年来，传媒在政治中扮演着越来越重要的角色，现代传媒显得越来越活跃。阿尔蒙德与鲍威尔所著的《比较政治学：体系、过程和政策》一书对“政治发展”有经典的界定：“所谓政治发展是指特定的政治体系所在的大众文化随着教育和大众传播工具的普及化而出现的世俗化和科学化取向，政治体系本身的结构高度分化而出现了更加专门化和自主化的政治角色和相应的次级结构以及它们之间的新的互动关系。”由此可见，传媒深入渗透政治生活之中，对政治民主结构有关键性的形塑作用。

国家在与政府机构和公民沟通的过程中，大众传媒作为信息控制的中介环节，连通并促进了他们之间的多向度互动。传媒自产生以来就介入了社会生活、政治生活，起到了不可替代的纽带作用和中介作用，每一个政治人或政治组织都会为了实现自己的政治目的而操控和充分利用大众传媒为其服务。同时，大众传媒通过其巨大的信息传播网络，在国家管理层与社会成员之间、在社会成员彼此之间进行有效传播与沟通对于不断出现的新问题、新矛盾的解决起到了不可忽略的作用。传媒对政治的影响力具体分析起来主要有以下几个方面。

一、传媒影响下的高“政治关注度”和低“政治参与度”

公民是政治生活中的基本单位，社会的正义、合法和自由程度可以通过公民的政治意识得到充分体现。公民政治意识直接反映了政府是否来自于人民并为人民服务，而为人民服务的政府必须能够做到倾听民声，让公民参与政府决策。公民政治意识的高低是衡量一个国家民主程度的重要标志，它包括公民所具有的政治认知、政治态度和政治信仰，其中既包括民族和个人的政治心理（政治文化），又包括社会阶级集团的意识形态。中国社会经历了一个政治权力高度集中、全面控制的“总体性社会”向逐步开放、民主的社会过渡的转型阶段。中国社会曾经由于权力的高度集中，国家、社会、政府、媒体，甚至人们的日常生活，都被政治严格控制起来，政治垄断了一切资源，控制了整个社会系统，包括媒体系统，媒体被高度政治化。随着改革开放的深入，这种僵硬、封闭的社会结构及其关系被打破，媒体获得了更多的自主空间并推动了政治的民主化进程。公民也从过去谈“政”色变逐步转变为对政治事务积极关注。

本项研究的最新实证调查显示，西部汉藏羌混居地区公民的政治关注度普遍较高，但政治参与程度却明显偏低。较高的政治关注度表现在以下两个方面：

首先，不管是地处城镇、河谷农区，还是半山农牧区、高原牧区，也不管当地公民使用的是传统的纸质媒介、电子媒介，还是各种新媒介，政治新闻问题都是大家普遍关注的主要内容之一，在这四种社区形态中，分别有77.5%、77.3%、70.7%和63.0%的人表示关注新闻时事类节目，1/3左右的人比较了解政治信息。

其次，在2008年“5·12”大地震这一特殊事件发生后，当地公民对地震灾后重建政策和进程、政府对农村的政策等政治问题都表现出极大的关注。调查显示，一半以上的被访者对地震灾区重建政策和进程表示很关心。（见表5.1）

表5.1 地震灾区民众对政府重建政策和进程的关注度

	选项	频数（个）	百分比（%）	有效百分比（%）	累加百分比（%）
有效值	很关心	296	58.2	59.4	59.4
	比较关心	139	27.3	27.9	87.3
	不太关心	33	6.5	6.6	94.0
	很不关心	11	2.2	2.2	96.2
	无所谓或不知道	19	3.7	3.8	100.0
	总计	498	97.8	100.0	
缺失		11	2.2		
总计		509	100.0		

同时，当地公民还积极通过各种媒介了解当地政府的救灾重建政策，在接触与使用媒体的行为上，出现了将国家政策、政府执政行为以及个体生活境遇

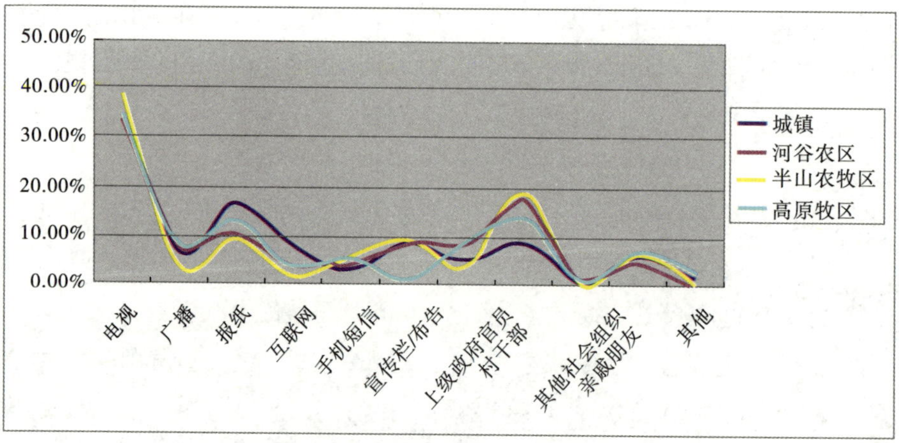

图5.1 汉藏羌民族混居区域公民了解政府救灾重建政策的传媒途径

相关联的思考和持续追踪所需信息的主体性特征。（见图5.1）

图5.1向我们呈现出这样一个事实：样本点所在区域较多元的传媒资源与当地人们积极利用媒介了解政治事务的选择性紧密相关。例如，在茂县样本点的县城及周边社区，公民想要获取政府救灾重建的相关信息主要选择使用有线电视的传播路径；乡镇及村寨的公民则可能通过“千乡电视工程”“广播电视新工程”“村村通广播电视工程”等惠农项目的实施来获得所需信息。2008年地震前，茂县全县有电视台1家（县级），乡（镇）广播电视站22个，全县有卫星地面接收设施的家庭近6611户。

2009年，县广电局在全县16个乡镇171个半山农牧区村点安装调试了广播电视村村通直播卫星设备2043套，直接受益的2043户村民可以清晰接收到48套数字电视节目。全县建设光纤电视干线50余公里，有线电视用户达9千余户，电视覆盖率达到92.7%，广播覆盖率达到83.2%。此外，当地大部分公民平时都会通过电视等媒介，收看中央或地方新闻来了解国际及国内大事，以及党和国家的政策方针。调查显示，新闻时事类节目是最受汉藏羌民族混居区域人民关注的节目，27.6%的人平时选择收看新闻节目，其次才是其他类型的电视节目。（见图5.2）

有些老百姓就算不识字都很关注本地的消息，包括国家政策、相关法规，还有对西部地区的报道都是很关注的，传媒的作用是不可忽视的。

——马尔康县宣传部杨部长

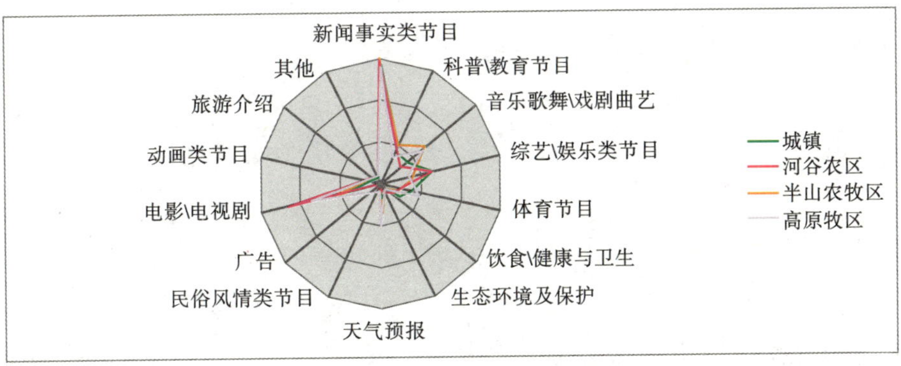

图5.2 汉藏羌民族混居区域人们关注的电视节目

值得关注的是，被调查样本所在地的公民为了寻找与已生存与发展相关的信息满足时表现出了较高的政治关注度（仅局限于接触媒介内容），但是其政治参与程度却显著偏低。调查成果显示，仅有9.8%的人会选择向媒体或新闻记者反映问题，寻求传媒的支持与帮助；仅7.8%的人会考虑参与集体上访请愿。

需要特别关注的是，西部汉藏羌混居区的公民所呈现出的对政治议题的高关注度与低参与度之间的矛盾的成因是因为国家意识和政府机构长期视西部为“边疆”的战略性定位在这些地区民众观念意识上的刻板印象使然？还是因为这些地区民众长期处于大众传媒呈现中的弱势地位所导致的符号边缘化的一种心理反应？抑或是这些地区民众仅仅因为2008年的地震原因而出现的对政治议题的阶段性高关注度。这些都是发展传播学应该研究的核心课题。

二、传媒是政府信息公开化的重要途径

传媒在保障公民的知情权等方面提供了重要的平台。2008年是公民知情权进一步得到保障的标志性一年。5月1日，《政府信息公开条例》正式施行，把公民与政府紧密相连。涉及政府工作的各个方面、与公众生活相关的各种政策，都将“暴露于阳光之下”，敞开来面对公众。根据该条例，政府信息公开坚持“以公开为原则，不公开为例外”的原则。

在这个推进政治透明化的过程中，传媒发挥了极其关键的作用。政府信息透明化的过程，在很大程度上，依赖于电视、网络等电子传媒。政府新闻和政策信息以电视等电子传媒为载体进入了人们的日常生活之中，人们可以很方便地通过电视、电脑来获取各类政治信息。

在阿坝藏族羌族自治州茂县样点区，政府利用电视、网络、报刊、电话、宣传册等媒介宣传政策、法律法规等。每天下午开播的《茂县新闻》节目，是茂县广播电视台配合县委县政府的中心工作向全县民众进行时事传播和政策宣传的重要窗口。2009年上半年，县广播电视台除了继续开设《岷江》《乡村视野》等特色节目外，又推出《阳光政务》节目，旨在推进政务公开化、透明化。该节目新增了党建政务信息、信息公示公告等内容版块，为广大群众提供了快捷、方便、丰富的信息。

同时，因为政府信息的公开必然以公共政策议程为基础，所以通过互联网信道而建立的政府网站就成为公共议程和政策议程之间相互转化的一种有效机制和窗口。更为重要的是，以政府网站为载体的公共议程可以引导民众有序的参与。目前，茂县有线电视、有线广播的覆盖率较低，大众传播受众群体占总人口的比例较小，因此，面对居住分散而基数庞大的农牧民群体，当地政府主要还是以乡为单位，通过组织宣讲、举办座谈和散发宣传资料的形式进行政治宣传，效果较好。基层民众的需求一般由乡镇工作人员、村组干部、宣传人员以简报或工作报告等文字形式反馈到县委县政府。

三、传媒是政策宣传的有利工具

利用各种传媒进行国家政策宣传是各地政府的职能之所在。在四种形态的调查样点区我们发现，政府在政策宣传时，往往会将传统的纸媒传播与现代的电媒、新媒体传播结合起来利用。在茂县地区，政府除了利用已有的传媒设施及条件及时宣传国家政策与行政信息，还下派了149名科技干部分别蹲点到县辖的149个村寨，每位科技干部负责一个基层村并对村内各项事务开展工作指导。也就是说，科技干部下到基层的任务是做全能型村官，其中包括主持宣传工作。我们非常欣喜地发现，这149个下派科技干部都采用一种“明白卡”的小册子与当地村民进行信息沟通，效果兼具了组织传播、群体传播（也称团体传播）、人际传播的综合优势，使信息反馈非常及时，传受关系对称而平衡。他们的具体做法是，作为一种实验性的信息传播渠道，村干部们将那些需要反复强调的信息（亦即传播学所指“冗余信息”[①]）和最新政策（亦即传播学所指“有效信息”）铅印到一本小小的“明白卡”中，给每户派发一册。把国家最新颁布的政策写在明白卡上的传播方式，有效地起到了宣传国家政策的作用。

① 冗余信息（redundant information）是“未知信息”的对称。指已不新鲜的、早已知晓的信息。在经典信息论中，“冗余”代表信息的传受过程确定而有序，信码的编排与释义已有传受双方知晓和确认的规则与参照系。所以，在信息传播过程中不确定性、无序性越低，冗余度就越高；反之，则冗余度越低。高冗余度信息是文化道德规范的形成以及社会关系的稳定构建所需要的传播内容，在很大程度上包括了人类所积累和沉淀的经验。系统理论也强调，正因为控制系统大多数组件的冗余特性的存在并能由系统自动提供，而使得系统在对信息作出反应时往往不需要额外的编程，譬如在TRACE MODE集成开发系统中，只需点击鼠标就可以很方便地建立冗余PC或PLC节点。可见“冗余”在传播学视野中并非“多余”的含义。

在“5·12”汶川地震的灾后重建工作中，这种明白卡更成为当地政府尤其重视的宣传工具。（见图5.3）

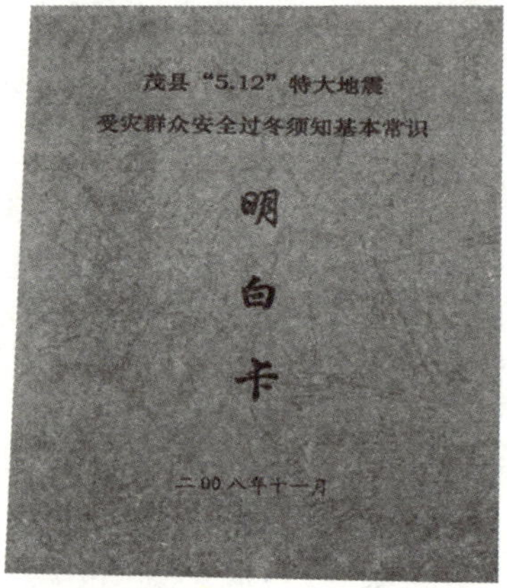

图5.3 茂县“明白卡”（课题组摄）

除了利用传统的纸质媒体，西部汉藏羌民族混居区域的各级政府还积极采用网络、手机等各种新型传播媒介进行政策宣传。在调查中我们了解到，茂县广电局在灾后重建的发展规划中，设想把广播电视网、互联网结合在一起，再与移动、电信、联通等信息产业共同合作，用他们的干路、管网，共同经营互联网业务。同时，给每个乡镇（未给村配）配一台液晶电视，一旦网络联通就可以开通视频电话，以后乡镇开会就可以使用视频。此外，手机也逐渐发展成为一个新兴的传媒平台，现在由四川新闻阿坝频道和中国移动通信集团四川有限公司阿坝分公司共同打造的“阿坝手机报”已经开始，包括用手机发送政府公共信息等等。

在北川县的调查中，我们还了解到，四川新闻网北川频道是北川地区最权威的主流媒体之一，核心栏目有《北川新闻》《网视北川》等。这一网络频道以文字、图片、音频、视频、互动等多种形式，立体、准确、鲜明、生动、丰富、多元地展示四川及其西部的新闻信息内容，充分发挥出了权威新闻网站对网络舆论的主导作用。目前，四川新闻网还开发了迷你首页，通过该网页强化推进政府的主旋律于广大网民，其潜移默化的效果明显。譬如在“5·12”汶川地震以后，关注北川的媒

图5.4 四川新闻网绵阳·北川频道首页截图

体很多，消息更是五花八门，受众很难辨别信息的真伪。四川新闻网北川频道作为身处西部灾区前线的地方媒体，及时、准确、全面、稳健地监测与向外公布最新灾情和救灾信息，就是其应发挥的最紧迫和最重要的社会职责。（见图5.4）

一个是对外宣传，一个是监督，第三是调和的作用。地震以后，关注北川的媒体很多，消息自然是五花八门，读者就很难辨别，那么这个时候作为当地权威媒体，我们就要站出来说话、辟谣、证实（以我们发布的信息为准），迅速地将准确信息向全世界发布。政府最希望的也是第三个作用。

——四川新闻网北川频道记者姜涛

事实证明，他们凭借着高尚的职业精神，与中央和省级媒体共同坚守在几乎每一个新闻现场，以全方位的视角，准确直播灾情与求助工作。他们做到了对上，协助各相关部门救灾工作的及时落实；对下，让灾民和广大网民因信源的真实、充足而满意。更有价值的是，他们第一次实践了地方媒体将信源价值最大化的传播创新，也为中国新闻传播机制的改革提供了一个珍贵的研究样本。

四、公众政治的表达渠道

大众媒介作为舆论渠道，可以通过为公众提供表达意见的机会来使社会舆论得到真实呈现。大众媒介在一定程度上能够反映现实、反映公众意见和呼声，具有一定的公众立场，从而对整个社会的政治发展起到一定的制约作用。舆论与媒介形影相随，相伴相生，某种程度上媒介就是舆论的产物。大众媒体如果失去社会舆论的支持，那么它就失去了影响力。公众的政治表达很多时候都需要借助传媒来实现。随着电子时代的到来，传媒在社会舆论的形成方面表现出更巨大的优势。尤其表现在互联网的广泛使用上，网民聚合于网络平台，形成虚拟社区，对公权力大、公益性强、公众关注度高的一系列事件表达其态度和倾向。加上网络具有匿名性，因此，人们可以相对自由地借助网络平台表达自己的政治看法。

但在被调查的汉藏羌混居地区，我们却发现情况并非如此。人们并没有过

图5.5 凤仪镇沿街生活场景（课题组摄）

多地依赖于大众传媒来进行政治表达，而是更多地借助人际传播的方式。城镇居民通常会聚集在县城街边、广场等公共空间，半山居民则通常会到山下的空地或是某家门前的空地上聊天，就某些政治问题各抒已见，在这种面对面的人际交流中表达政治看法。因此，人们在遇到政治性问题时，往往很少会选择求助于传媒。（见图5.5）

我觉得在电视上的上访、找报社都是一种形式，解决不到根本的问题，如果遇到这种问题我不会要这种帮助。

——马尔康县镇中学学生

五、舆论监督的有效手段

舆论监督一直以来都是传媒的一项主要功能。所谓舆论监督是指公众通过各种新闻媒介对党务、政务和一切公共事务的监督，对国家机关各级公务人员等人的施政活动的监督。由于公民享有对国家和社会事务实行舆论监督的权利和自由，所以公民在对国家和社会事务知情的基础上，有权通过一定的组织形式和传播媒介行使法律赋予的监督权和舆论表达权，进而影响公共决策。舆论监督是民主监督的一个重要内容，是社会民主的必要环节。随着大众传媒不断渗透到普通大众的日常生活中，人们几乎每天都可以接触到不同形式的媒介，大众传媒的易获性为其发挥监督作用奠定了良好的基础。此外，大众传媒常针对不同语境，采取不同的形式和方法进行舆论监督，如：在报纸、广播电台、电视台等新闻媒体设“园地”、辟“专栏”、出“特刊”等，通过议程设置来对舆论进行导向。

当互联网逐渐进入人们的日常生活后，各种网络平台为政治监督提供了更为便捷的信道，如各大网站都开辟有论坛等供大众表达意见的地方。由于网络具有良好的匿名性，因此，网络空间往往成为人们各抒已见、进行舆论监督的最佳场所。当下，各级领导干部也日益重视依据网络上的舆情民意，问政于民、问需于民、问计于民。政府网站的开通、网络新闻发言人的设立，都透露出执政者对网络民意的高度重视和尊重。政府需要建立整合网络民意的制度渠道，健全网络舆论回复制度，细化网络民意的收集、转办、答复、审核和监督程序，听取网络民意并积极回应网民的问题；同时，借助民众的力量，完善干部管理机制、纪律约束机制和司法惩戒机制，构建和谐的干群关系，从根本上保障社会稳定。

表5.2 调查样点区域媒介监督平台情况表

网站名称	形式	内容	网址
阿坝州政府网站	参政议政	投诉、领导人信箱、政务评议、民意征集、网上调查。	http://www.abazhou.gov.cn/publicfiles/business/htmlfiles/abzzfw/s151/index.shtml
理县政府网站	参政议政	领导人信箱、民意征集、网上调查。	http://www.ablixian.gov.cn/publicfiles/business/htmlfiles/lxzfw/html/lxsjxx.shtml
茂县政府网站	建言献策	以留言的形式和网民进行互动。	http://www.mxxcb.com/jyxc.asp
北川县政务网	重建监督	以新闻的方式公开政务，接受网民的监督。	http://beichuan.my.gov.cn/bcx/166070236259287O400/index.html

在本次调查的汉藏羌混居地区，当地政府基本上做到了主动为广大群众提供媒介监督平台。这些监督平台一般都是通过网站搭建起来的，在网站论坛里有专门设置的参政议政板块，网民可以直接对政务进行监督、建言或参与，最大程度做到执政的透明和公开。当然，在各调查样点区，这些官方网站的功能设置还是有差异的。例如，阿坝藏族羌族自治州的政府官方网站就比较注重信息流动的长效作用，该网站设置了主要领导人信箱、对主要部门的投诉、行政能力评议以及民意征集等几个能够体现其信道日常使用价值的板块。（见图5.6）理县的官方网站上也设置了参政议政，但缺少了对主要部门的投诉信箱。（见图5.7）茂县则以建言献策的形式来进行对政务的监督，网民虽可以直接留言，但内容五花八门。（见图5.8）而北川县的官方网站则主要是对灾后重建中的政府执政能力的监督，信息的呈现方式以新闻发布为主，信息流向单一，没有与网民互动的板块。（见图5.9）

图5.6 阿坝州政府网站参政议政板块截图

图5.7 理县政府网站参政议政板块截图

图5.8 茂县政府网站建言献策板块截图

图5.9 北川羌族自治县政务网重建监督板块截图

总体来看，本次调查的汉藏羌聚居地区公民对政府的各项事务都表现出较大的关注度，在监督政府执政方面具有一定的主体意识。其中，有87.3%的公民积极关注地震灾后重建政策和进程，有79.6%的公民关心政府的“三农”政策，有61.8%的公民关注投票选举干部等政治问题。对政府执政行为及能力满意与否是衡量公民舆论监督的一个重要指标，通过调查发现，各样点区的公民对政府通过传媒发布党和国家的法律、法规、政策和方针，报道震后重建情况，宣传中央或地方灾后重建政策等方面的信息满意度理想，其中，表示很满意的占53.4%，表示比较满意的有56%。但在反映民生、揭露腐败和社会不正之风、提供就业信息等调查选项方面，公民的满意度并不理想，并希望政府能够有所改进。

六、处理突发性公共事件的有力工具

突发性公共事件是指在较短的时间内急速爆发的，具有一定普遍性的重大事件，需要政府立即采取对应措施加以处理。突发性公共事件包括来自社会的各种危机，如各种重大安全事故、刑事案件，甚至是出现大规模的混乱、暴动、武装冲突或战争等；也包括各种自然界的灾难，如地震、海啸等。近年来，我国连续爆发了多次突发性公共事件，从2003年的非典到2008年的“5·12”汶川地震；再到2010年南方发生的大范围的旱灾，4月14日在青海玉树发生的7.1级大地震，以及入夏以来的大范围特大洪灾等等，无不对政府处理突发性公共事件提出了前所未有的严峻挑战。每次在灾难面前，传媒总是第一时间表现出强大的力量，而且与政府紧密合作，成为政府处理突发性公共事件的有力工具。由此可见，充分发挥传媒的作用，建立起完善的政府信息公开机制刻不容缓。

按照常理，一旦出现突发性公共事件，相关的重要信息绝大多数都首先被控制在政府部门的相关机构。如果政府信息公开不够及时或稍有失策，那么媒体将难以在第一时间获得权威信息加以公布，社会大众也会因“知”的权利被藐视而抛弃主流媒体另寻其他传播路径，从而可能导致各种流言、谣言在民间传播，引起不必要的恐慌和公共行为失常。因此，从政府对社会承担的社会责任的角度看，在突发性公共事件发生时，第一时间利用各种有效的传播方式进行信息公开是至关重要的。在调查过程中，我们了解到，马尔康县、茂县和理县作为“5·12”汶川地震重灾区于这个特殊时期，各县政府利用传媒及时向当地民众进行党和政府救灾政策的传达与解读的经验是有一定可示范价值的。例如，茂县政府利用各种传媒手段（电视、网络、报刊、电话、宣传手册、文件，甚至派遣人员采用鸡毛信的传递方式深入村组开展宣传）及时有效地对广大受灾群众进行正确的舆论引导，使党和政府的利民政策深入人心，对当地灾后重建工作的顺利推进发挥了强有力的作用。与此同时，茂县电信公司在地震发生后第一时间抢通县内电话，铺设电缆，为灾区不确定的生态环境尽可能的创造良好的通信条件，他们为22个乡镇赠送海事卫星电话，以确保各乡镇应急通信，如表5.3所示。

表5.3 2008年5月12日-2008年12月31日全国网媒对地震的报道以及影响

主要媒体	央视网、新华网、人民网、腾讯网、网易、搜狐、四川新闻网、凤凰网、和讯网、科学网、中国新闻网等等。
信息呈现	对灾情、救助、重建的专题报道。报道形式包括：视频、图片和文字三管齐下。报道时量：24小时滚动更新信息。
报道内容板块	新闻报道、灾情分析与评论、亲历故事、心理救助、物资需求、各方捐赠、伤亡统计、卫生防疫、民众安置以及后期的重建情况，甚至包括地震的地理知识、地震自救知识以及献血注意事项等教育培训板块。报道内容多样，涉及范围很广。
传播影响	媒体因及时、真实、客观、全面的告知信息，缓解了人们因对环境信息未知或不确定而造成的紧张心理，稳定了民众的情绪。并且将全国乃至全球的目光聚焦在了灾区，将全国人民紧紧的凝聚在了一起，以举国之力来支援震区，在灾区的重建工作中起到了整合社会各部的作用。

图5.10 央视网汶川地震专题板块截图

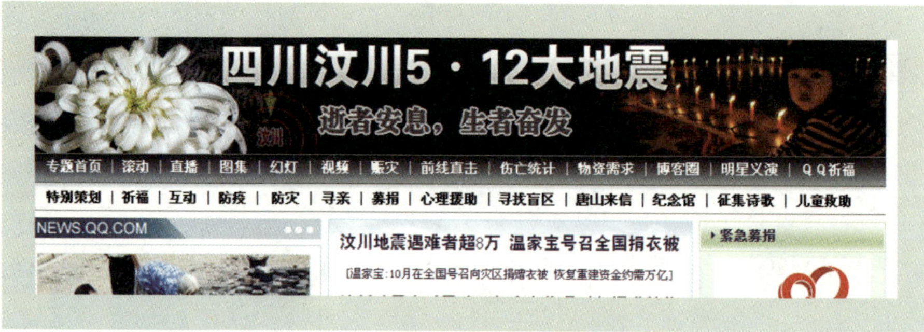

图 5.11 腾讯网汶川地震专题板块截图

图 5.12 凤凰网汶川地震专题板块截图

更为关键的是，汶川地震一发生，全国媒体立即聚焦灾区，以第一时间和第一现场的直播形式呈现灾情，报道党中央、国务院领导亲临灾区指导抗震救灾工作，全方位跟踪播报救援英雄们和志愿者们的众志成城。中国媒体在这一突发性公共事件中的职业坚守，不仅在每一个中国人——包括全球华人心目中确立了其不可或缺的传播“工具”地位，更以“公器”的形象向西方世界彰显了一个正在迈向现代化的发展中国家的民主与和谐的社会。（见图5.10–图5.12）

从公民的角度来说，他们希望在危机到来时尽快获取权威的、真实的信息，而不想陷于谣言的恐慌之中。一般而言，在这种特殊时刻，人们寻求信息的愿望很强烈，对传媒的期望值很高，一旦信道不畅或信息获取得不到满足，公众很容易产生资讯焦虑。因此，政府建立起有效的信息公开体制，及时公布各种重要信息对于稳定民心至关重要。据调查显示，从被调查样点地区的总体情况看，大部分公众对当地的救灾政策处于“比较了解”水平，但随着四种社区形态样点地理位置的海拔高度的变化，人们对救灾政策了解的程度也在变化。这种变化的基本规律是：海拔越高，人们对政策的了解程度就越低；反之，则越高。比如，城镇、河谷地区人们对政策的了解程度较高，而随着地理海拔的升高，半山农牧区、高原牧区群众对政策的了解程度则逐渐降低，如表5.4及图5.13所示。

表5.4 汉藏羌民族混居区域人们对救灾政策的了解程度（单位：%）

对救灾政策了解程度形态	社区形态			
	城镇	河谷农区	半山农牧区	高原牧区
了解很多	17.6	23.5	15.5	12.0
了解一些	53.6	43.6	53.4	57.6
不太了解	24.0	22.9	22.8	30.4
根本不了解	4.8	10	8.3	0
总计	100	100	100	100

注：城镇无效样本占4.8%，半山农牧区无效样本占8.3%。

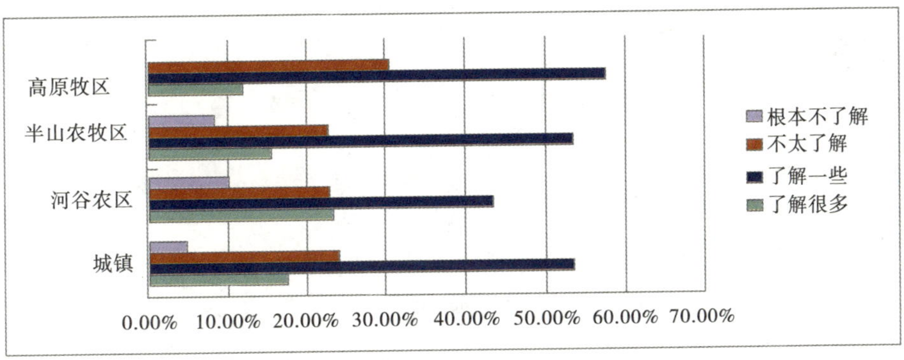

图5.13 汉藏羌民族混居区域人们对救灾政策了解程度对比图

当调查组问及被访样本主要通过哪些传媒来获得有关救灾政策的信息时，他们当中有35.9%的人回答是通过电视了解救灾政策，11.7%的人通过报纸。选择其他传播信道了解政府抗震救灾政策的有：宣传栏数据、布告（8.9%），广播（5.8%），手机短信（4.4%），互联网（4.3%）等。由此可见，在汉藏羌民族混居区域，电视、报纸两类媒介是人们正常或非正常境遇下为了及时了解所需信息首选的重要途径，其主要理由是对新近发生和变动中的事实更具有普遍兴趣。

调查数据还显示，高达85.2%的被访者对地震发生时及随后的救援和重建期间各类传媒的相关报道表示比较满意，有57.9%的人表示非常满意。如果我们借用传播学经典理论“使用与满足”效果模式的分析结构，来关注本课题在中国西部汉藏羌民族混居区域所发现的传媒使用事实，我们就会以这样的描述——西部汉藏羌民族混居区域的民众在2008年“5·12”汶川地震这一突发性公共事件的语境下，出于自救、抚伤、重树生活信念、重建家园等心理需求和社会发展的需要，以积极的态度寻求各类传媒的信息帮助，而且目的明确地希望从传媒获取有效、权威、迫切的信息并获得较高满足度。媒体的传播内容编码与受众的释码完成程度实现了较理想的统一，政府、媒体、受众三者间形成良性互动合力，社区与社会凝聚力得到提升——对“使用与满足”传播效果理论的中国实践，获得一项具有验证价值的结论：“使用与满足”理论对发展中国家，尤其是中国这样持续高速发展的社会现实仍然具有普遍的科学性。

第二节　传媒的经济拉动效应

从人类社会发展之初到现在，信息和广义的传媒是人类政治、经济、文化等一切社会活动不可或缺的生存内容和沟通渠道。事实上，在今天的社会活动中，信息与现代媒介尤其成为经济活动中的重要生产力和举足轻重的影响力。

20世纪70年代，一批从政治经济学视角关注大众传播社会作用的学者认为，大众传媒在“第三世界”国家中具有突显的“现代化”潜力。而且，媒介在宣传“国家”利益的同时，可以通过多种方式促成受众所代表的“地方利益”与之“意见一致”①。课题组在调查中发现，汉藏羌地区的社会生态还维系着极强的人际交往模式，这使得人际传播和大众传播成为该类社区日常生活中

① Milihand, R. And Savlle, J. (eds) (1973) *The Socialist Register*, The Merlin press, London, pp. 207-223.

同样重要的两种信道。本书第三章和第四章的实地调研数据也支持现代化理论家们争辩的核心观点：大众传媒的介入和扩张给社会成员和社会机构都带来变化，它使得无论“人”还是“社会”都变得更容易接受变革，更“现代”，也更“发达”①。

我们进一步发现，在中国西部汉藏羌民族混居区域存在如下不争的传播现实：信息的不均衡流向，会导致信息掌握的多寡，进而影响经济活动方向的正确与否。与此同时，传媒业已经高度参与了我们日常的经济活动，与经济发展发生着联系。

在社会发展的现代化进程中，经济与大众传媒之间是一种互动的关系，它们相互作用、相互依赖、相互影响。经济的新一轮发展为传媒业的发展奠定了物质基础，同时，也引发传媒业的自身创新，实现跨越式发展，使大众传媒进入一个新纪元，从而获得更为广阔的发展空间与前景。与此同时，大众传媒或传媒业也以其特有的功能和对信息的聚焦或扩散作用促进了经济的加速发展，因为传媒产业在意识形态和上层建筑领域努力坚守的独立精神，在经济领域已华丽转身为以“合谋”的姿态实现“共赢”的价值。经济要腾飞需要传媒的推动，这已经是不争的事实。当前，全国上下落实科学发展观，实现经济的健康有序发展，在经济领域，其重点就在于促进经济发展方式的转变。对于西部汉藏羌地区，固守传统的生产方式已经明显阻碍了经济的发展。因此，要推进经济发展方式转变，这不仅是经济领域的一场变革，也是人们思想观念的一场深刻变革。而在这一过程中，传媒或传媒业应当发挥更大的作用，凝聚全党、全社会加快经济方式转变的思想共识，需要传媒业进行广泛深入的宣传动员；推动中央政策措施的贯彻落实，需要传媒进行全面、准确的阐释解读。经济政策的报道、经济信息的传递、供需信息的提供和相关宣传工作的执行，对于促进汉藏羌地区经济发展，增强汉藏羌地区民众加快经济发展方式的转变的自觉性和主动性，都具有十分重要的意义。

课题组在调查样点区发现，近年来，大众传媒迅速及时地提供国内外的

① Blumler, J. And Katz, E. (eds) (1974) *The Uses of Mass Communications*, Sage, Beverly Hills, pp. 199-205.

经济信息，确实使西部汉藏羌民族混居区域受众开拓了视野，了解了越来越多的发展信息，其较明显的社会影响表征可描述为：受众（无论是个人，还是组织）据此可以判断市场的变化与走向，选择对自身发展有利的经济信息，安排经济生产活动；可以紧紧把握住时代的脉搏，尽快了解经济热点与发展难点问题，开拓多种经营模式，改变经营结构单一和资金结构不均衡的现状；在一些本土经济组织的运营行为中，开始尝试通过广告宣传等现代媒介手段，分阶段、分步骤地扩大经营范围和规模，参与到更广泛的市场竞争中去。可以说，盘活资源，使资产得到更优化配置，最终获得良好的社会和经济收益，已成为这一地区民众在使用媒体时，日益鲜明与迫切的经济诉求。

一、汉藏羌混居区受众对传媒的关注点与认可度

大众传媒对推动当地经济发展的功能效度如何是我们这次调查所要考察并准确描述的重要内容之一。总体上讲，课题组深入的西部汉藏羌混居地区基本上属于经济欠发达地区，仍然延续着“刀耕火种”的传统农业生产方式。在退耕还林、退牧还草的“天保工程”①实施后，国家采用财政转移支付的方法对失去生产资料的西部居民实行限期补贴。但是，地方政府缺乏财政配套补贴与投资能力，而且西部的市场化起步在全国最晚，市场发育不成熟，民间资本极为匮乏，人力资源方面可以说差距更大。更为重要的是，西部大多数地区是少数民族聚居点，在基础教育中往往要承担双语甚至加外语等三种语言的教育负担，西部汉藏羌民族混居区域贫困家庭的教育偿付能力实际上是相对下降，在劳动力输出能力方面也严重萎缩。此外，我们还发现，在这些地区真正能进入现代项目产业的人，多半是外地人而非本地人。当地受众对于传媒带来的经济信息还在一定程度上处于被动接受的状态，他们对如何运用传媒手段去创收或者致富的自觉意识并不明显或强烈。一个带有普遍性的事实告诉我们，当地的

① 即天然林资源保护工程，简称天保工程。在我国，主要在长江上游、黄河上中游实施天然林资源保护工程，以及东北、内蒙古等重点国有林区实施天然林资源保护工程。1998年洪涝灾害后，针对长期以来我国天然林资源过度消耗而引起的生态环境恶化的现实，党中央、国务院从我国社会经济可持续发展的战略高度，做出了实施天然林资源保护工程的重大决策。该工程旨在通过天然林禁伐和大幅减少商品木材产量，有计划分流安置林区职工等措施，主要解决我国天然林的休养生息和恢复发展问题。1998年，阿坝州相继实施天然林保护工程和退耕还林工程。

劳动人口基本上能够解决自己和家庭的温饱问题，长期种植的传统农副产品也能够自给自足。但是，如何将剩余农副产品通过商品贸易的方式转化为货币，如何将烂在地里坡上的优质蔬菜瓜果以及高原山珍以现代产业的规模和技术抑或市场营销的手段强力扭转这种事实上的货币萎缩局面，才是中央和地方政府，以及有眼光和诚意的投资商们应该认真思考的，关于避短扬长低成本运作的西部发展问题。

经济话语不仅是课题组的关注点，也是西部汉藏羌混居地区民众的关注点。从我们的调查数据分析结果中可以看到，使用大众传媒的受众中有56.6%的被访者表示非常关心“脱贫致富门路”的相关信息；有43.6%的受众表示非常关心“物价水平和产品销售门路”类信息。（见表5.5）

表5.5 调查样点受众对“脱贫致富门路”的关注度分析（单位：%）

	选项	频数（个）	百分比	有效百分比	累加百分比
有效值	很关心	288	56.6	57.3	57.3
	比较关心	124	24.4	24.7	82.0
	不太关心	56	11.0	11.0	93.0
	很不关心	10	2.0	2.0	95.0
	无所谓或不知道	25	4.9	5.0	100.0
	合计	503	98.9	100.0	
缺失值		6	1.1		
总计		509	100.0		

2008年，阿坝藏族羌族自治州和绵阳市都经受了“5·12”汶川地震等重大自然灾害和国际金融危机的冲击，辖下的汶川、映秀、黑水、茂县以及北川、江油等县镇更是地震重灾区，其主要经济指标至2010年上半年仍然大幅下滑难止，各项事业百废待兴。针对这一正在变动中的非常态性的社会经济现实，课题组认为，需要观测并掌握特殊语境下传媒对经济活动能否起到拉动作用，有超常规拉动的强效力还是传媒的影响力低于了一般水平？因此，我们在调查问

卷中设置了两个相关问题，其一，“您认为大众传媒对当地经济的发展有作用吗？”分析结果显示，35.8%的被访者认为传媒“非常有用，带动了当地经济的发展”；28.5%的被访者认为“比较有用，介绍了致富信息和致富门路”；16.1%的人表示“作用一般，了解得不是很多”；其余16.9%的人觉得“不清楚或者没有什么作用”。其二，“地震之后，通过传媒来满足自己对经济类信息需求的习惯有变化吗？”，通过这个问题了解灾后传媒在受众中的普及度是否有所提高，受众对传媒的接触与利用是否受到地震的影响。结果显示，37.2%的被访者认为“有很大变化，学会利用传媒主动寻找自己需要的经济信息”，49.4%的被访者觉得“有一点变化，接触到更多的传媒”，8.7%的被访者认为“没有变化”，4.7%的被访者觉得“不知道或者无所谓”。也就是说，在一种非常态语境中，受众会因生存环境信息的不确定而表现出对信道更关注，对信息更敏感的态度，调查数据也证明了有一半以上的被访者仍然保持了对媒体相对稳定的信任度这一事实。进一步的分析结果显示，受众对其他相关问题的态度也是积极乐观的：过半数的受众对传媒“及时提供了与经济活动相关的政策和信息”，“提供就业、创业信息，报告农民工进城打工情况”，“介绍当前最新商品的种类和功能”以及“提供生活服务、提供消费信息”等信息服务表示满意，仅有少数受众表示不满意，认为传媒没有起到这些方面的作用。（见表5.6）

表5.6 调查样点受众对“物价水平和产品销售门路”的关注度分析（单位：%）

		频数	百分比	有效百分比	累加百分比
有效值	很关心	222	43.6	44.7	44.7
	比较关心	132	25.9	26.6	71.3
	不太关心	89	17.5	17.9	89.2
	很不关心	21	4.1	4.2	93.4
	无所谓或不知道	33	6.5	6.6	100.0
	合计	497	97.6	100.0	
	缺失值	12	2.4		
总计		509	100.0		

为了能准确描述传媒对西部汉藏羌民族混居区域的经济发展的助推与拉动作用，课题组特别关注来自于深度访谈对象的反馈信息。这些占总样本量 8%的各类具有代表性的“意见领袖”为我们归纳出传媒对当地经济发展5个方面的影响力：1. 宣传当地文化、民俗、特色物产，提高了知名度；2. 带动了旅游业的发展；3. 扩大了产品的销路；4. 促进了招商引资，推动了产业结构发展和优化；5. 提供了相关的经济信息，增强了当地人民的经济意识，拓展了致富门路。

二、汉藏羌混居区受众对传媒的使用情况

“5·12”汶川地震之后，中央和地方主流媒体对西部汉藏羌民族混居区域进行了大量的报道，介绍了当地独特的自然风光、人文风情、特色物产，让外界对这些地区有了更为全面和具体的了解，当地旅游业的发展以及特色物产的开发与销售均有较大提升。羌文化在地震之后更是受到了全世界的瞩目，其传承与发扬成为各界关注的焦点。传媒作为信息服务的强势产业，其整合社会各部门并促其良性互动的作用在汉藏羌民族混居区域，尤其是在“5·12”汶川地震灾区的民众中进一步被认可。接触媒体的人群出现了一种由无所谓的准受众地位向需求意向明确自觉寻找满足路径的受众地位的转变。正如传播学的经典理论“使用与满足”受众研究模式所呈现的基本逻辑一样，社会个体一定是出于社会的或心理的根源而产生对某些信息的需求，并由此引起对大众传媒或者其他信源的期待，进而导致接触媒体的不同形式，最后获得满足或不满足。一旦满足或不满足的受传效果产生，都会以经验的方式影响社会个体此后的信源期待和媒体使用。

我们在深度访谈中再一次验证了这一经典模式的普适性。“5·12”汶川地震发生之前，城镇、河谷农区、半山农牧区等三种社区形态样点区的政府在利用传媒途径宣传推广当地旅游资源方面缺乏主动意识，多年一贯制的仅靠游客之间的人际传播，旅游业经营惨淡，发展乏力，就是当地特有的物产也是通过“口碑”效应传出去。所以传媒作为社会发展引擎的作用并未被当地政府所认知。地震发生之后，主流媒体的强势进入对当地政府可谓是进行了一场“媒介即信息”和“传即赢”的意识洗礼。通过传媒这一渠道宣传推广自己的自然美景与民族文化，发展旅游，招商引资；利用各种媒介来拓展农产品销售渠

道，提高特色物产的知名度。

我们在阿坝藏族羌族自治州茂县的半山农牧区样本点黑虎乡小河坝村和太平乡木耳村看到，由于日照充足、土壤肥沃，花椒、蔬菜的质量非常好，属于纯绿色食品。以前这些优质果蔬主要通过外界商贩来收购，销路比较窄，一旦商贩不来或者压价，农民的收入就会大大减少。当地农民从来没有主动使用传媒来扩大销路的意识，政府的引导工作也比较有限。以茂县木耳村为例，木耳村属于典型的半山农牧区，2006年无公害蔬菜种植服务协会成立以前，由于交通不便，虽然蔬菜产量很高且质量很好，但销路并不广，主要的销售方式是协会联系蔬菜经销商到木耳村收购。因为通往木耳村的路还是乡村土路，只能先由拖拉机或农用车拉出村，再装上大货车，交通成本太高，所以前去收购的人并不多，在市场上也没有什么名气。即使有人去收购，过高的运输成本让收购的商人极力压低价格，菜农所赚取的利润也相当有限。据何天友书记讲，后来“魅力成都”（成都电视台的一档节目）对木耳村进行拍摄，并以木耳村为题材做了一期节目，木耳村的蔬菜渐渐有了知名度，也逐渐得到县政府的重视。节目播出之后，县农业局、科技局筹集资金，组织工程队，由木耳村村民出工出劳，共同改善了由太平乡通往木耳村的道路。上至茂县县政府，下至太平乡乡政府都加大了对木耳村蔬菜协会的宣传和管理力度，此后，木耳村的蔬菜销路得到很大的拓展。

而黑虎乡小河坝村出产的花椒色泽鲜艳，气味芳香，质量堪比著名的汉源花椒。但是，成立茂县花椒合作社以前，对外宣传很少，品牌效应并没有形成。大多数农户都是依靠自产自销，被动地等待收购者上门，在买卖中处于明显的劣势地位。之后，在茂县政府的引导下，成立了花椒合作社，通过报纸、电视等传播途径宣传茂县花椒，以花椒为主要农产品的黑虎乡经济发展才开始呈现出蓬勃之势。地震之后，大量传媒的介入与报道，使茂县花椒同羌文化一样成为了“品牌”。当地人民的传媒意识有了很大提高，开始利用传媒主动寻找自己需要的经济信息与销售渠道，花椒的销售也由从前的积压到现在供不应求。而政府也提高了重视程度，在茂县县政府与课题组的座谈会上，相关负责人表示以后会利用传媒特别是互联网加大对茂县特有物产的宣传力度，塑造品

牌，形成多渠道的销售模式，推动当地农业经济的发展。(见图5.14及图5.15)

图5.14 茂县黑虎乡小河坝村的花椒（课题组摄）

同样，样本点马尔康县物产丰富，风景秀丽，地震前年财政收入约2000万。在实施天然林保护以前，当地居民大多以木材生意作为生计。从1998年停止砍伐天然林以后，马尔康的农业收入受到很大影响，传统畜牧业也萎缩了，只集中在少数几个乡镇。而工业发展也受到很多方面的局限。整个县的财政收入大部分来自第三产业纳税。随着传媒的普及与推进，作为州府，马尔康县的传媒设施比较完善。通过报纸、书籍、电视、网络等宣传方式，马尔康县提高了自身的知名度。我们选取的几个样本点盛产大白菜，如梭磨乡，“天保工程”实施以前从来不种蔬菜，1998年停止砍伐天然林之后，刚开始当地居民靠偷木头维生。在产业结构调整时期，政府相当重视民生，鼓励农民根据当地情况发展优势产业，在梭磨乡，这些沿公路的乡镇推广中药材和蔬菜的种植。县科技局和州科技局联合开通了农业科技热线，专门解答农民在农业种植方面的问题，提供科学指导。现在，马尔康的大白菜在整个阿坝州都很有名，在四川蔬菜博览会上还获得过金奖，销路非常好。地震之后，道路阻塞，交通瘫痪，马尔康县政府和菜农们都担心大白菜的销路问题。作为灾区大后方，四川电视台、新华社、新华网先后对马尔康进行了宣传报道。结果，当年的大白菜刚上市就全部销完，价格比地震前还略有提高，菜农的收入在往年的基础上也增加了不少，

图5.15 茂县花椒专业合作社（茂县黑虎乡盛产花椒，在传媒的引导下，当地农民改变了传统自产自销的方式，建立起花椒专业合作社，提高了自身的市场竞争力和品牌效果。）（课题组摄）

"很多户收入至少五六万，有些五保户都收入一万多"（引自访谈资料）。现在，马尔康大白菜拥有了很高的知名度，已经发展成为当地的特色产业。而马尔康县宣传部还准备成立一个嘉绒魅力宣传网，详细介绍马尔康的行政区划、民风民俗、文化研究、特色物产等内容，并计划录制播出藏语新闻，利用传媒进一步宣传马尔康，进而推动当地经济政治文化的全面发展。

近年来，随着互联网、手机、数字报、电子报、电子书、IPTV等新媒体的推广，在政府的重视和引导下，西部汉藏羌混居区的民众正逐渐由被动接触变为主动使用新媒体，甚至开始通过手机或网络主动联系商贩，在价格方面也更有发言权和主导权，能在多个商贩之间进行对比选择。调查数据显示，四种社区形态下的受众在产品销售渠道的选择上还是存在着差异。城镇样点区有13.5%的被访者会通过传媒来寻找产品的销售渠道；而河谷农区和半山农牧区选择通过传媒寻找农产品销售渠道的则仅占样本总量的7.5%；高原牧区的被访者中选择"自己拿到市场上去卖"的占38.9%，选择"等其他商人上门收购"的占40.0%，选择"通过报纸宣传自己的产品"的仅有4.1%，8.4%的被访人选择"政府安排"，还有7.4%的人选择"其他"，选择"通过电视、广播等电子媒介寻找销售渠道"的只有1.1%。由此可见，西部汉藏羌民族混居区域的受众对运用媒体来发展经济的意识还很淡薄。

三、传媒对样本点旅游业的推动

至今来看，中国的西部地区在经济方面仍毋庸置疑的落后于东部地区，但是，西部地区特别是我们调研所到的汉藏羌混居地区，其秀丽的自然风光，茫茫的草原、清澈的河流、苍翠的山峦，是东部无法比拟的。有人说，走一趟川藏线后再看九寨沟就像一个洗脚盆。那一步一景，一山一画，远近高低总相宜的雄浑又温润的西部汉藏羌广袤的土地，是当之无愧的独一无二的现代中国的"后花园"。而经过深厚历史沉淀的藏族文化和羌族文化又给西部秀美的自然风光浸润了淳朴而又神秘的色彩，吸引着越来越多人的憧憬和遐想。如今，旅游业已经成为西部汉藏羌民族混居区域经济发展的重头戏。

我们在访谈中了解到，西部汉藏羌民族混居区域无论是普通民众还是政府官员都一致认为传媒在推动旅游发展方面起到了很大的作用。当地政府在借道传媒，整合资源，让旅游业规模化发展的尝试近年来一直未间断过。譬如，马尔康县的高原牧区和康定县塔公乡独特的草原风光，非常具备旅游开发的价值。两地政府就联合推出了反映当地人文景观的纪录片，还通过政府官方网站进行宣传推广。两县乡与外地的杂志社（《出发》）、报社合作推广旅游项目，迄今已成效显著。2007年，马尔康县在澳门电视台做了一个连播27期的外宣节目，反响比较大。同年3月，中央电视台也播出了名为《嘉绒农耕文化》的节目，对嘉绒藏族的历史与文化起到了一定的宣传作用。马尔康县委宣传部还曾经用时9个月来挖掘民间已失传的文化形态并拍成纪录片，在阿坝州获得了一等奖，四川省获得提名奖，全国获二等奖。

北川县吉娜羌寨是灾后重建的第一个纯羌寨，碉楼与民居一律青墙红顶，依照规划设计的布局错落有致地建造在山林间，是北川县政府今后旅游发展的重点项目之一。目前被安置入住吉娜羌寨的居民中羌族人口占40%，其余是汉族。当地政府在规划之初，就把羌族文化的保护和传播放在与“安居”同样重要的位置。因为羌歌、羌舞、羌绣、羌佩饰、羌文字、羌式建筑等都是我国珍贵的少数民族文化元素。尽管在地震前，当地羌文化被汉化的程度已使其渐渐边缘化，羌民族的年轻人对本民族文化已不是很熟悉了。随着地震后重建家园工作的启动，中央政府和地方政府都将羌文化的保护和传承放到一个很重要的位置。2009年，由当地政府牵头组织开办了三期羌绣培训班，有兴趣的人无论男女老少都可以免费去参加培训。同时，羌寨组织了歌舞表演队，空闲时进

图 5.16 羌绣（课题组摄）

图 5.17 极具特色的羌族手工制作的鞋垫（课题组摄）

美丽的羌寨和羌族女孩

熊熊篝火预示新年红红火火

“端公”主持祭山会

众人绕塔转圈

图5.18 吉娜羌寨落成仪式①（课题组摄）

行羌族歌舞表演。在吉娜羌寨落成，第一批灾民领到钥匙进寨入住当天，中央电视台7频道和4频道、四川电视台、绵阳电视台以及一些国外媒体都对其进行了相关的报道和宣传。（见图5.16–图5.18）

吉娜羌寨隶属的擂鼓镇镇长唐继尧表示，寨子能够如此快的优质重建，被安置的寨民能安居和尝试发展经济，传媒起到了“相当大的推动作用。有了媒体的报道，吉娜羌寨的知名度得到了提高，羌文化备受重视，也为羌文化的保护与传承争取了更大的社会支持”。在被问及如何运用传媒的力量推动当地旅游业的发展时，唐镇长表示虽然具体的方案和规划还不成熟，当务之急是全镇交通、公共设施及其他各项事业的重建工作，但当地政府对传媒的宣传作用和使用价值的认识被强化了，表示在以后的发展过程当中，会充分利用媒体的优势，使吉娜羌寨成为媒体亮点。

① 图片取自《齐鲁晚报》电子版2009年2月1日《羌寨新生》一文，http://www.qlwb.com.cn/display.asp?id=375437.

四、广告宣传引导消费行为的效能并不明显

随着市场经济的日益完善，商品的极大丰富以及买方市场的形成，作为市场主体的企业为了扩大产品的销量，利用大众传媒对产品进行宣传，一方面引导消费者认识其商品，促使其产生消费行为，另一方面培养消费者的品牌意识并刺激其在购买行为上的提前更新换代。可以说，商品广告已经成为现代社会必不可少的一个标志。中国广告业已经较为成熟，但对于西部少数民族混居区的受众来说，广告在他们的日常生活中有影响吗？以及广告对于他们的经济发展会带来什么作用等，这些都是我们所关注的问题。为此，我们设置了专门的题项来进行相关问题的调查。

我们假设在城镇、河谷农区、半山农牧区这三种社区形态当中，受众的物质生活水平和接触媒体的条件会成为影响样本评价广告效度的关键因素，而且三种形态的样本对广告的态度会随着海拔的上升而呈现出下降的趋势，即消费行为对广告的依赖性可能呈越弱趋势，因此，在问卷设计时被划为同一组观察对象。而高原牧区生活的人们以藏民族为主，还保持着游牧的生活方式，居无定所，对广告的认识和依赖程度可能更落后于前三种社区形态下生活的人们，所以将其划为另一组观察对象。然后我们设计了针对两组受众不同的问题，了解广告对他们的影响。对前一组受众，我们问“您对广告上的商品怎么看”，得到的态度数据如图5.19所示。

我们将选项1–4归为对广告影响的正面评价，选项5–7作为对广告的负面评价，根据图5.19显示，在这三个社区形态中，有超过三成的被访者选择了消费行为“基本上不受广告影响”，城镇的40.7%这个比例远高出于河谷农区和半山农牧区。对广告影响的负面影响评价明显高于正面评价。只有极少数的被访者选择了“只要需要购买产品，就会首先选择广告上的”。总体来看，汉藏羌混居地的受众对媒体广告基本“不买账”。在调查中我们发现，这三种形态区的绝大多数家庭已经安装了卫星接收器，即使是半山农牧区也已由当地政府给家庭配备了，所以三种形态区的受众实际上可以接触到同样和等量的广告信息，接触媒体的基础条件并不作为考量三种形态区受众对待广告差异性评价的因素。

对于当前中国大众媒体来说，企业广告的多少意味着自身收益状况的好

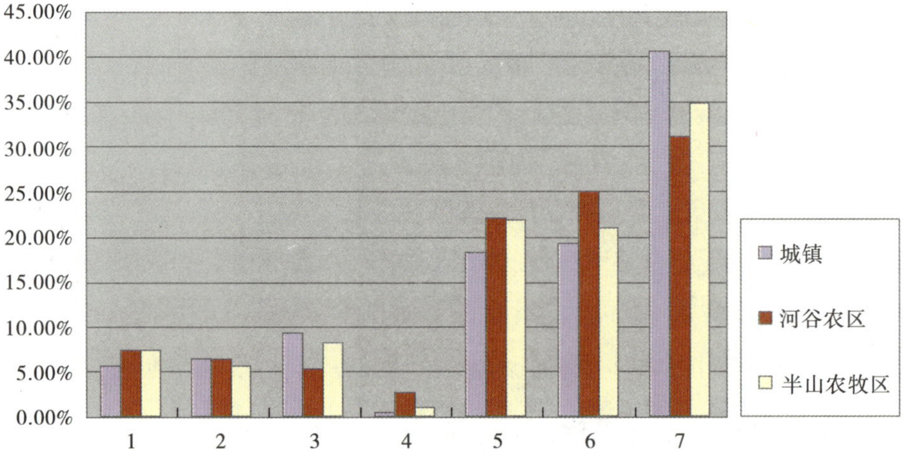

图5.19 城镇、河谷农区、半山农牧区受众对广告信息的态度

（注：此题项为多项选择，被访者可任意选择符合情况的三项，多项分析频次即“人次”。1. 广告打得越多，时间越长，越觉得是好产品，质量好；2. 喜欢购买广告上的商品，特别是那些名人代言的产品；3. 只要需要购买产品，就会首先选择广告上的；4. 只要是广告上的商品，再贵也要买；5. 广告上的商品都是“老王卖瓜，自卖自夸”；6. 没必要购买广告上的商品，能用就可以了；7. 基本上不受广告影响）

坏，从经济利益的角度来说，媒介竭力服务的对象是商家。但大众媒体也有不可推卸的社会责任，所以广大受众也是媒介服务的对象。企业期望最大限度地销售产品，最大限度地扩大广告的版面，最大限度地插播广告来获得自己的经济利益；但对受众来说，当然希望得到自己所期待的信息和娱乐，而不是在欣赏过程中被强制性地灌输广告。主动消费与被动消费必然会造成受众的满意与反感。那么，何种商品的广告对于西部少数民族地区的受众的商品购买产生影响呢？一般认为，城镇居民比河谷农区、半山农牧区和高原牧区的居民具有更强的购买力，但我们从调查的数据上可知，当受众在实际选择或购买哪些消费品时，广告对其购买的影响具有很大的复杂性。

从图5.20中，我们依然可以得出，在购买商品时，四种社区形态的受众对于广告的影响具有逆反心理，很多受众选择广告对其购买未产生影响。但从其他商品种类的购买上来看，四种社区形态受众受广告影响购买商品的类型在曲线上有着明显的一致性，只是在量上有一定程度的差异。一致性主要表现在：1. 在购买“日常生活用品”“家居用品”上，受到广告的影响的人次相对较

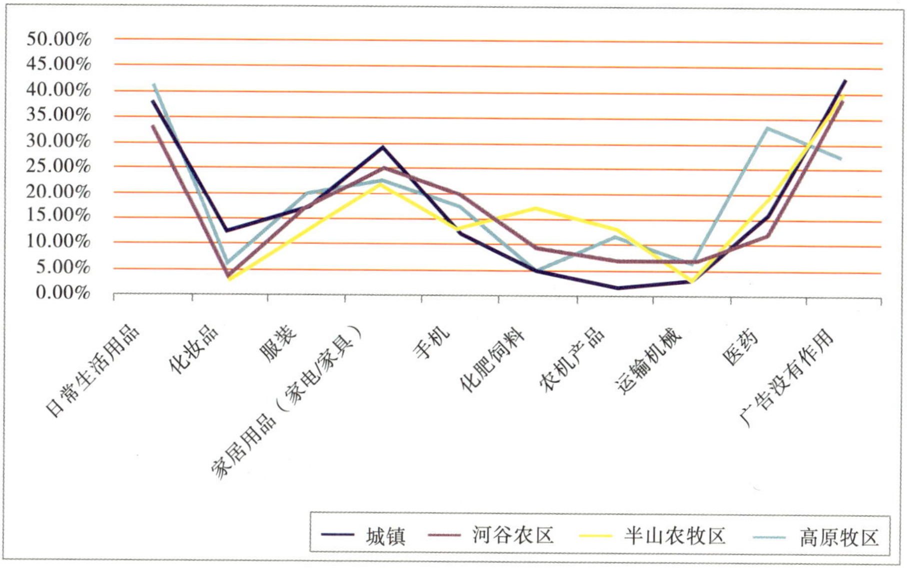

图5.20 四种社区形态受众受广告影响购买商品的类型

高；2. 在购买"化妆品""农机产品"和"运输机械"等商品时，受到广告影响的比例比较低。相对于"日常用品"和"家居用品"等生活必需品来说，大宗的生产资料性商品（农机、运输机械）不仅对于质量有较高要求，同时商品价格的高昂在一定程度上抵消了广告的影响。而差异性主要表现在：1. 随着地域的变化，地理位置的上升，在"化妆品"的购买上出现了相应的递减，主要是城镇>河谷农区>半山农牧区，而高原牧区影响度高于河谷农区和半山农牧区，我们分析的原因是：生活水平的差异以及对于生活质量的要求产生了对于化妆品广告的不同关注；2. 在农业生产关键性因素的"化肥饲料"的购买影响上，我们明显看出地理位置带来的商品购买的差异。河谷农区和半山农牧区是西部农业较为发达的地区，而高远牧区发展的是牧业，因此在商品购买上，明显受到广告的影响。3. 在"医药"的购买上，也呈现地理位置对于广告影响度的干扰。高原牧区的受众在购买"医药"上，受到的广告引导要大于其他三个地区，因为交通的不方便和医疗设施的薄弱，使受众对广告有较多的依赖。

广告对于受众的影响，基于很多因素的制约，依据前面的数据分析来看，交通的便利程度、公共基础设施的完善度、对生活质量的要求以及从自身需求出发等因素都会导致受众选择不同的商品，对于商品广告也会产生不同程度的依赖。但对于商品的“品牌”而言，经济条件的制约因素就明显加大了。在西部汉藏羌混居区，因为经济水平的低下，购买能力不强，受众的品牌意识自然相对弱。在访谈中，我们得知，大多数受众在购买商品时并不会优先考虑品牌，而更看重的是产品的性价比。尽管媒介宣称：品牌就是一种现代生活方式，一种生活品味，但对于西部汉藏羌混居地消费能力不高的受众来说，质量上“口口相传”的产品才是自己所需的。这从另一个方面体现出大众媒介在满足西部地区受众商品信息需要时，并没有以他们的消费能力作为参考依据，这从某种程度上来说，西部地区农村的受众是被排除在广告商目标受众范围之外的。这就产生了一种信息的错位，所需的和提供的信息不对称，更加重了该地区受众对于广告的逆反心理。

通过以上的分析，广告在西部汉藏羌民族混居区域起到的效果相对复杂，可以归结为，一方面，西部汉藏羌民族混居区域的经济欠发达，人民生活水平相对比较低，而接受的却是和东部发达的现代化城市的受众相同的广告信息，这些广告倡导和宣传的品牌商品远远超过了当地人民的消费能力，即使想消费也心有余而力不足；同时，由于西部汉藏羌民族混居区域是民族混居地，不论是生活习惯还是民族风俗文化都与汉族相去甚远，而且地理位置的限制也影响了商品的消费，而主流媒体投放的恰好是以汉族文化为出发点的广告信息，倡导的是城市的高品质生活，与民族地区的人们的生活缺乏契合点，相应地也就失去了正面强化的引导功能；另一方面，受众对于一些生活必需品又有着被指导的期待，对于提高生活的商品有着巨大的需求。还有一些受众表示，广告离他们的生活太远，上面的产品看上去很好，但是他们却没钱购买，反而在这种比较过程当中产生了心理上的不平衡。

我们从调查中看到，传媒在促进西部汉藏羌民族混居区域的经济发展方面起到了一定的推动作用，宣扬了文化、带动了旅游、促进了招商引资，当地政府也把运用传媒发展经济提到了日程上。但是，由于传媒设施的相对落后、地理位置的制约以及专业传媒人才的缺乏，在传媒的使用上当地政府所做的工作受到了很大的局限。在地震重建过程当中，传媒的恢复与兴建也是不容忽视的重点之一。在信息需求上，西部汉藏羌人民都很关注脱贫致富等相关方面的经济信息，但是，主流传媒所输送的经济信息却很少为他们“量体裁衣”。真正实用于他们的经济指导信息很少，他们乐于看到传媒上有关农村经济活动方面的信息，也期待传媒上宣扬的经济致富门路可以在自己身上得到实现。从受众对广告的反映，也给传媒相关执行者提了醒，面对幅员辽阔的西部地区，以及西部各民族不同文化下生活的受众，应该有针对性地输送适宜他们的经济信息，如此才能最大限度地发挥传媒的经济和社会效益。

第三节　传媒对科技的发展与普及的效应分析

人类信息传播手段在过去一两百年间历经了图书、报刊、广播、电视以及网络和移动通信技术的变革。与此同时，公众获取科技信息的手段也发生了相应的变革，讲座、展览等面对面的科技传播形式的影响力相对下降，而电视成为大众获取科技信息的主要渠道，网络的作用也日益增强。2003年，我国公众科学素养调查显示，公众获得科技知识和信息的媒体比例分别是：电视93.1%、报纸69.5%、广播31.9%、杂志或刊物27.1%、专业技术培训21.6%、图书16.2%、因特网5.9%、音像制品2.6%。[①]

当前，在发达国家，因特网成为人们获取信息最快捷、最方便的一种工具，也是传播和普及科学文化知识的一种有效工具。虽然现在中国公众获得科技知识的途径主要也是靠大众传媒，但我国的国情决定了在短时期内不可能像发达国家一样让宽带普及到每家每户。大多数的中国公众仍然是通过传统媒介了解科技知识，如报刊、图书、广播、电视等。科技类内容在中国传统媒体以及网络媒体内容总量中所占比重明显偏低，总体水平不高，与当前社会发展的需求形成

① 王国晖：《抗击雪灾对大众传媒科技传播反应能力建设的几点启示》，《中国科普理论与实践探索——2008<全民科学素质行动计划纲要>论坛暨第十五届全国科普理论研讨会文集》[M]，上海：科学普及出版社，2008。

巨大反差。中国科普手段明显落后于先进的传播手段。信息贫困是21世纪的新型贫困，在中国的信息化进程中，东、西部地区的信息化程度有较大的差距。

据科技部提供的有关资料显示，2008年，西部大开发的十二省、区、直辖市拥有从事科技活动的人员79.3万人，从事研究和开发（R&D）的科学家和工程师达到53.4万人，分别占全国的16%和15.5%，人数比2000年分别增长16.14%和44.09%。西部地区全社会科技经费筹集总额达到1232.66亿元，比2000年增长263.52%，R&D经费占GDP的比例从2000年的0.84%增加到0.93%。专利数量大幅增加，2008年，西部地区国内专利申请数为64152件、授权数为33353件，分别占全国的8.95%和9.46%，数量比2000年分别增长291.6%和195.2%；其中，发明专利的申请和授权量比2000年分别增长429.85%和278.66%。高新技术产业规模不断扩大，2008年西部地区高新技术产业实现产值3304亿元，比2000年增长262.37%。技术交易日趋活跃，2008年西部地区技术交易额达到214.5亿元，比上年增长32.5%，大大高于全国平均19.7%的增速①。

通过对2005年西部地区与其他地区人均科技发展指标的对比，西部地区除了在人均科技经费支出额、人均研发经费支出和人均高技术产业规模以上企业产值上略高于中部地区外，其余各项指标都是最差的，而且每个指标都落后于全国平均水平，与东部地区相比则更为落后，这是造成西部经济发展后劲不足的一个重要方面。西部地区科技力量薄弱，科技投入不足，科技人才流失严重，致使当地企业的技术水平普遍落后，自主知识产权和自主品牌产品较少。

从科技成果的转化效率来看，西部的科技转化能力弱，技术进步的贡献对于社会经济的发展带动和促进程度偏弱，远低于劳动和资本要素在刺激经济发展方面的社会作用。

从科技资源的配置情况来看，西部地区还没有建立起有效的科技推广体系，缺乏科技成果转化的系统能力，在资源配置和对科技成果的应用及推广方面均处于被动而乏力的状态。

而这些差距在课题的调查地西部汉藏羌民族混居区域尤为明显，这是因为

---

① 韩士德：《政策推动 项目支持 对口支援 互动合作 科技部多措并举支持西部大开发》[N]，科技日报，2010-1-6

西部混居地区，特别是半山、高半山以及牧区，人口稀少、生态脆弱、自然地理环境险恶、灾害频繁，远离现代要素，新型传媒设施的建设成本很高，科技大大落后于东部地区。展望未来，要从根本上改变西部汉藏羌民族混居区域科技落后的面貌，传媒的作用不可忽视。

一、样本点地区受众对科技类信息的关注点

在调查中，我们发现，目前西部汉藏羌民族混居区域的大多数民众已经意识到了科技知识的重要性，但是由于文化程度的限制，他们在接触信息和如何运用科学技术致富的实践中还是遇到了很大的障碍。

为了进一步了解四种社区形态样点区受众对哪些科技类信息比较感兴趣，以及感兴趣的程度如何。我们采用李克特量表的调查统计模块，将传媒受众的关注度分为五个层级，分别为“很关心”“比较关心”“不太关心”“很不关心”以及“不知道或无所谓”。统计结果如表5.7所示，无论是城镇、河谷农区还是半山农牧区，受众对科技致富选项的信息关注度都是最高的。他们迫切地希望掌握科学技术以服务于自已的生产生活，只有极少数人（12.9%）选择了“很不关心”或者“不知道或无所谓”。从高关注度我们可以推论，城镇、河谷农区以及半山农牧区的受众对于掌握科学知识和技能并运用到具体的农业生产活动中的愿望很强烈。

表5.7 城镇、河谷以及半山农牧区受众对“用以致富的科学文化知识（如科学种田养殖等）”的关注度

	频数（个）	百分比（%）	有效百分比（%）	累加百分比（%）
很关心	177	34.8	35.8	35.8
比较关心	156	30.6	31.5	67.3
不太关心	96	18.9	19.4	86.7
很不关心	21	4.1	4.2	90.9
无所谓或不知道	45	8.8	9.1	100.0
合计	495	97.2	100.0	
缺失值	14	2.8		
总计	509	100.0		

而鉴于高原牧区与城镇、河谷农区以及半山农牧区截然不同的地理和人文风貌，我们在针对高原牧区的问卷中提出了“您所关注的信息”这一问题，并设置了“牧区脱贫致富门路”“政府有关牧区的政策”“牧区科学养殖技术”“地震灾区重建政策和进程”“民族风情、民族文化与发展旅游”“牧区过度放牧与自然环境恶化”“其他”共七个选项，最多可选三项。结果显示，“牧区科学养殖技术”只占到样本量的10%。这也就意味着，大多数牧区受众还延续着传统的游牧或刀耕火种的生活方式，科技对他们来说还很陌生，甚至有点遥不可及。由于教育文化的落后以及语言障碍，让他们看不懂科技书籍、听不懂科技讲解，知道科技有用，但是有多大的作用他们却是认知模糊或者不敢展望的。但同城镇等地区一样，他们脱贫致富的愿望却很高，高原牧区的受众非常关注牧区脱贫致富。而在信息时代，致富离不开信息的传递与技术的掌握，传媒在高原牧区所能起的作用任重而道远。

表5.8 高原牧区受众所关注的科技方面的信息

	频次	百分比	所占样本量百分比
牧区脱贫致富门路	55	25.1%	61.8%
政府有关牧区的政策	41	18.7%	46.1%
牧区科学养殖技术	22	10.0%	24.7%
地震灾区重建政策和进程	39	17.8%	43.8%
民族风情\民俗文化\发展旅游	27	12.3%	30.3%
牧区过度放牧\自然环境恶化	28	12.8%	31.5%
其他	7	3.3%	7.9%
合计	219	100.0%	246.1%

注：高原牧区无效样本0%。

二、受众获得科技知识的传媒途径

既然西部汉藏羌民族混居区域受众对科技有不同程度的关注度，那么我们不禁好奇，被调查地区的受众都是通过什么传媒手段获取科技知识的呢？我们的调查问卷中设置了这一题项“您是通过以下哪些方面获得科学技术知识？”由问卷分析得出以下结果。

表5.9 汉藏羌混居地受众获取科学技术知识的途径

	城镇		河谷农区		半山农牧区		高原牧区	
	频次	百分比	频数	百分比	频数	百分比	频数	百分比
电视	96	38.6%	135	38.5%	158	43.6%	61	35.1%
广播	20	8.0%	18	5.1%	10	2.8%	13	7.5%
报纸	39	15.8%	42	12.0%	34	9.4%	22	12.6%
农业科技书	26	10.4%	40	11.4%	59	16.3%	29	16.6%
手机	6	2.4%	12	3.4%	13	3.6%	9	5.2%
网络	18	7.2%	16	4.6%	8	2.2%	5	2.9%
政府宣传	25	10.0%	58	16.5%	55	15.2%	26	14.9%
没听说过	19	7.6%	30	8.5%	25	6.9%	9	5.2%
合计	249	100.0%	351	100.0%	362	100.0%	174	100.0%

由此可见，电视、广播等传统电媒在科技传播过程中起着至关重要的作用。在城镇地区，有38.6%的人次选择了通过“电视”获得科学技术方面的知识，而这个比例在河谷农区、半山农牧区和高原牧区分别是38.5%、43.6%、35.1%。其次是依赖于“政府的宣传”，政府派专业的科技人员深入社区乡镇，入户或设点宣传普及科学文化知识，解决人们在科技方面的疑难问题。“农业科技书籍”也是被调查样本点人民获得科学技术知识的一大途径。“网络”虽然还没有成为主要的途径和方式，但是，在城镇和河谷农区，已经有人开始通过网络寻求自身需用的科学知识（这主要体现在年轻一代的身上）。

三、科技特派员的心声

从上述调查，我们知道，到目前为止，样本点地区的科技宣传推广工作还主要依赖于政府通过电视、报纸、广播以及科技特派员等形式的“上传下达”。阿坝藏族羌族自治州的茂县、马尔康以及绵阳市的北川等样本点地区的政府在其所管辖的乡镇社区都安排有下派科技特派员，这些有固定财政收入的科技人员专门负责向当地老百姓讲解科技知识并指导应用。我们在与茂县科技局相关负责人进行深度访谈时了解到，茂县科技局和阿坝州科技局早已通过中国电信联合开通了农业科技热线，以帮助农牧民掌握先进技术，进而实现脱贫致富。但预期目标与实际成效相去甚远，当地农牧民较低的文化程度和偏倚于经验的接受习惯使得科技类信息的传播急需生动通俗的呈现形式。从这个意义上讲，大众传媒应该是样点地区农牧民事实上期待并且逐渐接受的信息渠道。

对传媒在科技传播方面起到的作用和发展方向，我们专门访谈了茂县畜牧局科技专员何富全和周地员。其时，何富全作为高级果树师被派往茂县九顶山农牧产业有限责任公司做科技特派员，负责茂县特产车厘子的种植工作，已有两年多的时间。而周地员作为高级兽医师，在茂县东新乡当了两年的驻村干部。当我们问及公司的产品通过什么渠道销售时，何富全说道："'5·12'过后，公司产量比较多，一个是通过公司的努力，运到松潘的九黄机场，空运到成都重庆市场；二是通过媒体宣传，包装现在印的是'爱心樱桃'，公司把产品卖出去后，每卖出1斤，普捐出3块钱给茂县政府；三是外地媒体宣传，公司自己的产品卖完了，就收购老百姓的甜樱桃，解决其产品销售问题。"我们进一步问到"为了今后的工作更有效，传媒可以起到哪方面的作用呢"，何富全表示："我觉得像网络，很有必要，像我们茂县农村，（如果）把科技普及具体的措施放到网上，老百姓学习的积极性还是很高。我觉得老百姓在报纸这方面信息的了解相当地少，科普资料全部是我们亲自发到他们手上。作为我来说，首先第一个提高自己的理论水平和实践水平。一种新的品种的栽培技术，作为我来说肯定需要的。2007年，我到山东烟台和大连去考察的时候，他们是（车厘子）老产区，一个是经验，二个是书籍呢比较多。我光指甜樱桃而言，我每年最多买3块钱这方面的书籍……"

而周地员从1996年开始就作为茂县的科技特派员活跃在茂县的乡土上，他的回答更加详尽："首先我声明一点，我和他（指何富全）有很多相同之处，就像教师一样，作为自然科学，说话讲究实事求是。说老实话，我作为驻村干部，对政治这块有侧重。他（何富全）刚才说的需不需要宣传媒体这方面，我认为，宣传报道非常重要，不仅是政治需要，也是科普的需要。国家对这块也非常重视，每个村都有文化书屋，已经建齐了，电视、科技书、VCD、碟子都有。但是，在对科技书屋的管理上和使用上需要进一步完善。我驻的那个村呢，有298户，6个生产队，1475人，是比较大的村。主要出产猪，2006年至2009年，年出栏生猪平均在17000多头。平均海拔只有800多米，气候很好，养殖业很好。我就觉得宣传科普很重要。因为每个村都有电教的设备了，有图书了，省上统一组织的，花了很大精力的，我们县委县政府也非常重视，成立了制度，实行借阅制度化，而且有专门教室管理这一块。宣传报道方面，我接触得比较多的就是文件性的。然后就是广播电视，因为家家户户都有。很实用的知识可以通过《新闻联播》，看到党的呼声，国家的大政方针，主动获得一些政策、主要的意见。但现在不足的是，村一级的网线还没开通，收集知识要相对困难一些。像我们这种村在县城附近，富裕农户自家都有网线。我是东新乡，靠近北川的一个村。木耳村是我老家，我父母都在那儿，我出生地就在木耳村，原来很辛苦，但党和政府的支农惠农政策颁布后，明显感觉到交通、水、电、路等方面的变化。家家有组合音响、电视，生活水平和生活质量的提高我看得最清楚，因为我是从农村长大的，然后通过读书考学走上工作岗位，看到党和政府对'三农'的扶持力度相当大。乡镇附近还是开了网吧，我驻的那个村所在乡有网络的，乡上所在街上没有网吧，家庭比较富裕的有，但是都不够，好的知识和东西，一个是靠我们科技人员去指导，手把手去指导让他们做，该施肥了要施肥，该修建了要修建，我们去指点他。二是我们可以发一些小册子啊，我们县上科技局编的什么养殖使用手册、种植使用手册啊，农牧林，包括其他的科技知识，科技人员自愿编写，写好以后就汇总，汇总以后编册子发放到村站家家户户。少数民族地方呢，文化确实落后，你给他发本书，你再去看，灰尘都积了很厚（没有人看）。必须靠我们科技部门去说，树枝该剪了，猪该打疫苗了，口蹄疫疫苗还是禽流感疫苗。到时间去指导他才有效果，（还有）开大会的形式，开培训会。我们2007年全县举行了2次培训会，以片区为单位，全县培训，把村防疫员、乡防疫员，包括一些养殖大户啊，有积极性的，集中在一块进行集中培训。当然要花一定的经费，感觉到有作用。但是我觉得下去以后，接触到每家每户更基层以后，我觉得效果不是很好，有些没有听懂，一知半解的。语言上没有障碍，但是专业人员和老百姓沟通上有，比如说鱼苗，如果有通俗易懂的，他们也愿意去看；比如制作光碟，把实用技术制作成光碟，而且有针对性的，比如我种甜樱桃的我就看这个，尽量完美更好，但是各家养的不一样。如果制作成光碟，通俗易懂，图文并茂，可以实际操作，而且很实际很形象，农民不费什么劲就可以看懂了……全过程要剪辑出来，而且不要弄成科教片，适当地有情节性质的，很舒服很愉快的，知识也学了，激发农民的兴趣。养猪，原来怎么样的，本钱多少，发生疫情了，死了些猪，采取什么办法消毒、捕杀，加上疫病防治，自身设备建设，素质提高，他最后成功了，成了万元户，这个事例很真实，我就喜欢看中央七台的那个。”

在其他样本点对科技特派员的访谈中，我们都得出，现在在西部汉藏羌民族混居区域的科普工作主要还是依赖于政府力量，而具体工作就落在科技特派员的肩上。西部地区地广人稀、地理环境恶劣，增大了科普工作的难度。再加上当地公众总体来说素质不高，从我们的调查问卷分析来看，大部分受众小学都未毕业，初高中就属于是“高学历”了。理解并掌握科学种田技术对他们来说比较困难。科技特派员经常走乡入户，“哪里有问题就出现在哪里”， 这个村的果树长虫了，那个地方的牲口害病了都需要他们当场指导。他们都希望一方面传媒能够利用自身图文集合的优势，通俗化、图像化地展示科技知识，而不是“高深”的文字描述；另一方面针对西部汉藏羌民族混居区域受众的农业种植、畜牧业的特点传播科普知识，从而使他们能真正掌握他们所需要的科学知识和技能。

四、汉藏羌混居区受众对传媒科技作用的评价

前面，我们分析了受众的关注度以及获取科技知识和技能的渠道，但是传媒是否对汉藏羌混居区的科技发展起到作用，起到了哪些方面的作用，在我们问卷调查中，有专门的题项让受众对传媒的科技作用进行评价。（见表5.10）

大多数受众都认为传媒在传播和普及科学文化知识方面起到了作用，教会了科学技术，增加了产量和收入。另外一方面也期望传媒能传导更多有用的科技信息与知识。特别是在高原牧区，选择“看不懂，不知道怎么使用科技知识”以及“不知道”的比例较高。（见表5.11）

表5.10 城镇、河谷以及半山农牧区受众对传媒传播科学技术作用的评价

	频次（个）	百分比（%）	有效百分比（%）	累加百分比（%）
有用，教会了农民科学技术，增加了粮食产量	250	49.1	57.5	57.5
有些有用，希望更多这方面的信息	134	26.3	30.8	88.3
看不懂，也不知道怎么使用	34	6.7	7.8	96.1
不知道	17	3.4	3.9	100.0
合计	435	85.5	100.0	
缺失值	74	14.5		
总计	509	100.0		

表5.11 高原牧区受众对传媒传播科学养殖技术的评价

	频次（个）	百分比（%）	有效百分比（%）	累加百分比（%）
有用，教会了牧民科学技术，增加了牛羊的产量	45	46.4	52.9	52.9
有些有用，希望更多这方面的信息	22	22.7	25.9	78.8
看不懂，也不知道该怎么使用	9	9.3	10.6	89.4
不知道	9	9.4	10.6	100.0
合计	85	87.6	100.0	
缺失值	12	12.4		
总计	97	100.0		

自2002年《科普法》颁布以来，特别是2006年《全民科学素质行动计划纲要（2006-2010-2020）》及《大众传媒科技传播能力建设工程实施方案》发布以来，中国科技新闻界很受鼓舞，做了不少工作，取得了一定的成绩。然而，当前科技宣传工作不但没有得到足够的重视，相反还存在着许多问题，媒体的科技新闻在新闻总量中所占比重明显偏低，总体水平不高，科技报道在公众中的影响力和公众（特别是青年）的科学意识、科学素质明显弱化。这与

当前社会发展的要求形成巨大反差。中国目前的科普手段明显落后于先进的传播手段①。

据相关调查，媒体中科技新闻报道量严重不足，特别是国内科技新闻。能够产生科技新闻的源头很多。大多数政府部门都有科技新闻，这些部门包括科技部、教育部、国防科工委、公安部、建设部、铁道部、交通部、信息产业部、水利部、农业部、卫生部、人口计生委、国防科委等，另外，大学和各级各类科学研究所也是重要的科技新闻来源。但是，至少有两个问题使这些源头无法为大众媒体提供消息：一是从业人员不愿意与媒体沟通。在中国科学技术界内有一种怪现象，有相当数量的科研人员不仅不愿与媒体打交道，而且会孤立那些愿意与媒体打交道的专家；二是缺少渠道和培训机制，各部门、各院所的科技专家不知道如何与媒体沟通②。

我们所深入调查的西部汉藏羌混居区，一方面由于特殊的地理环境，当地经济的发展倚重于科技的进步，但是，另一方面由于教育文化的落后，受众总体素质偏低，科技新闻的传播渠道非常狭窄，仍停留在“口口相传”的阶段。大多数受众获取科技知识与技能只能通过科技特派员或者县乡所举办的培训班、讲座，但是这些方法的作用亟待提高，对于这些培训，部分受众表示“听不懂”“浪费时间”，而发给他们的小册子，他们又觉得“看不懂”“操作性不强”。另外，根据我们的走访，中央七台农业频道是西部混居区受众农业科技信息的主要来源，当地媒体（如报纸、广播等）的科技普及工作力度还应加大。

相对而言，我们这个地方农业、牧业生产水平不是很高，生产方式比较落后。这些农业科技，在外面可能适用，但在我们这个地方不一定适用。因为气候、种植项目、土壤成分都有很大限制，各地特色不同。如果传媒能从我们本地出发的话，结合本地方的实际，我觉得可能更容易被老百姓接受。比如，外面那些水稻小麦，在我们这里都不适用，我们这里，青稞，豆类都是比较好

① 姜岩：《大力加强大众传媒科技传播能力建设》，《中国科技新闻学会第九次学术年会论文集》[M]，上海：科学普及出版社，2007。
② 同上。

的，但在外面又不是很普及，传媒如果能结合我们这边的生产生活方式，效果可能更好。

——马尔康县大藏乡乡长

从传媒在西部汉藏羌混居区的作用来看，我们认为，传媒还有很大的发挥潜力，在西部汉藏羌特殊的经济文化条件下，传媒应继续完美以下三个方面：一是大幅增加科技节目的播出时间，特别是当地地方电视台和广播台，应该从当地实际情况出发，播放与当地受众生产生活相关的各类科技知识和新闻，增加各类通俗科普出版物的品种和发行量，特别是针对偏远的农牧地区加大力度普及和传播科学文化知识，提高当地人民的全面素质；二是科学规划，突出重点，有条理、有重点地传播一些适宜西部汉藏羌民族混居区域经济文化发展的科技知识；三是国家相关部门应采取适当倾斜的政策，支持西部地区提升科技创新能力，扶持传媒在西部汉藏羌民族混居区域的科普工作。

第四节　传媒对文化生活的推动和继承效应

传媒与文化，是一个宽泛的命题。传媒与文化存在着内在的必然联系与外在的复杂关系，它们是相互影响的共同体。文化作为人类所创造的各种物质财富和精神财富的总和，它一经创建就处在一个不断向外传播与向四周浸润的过程中。通过这种传播与浸润，被淘汰与被传承，文化会不断发扬光大，使物质文明与精神文明的成果更好地为人类造福。

课题组此次走访的各既定调查样本点从大的行政区域划分的范围来看，具有多民族、多宗教、生活形态各异、文化多元等特征。阿坝藏族羌族自治州和北川羌族自治县是汉藏羌混居区域。但是，汉藏羌三民族居住的海拔高度和地理环境却有着显著不同。大体分布是：藏区在高原牧区；羌寨在半山农牧区和河谷农区；汉族人口多居住在城镇。（由于北川汉化较严重，羌寨中汉、羌两族混居较普遍，但藏、羌两个民族一般不会同村筑屋。）藏区和羌寨基本上是各自独立的，除了城镇的民族成分呈现多样化以外，课题组所走访的农区和牧区的村子中，本族人口均占95%以上。针对本课题所调查区域的特殊性，即多民族混居的社会样态，我们将从群体生活、民族文化传承、多民族文化融合这三个视角，即点、线、面三个关键层面展开对传媒与当地文化交互影响样态的研究。

一、传媒影响下的居民文化生活

（一）政府组织下的传媒使用活动与居民参与情况

在政府有序组织的传媒使用活动中，传媒与居民的文化生活出现了高相关性。中央和地方政府一般已经积累了利用传媒推动和丰富当地民众文化活动的经验，按计划落实的传媒使用活动往往都收效显著。比如，针对农民看电影难的问题，2007年，国家计委、广电总局、文化部联合下发文件《关于进一步实施农村电影放映“2131工程”（到2010年基本实现全国农村一村一月放映一场电影的目标）的通知》[①]。为解决广大农民群众“买书难、借书难、看书难”的问题，2007年3月，新闻出版总署会同中央文明办、国家发展改革委、科技部、民政部、财政部、农业部、国家人口计生委联合发出了《关于印发〈农家书屋工程实施意见〉的通知》，开始在全国范围内实施“农家书屋”工程。课题组高度关注的是，如此强力推进的目标性活动，在实施之后，民众的关注度与参与情况究竟怎样了呢？我们需要掌握被调查样点区域的民众对政府组织的传播活动的态度，以及接触大众传媒与接触其他同样由政府组织的文化活动的选择差异。

在这一研究维度中，我们特别放弃了按四种社区形态的分析框架来分析样本的方法，而将民族分布、宗教信仰、日常习俗等因素作为分析被访者文化选择的重要指标，并以“藏区”“羌寨”“城镇”归类统计相关数据。所获得信息如下表5.12所示：

① 国家十一五规划、十一五文化发展规划纲要、国办发[2007]38号文件。

表5.12 居民对政府组织的传播活动的关注度和参与情况（单位：%）

样本区域传播渠道	露天电影	文娱演出	宣传栏或布告栏	公共录像厅或图书室
整体样本	46.7	44.7	66.1	23.4
藏区	68.5	38.2	62.9	18.0
羌寨	40.6	48.0	64.1	28.1
城镇（汉藏羌混居，汉族为主）	53.5	52.6	66.7	22.8

我们发现，在整体样本中，有46.7%的人知道并观看过政府组织的露天电影，有44.7%的居民知道并观看过社区举办的文娱演出，居民对这两类传播活动的关注与参与度数据均没有过半；而社区宣传栏或布告栏，作为政府向基层民众传达信息的载体则获得了高关注度，居民普遍认为社区宣传栏上的信息对自己的日常生活在诸多方面都具有直接的指导性；公共录像厅或图书室（即农家书屋，有的农家书屋兼具播放录像的功能）的受关注比例是最低的，仅有23.4%的居民表示听说过本社区有图书室。可见，同样是由政府组织的传播活动，信息内容"与己相关"仍然是当地居民关注和参与使用媒体的首选指标。如何利用现有传播渠道实现传媒的功能最大化，进而实现传媒产业对西部汉藏羌民族地区的平衡辐射，就是一项具有填补发展传播学研究空白的有时代意义的论题。

再对羌寨、藏区和城镇这三种民族居住态的文化活动及民众的关注和参与情况进行一个纵向的比较，我们更进一步地看到了以下的显著差异。（见图5.21）

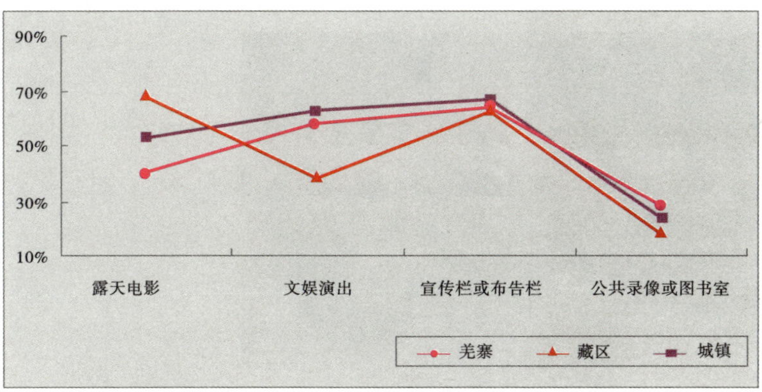

图5.21 三种民族居住态下的居民文化活动关注和参与趋势图

露天电影在藏区推广的情况比其他两种社区的效果好，近七成的被访者表示观看过由当地政府组织的露天电影。据当地官员称，露天电影的主要内容是故事片、科教片，这些片源都是国家免费提供的。有时，村民办喜事也会请来放映队放场电影供亲友消遣娱乐。这一情况与第三章电媒覆盖态中有关高原牧区受众的描述一致。另外，文娱演出在城镇和羌寨所发挥的传播作用比藏区强很多。羌族人民喜欢唱羌歌，跳萨朗舞，这是羌寨居民主要的娱乐方式。在羌民族众多的节庆中，最盛大的节日是“瓦尔俄足”。羌语中的“瓦尔俄足”意思是“领歌节”，在每年农历五月初三到初五举行，而以初五也就是传统的端午节那天最为重要。该节日已有上千年历史，是羌族地区独有的一种文化习俗，因从始至终都贯穿了对妇女的尊敬，所以又称为古羌人的妇女节。近年来，这些羌民族特色的歌舞活动还融进了选美等盛事，发挥着凝聚民族文化认同的作用。

图5.22 “瓦尔俄足”盛大的歌舞表演现场（课题组摄）

图5.23 参加“瓦尔俄足”的羌族女性（课题组摄）

图为黑虎乡参加瓦尔俄足的妇女们，她们的服饰都是自己亲手缝制的。由于“瓦尔俄足”大型妇女节活动，各乡能歌善舞的妇女全部放下家中的农活，甚至抛下一家老小下山来排练节目。她们内心欢快，乐于交友，即兴歌舞，鲜有羞涩，还主动表示丈夫很支持她们出来玩，家务事留着男人们做，可见其较高的家庭地位。照片中间的这位中年妇女，非常大方地为我们跳了一段舞后，手摆V字大喊了一声“耶”。

2009年6月27日，在四川茂县举办的瓦尔俄足节上公布了“萨朗姐”选美大赛比赛结果，图为冠军余敏在颁奖后高兴地在向大家扬手示意。瓦尔俄足节日庆典吸引了来自全国各地各大媒体的记者。

图5.24 羌族“萨朗姐”选美大赛冠军——羌族姑娘余敏（课题组摄）

2009年6月24日，课题组摄于木耳村一户人家中，羌绣与室内的现代装饰风格协调自然，并且客厅中电视、音响、DVD设备齐全。

图5.25 羌族民居的客厅（课题组摄）

歌舞活动在羌民族文化中不仅是敬天地、祭祖先、拜神灵、祈幸福、庆丰收、驱妖魔等习俗仪式，也是羌族人的精神家园。即使没有被组织的歌舞活动，羌族人也会从大众媒介那里获得能够替代舞动的旋律。课题组在木耳村调查时发现，村里家家都有组合音响和影碟机。村支书何天友骄傲地告诉我们：每当清晨，雾气还浓，家家户户就都打开了音响放一段音乐，整个村子一醒来便沉浸在音乐声中。然后，村民开始了一天的劳作，愉悦而幸福。（见图5.22–图5.25）

（二）居民自主选择使用的媒体内容

我们发现，在居民自主选择使用的媒体内容中，四种社区形态的被访者都将首要关注问题集中在对儿女的教育选项上。从总体上看，有58.4%的被访者表示很关心教育类信息，并且在使用媒体时格外期待这类信息；比较关心此类信息的被访者占21.7%；不太关心的样本仅占13.3%；很不关心或无所谓的人群仅有6.6%。因此，教育问题和对下一代的培养事务是汉藏羌民族混居区域居民自选媒体内容的主要取向，其需求与使用选项均位列第一，占样本总量的80%。如下图5.26所示。

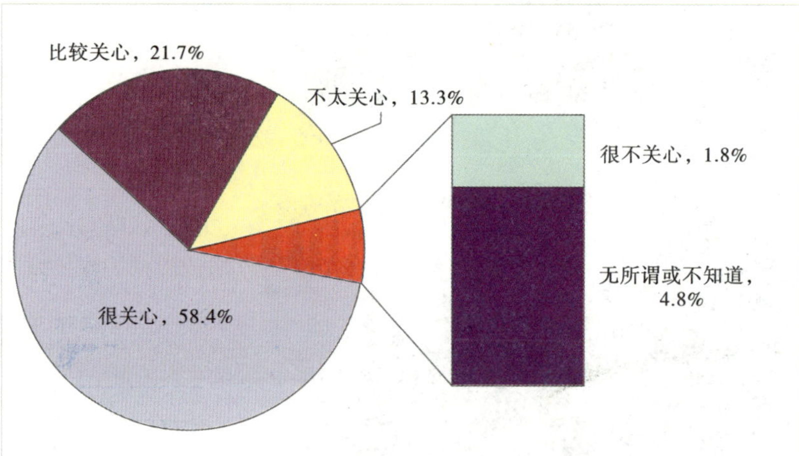

图5.26 居民通过媒体对教育问题的关注程度

接下来，我们需要进一步关注被访者使用哪些媒体来获取该类信息以及受传后的满足情况。相关数据显示，就被访者接触的传播渠道而言，电视成为经常使用和影响力最大的媒体，有74.9%的样本通过电视寻找所需信息；其次是书报刊等纸质媒体，使用者占37.8%；使用网络的样本占35.2%。（见图5.27）就其满足度而言，被访家庭及其媒体使用者认为，事实上，媒体传播的相关信息对青少年的教育有着正面或负面的影响。马尔康县宣传部杨素筠坦呈他对此的观点："传媒对青少年的教育引导作用是很大的，青少年的道德教育除了来自课本外，大都来自于电视，因此，传媒的道德教育作用在我们当地是显而易见的，青少年受众对媒体传播的信息也是非常敏感的。"

进一步分析我们发现，被访者关于以下六大类媒体对青少年产生影响的认知选项呈现出基本平行的趋势线，媒体使用者在几大类媒体对青少年影响的认

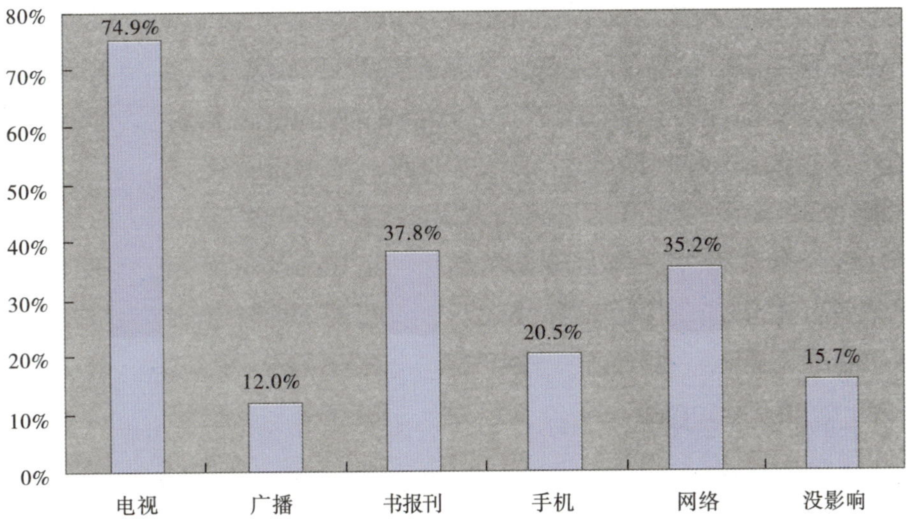

图5.27 各类媒体对青少年的教育产生影响力

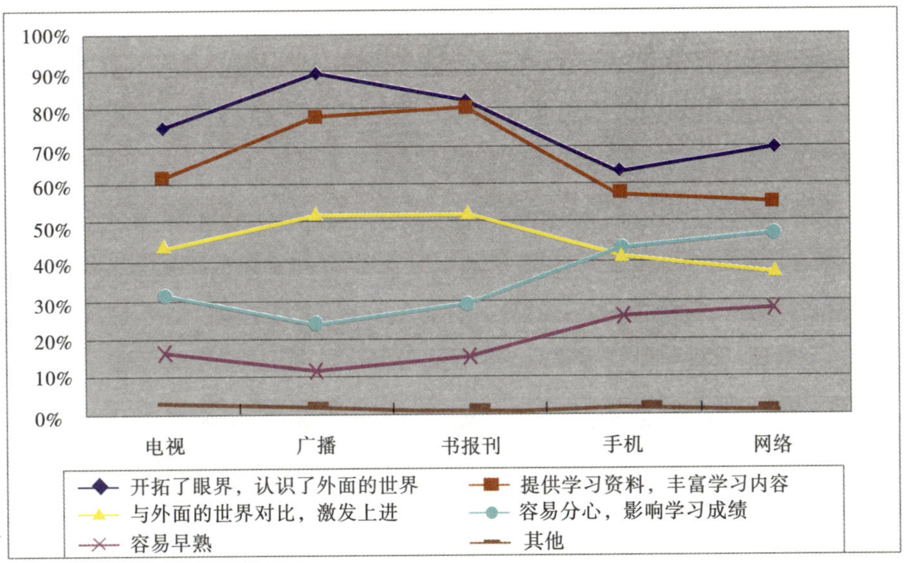

图5.28 各类媒体影响青少年成长的趋势图

知方面，六条趋势线基本平行，即认知指标基本趋同；仅在手机和网络两类媒体间出现了正负功能的判断交叉。说明汉藏羌民族混居区域的受众基本认同现有的媒体内容对青少年的影响是正面的、积极的。由此，课题组认为，当媒体信息满足了受众求知、交友、交流等积极需求时，信息使用者就会产生正向度的个人满足感或社会行动，并“自培养”成为对某一信源及其信息的忠诚（相对的）受众；反之，则会不过问，或者持续过问并非对自己的成长产生健康导向作用的非现实和非理性的媒体内容。（见图5.28）

为了从文化生态视角更深入地了解汉藏羌民族混居区域的大众传播效果，我们需要进一步探寻传媒与汉藏羌民族文化传承的关系，以及传媒怎样才能实现与民族文化多元性繁荣并存的问题。

二、传媒与民族文化传承

据2007年的人口统计数据，四川的藏族人口共计122万人，是全国第二大藏区；羌族人口30万人，是全国唯一的羌族聚居区[①]。四川藏族主要聚居在四川西部横断山脉地区和四川西部高原地区，四川的藏族大部分属嘉绒藏族，主要分布在四川省甘孜藏族自治州和阿坝藏族羌族自治州等地，而阿坝藏族羌族自治州正是最密集的羌族聚居地。由于羌民族的安居地处在汉藏两大民族聚居的交界区域，羌族与汉藏两大民族的文化具有不可割裂的关系。甚至有学者证实羌族这一古老民族几经迁徙和繁衍，形成了汉族、藏族等民族的祖先源流。在此情况下，我们以羌民族为主要观察对象，来探寻传媒与民族文化的互动关系。

（一）传媒促进民族内部交流

羌民族的聚居村落基本上都是在半山农牧区或河谷农区，课题组所走访的样本点，羌族样本均是以村为单位的零星散居的情况，即村与村之间要走好几里山路。课题组采访到的羌族文化传承者赵兴武说，羌族人虽然是群居，但还是比较“孤独”，山那边的和这边的来往比较少，尤其是老一代的人，甚少交流。多少年来发展至今，羌族文化在羌寨与羌寨间都略有不同，比如，各羌寨间的妇女头饰就有很大的分别。电视进入羌人的生活之后，使得地理上的交流障碍被打破，从此人们坐在电视机前，只要看看地方新闻就能知道山那边的情况。

同样对于群居的藏区，电视的普及率也很高（在第二章第四节电媒的覆盖

---

① 2007年《四川年鉴》。

态已做分析），它对本民族间的沟通和往来起到了巨大的推动作用。马尔康县广电局主办的《马尔康新闻》、《视点》节目，还有和科技局、农业局一起合作做的《科技大棚车》节目，以及普法宣传节目，这些都是当地居民经常收看的。马尔康新闻是每周一到周五晚上七点播放；《视点》节目是每周三播放，这个节目的收视率非常高，从开办以来一直受到当地少数民族地区的关注，并且藏区的人们还在茶余饭后将其作为谈资和邻里交流。

（二）媒体对民族文化传承的作用

媒体拉近了本民族居民间的距离，对民族文化传承是否也起到一定的作用呢？在讨论这个问题时，我们首先要明确的观点是民族文化如果通过现代传媒的宣传得以传承，那么必须是有效、真实地表达。如今，电视、电影和网络应该说是推广文化的主要方式，羌民族要保留原生态文明，同时又不能和现代化、现代科技格格不入，就是说，要借助传媒的宣传，但它只是载体，文化的实质不能改变。北川羌族文化传承人赵兴武老师强调，“目前，从媒体针对羌文化所做的报道内容上看，它们对民族团结和民族融合都没有什么负面的影响，但是从演绎的角度上看，与传统的羌文化还是存在着些许偏差。把民族文化作为一种商业炒作，这样的演绎方法可能存在着问题”。吉娜羌寨是在2008年“5·12”汶川地震后重建起来的羌文化浓厚的寨子，震后吉娜羌寨把保护羌文化放在了首位，当地人共同表示希望媒体对吉娜有一个追踪报道，追踪吉娜的整个情况，让它变成一个媒体亮点。吉娜羌寨如今已成为小有名气的羌民族旅游点。赵兴武老师说：“但是，老一代羌族人都知道，真正说羌语的人家住的房子大都是坡面屋顶的，并不一定遵从羌族平面屋顶的特色，也并不是家家房子都是风格统一的。”媒体中的吉娜羌寨就是大众所看到的羌民族风格，势必会使人们对羌建筑产生片面、局限性的认识。课题组走访到的很多地区表示希望通过传媒，并利用其宣传优势来打开羌区的旅游市场，如吉娜羌寨、大藏乡和木耳村等地。希望传媒能实事求是地进行宣传报道，是什么就是什么，不要夸张也用不着缩小，使其报道内容真实、全面、细致，不要有误解。

当然，从积极的一方面讲，媒体发挥了文化的保护和传播的重要功能，政府和热心人士也在积极地用各种传媒手段来记录少数民族文化的点点滴滴。北川县的陈家坝乡是“5·12”地震中受灾最严重的地区之一，政府相关人员称目前正在拍摄关于羌族文化方面的纪录片，想用纪录片的方式将当地曾有过的羌文化元素和政府所做的工作、爱心人士所给的帮助等记录下来，将来以社区投影的方式播放给老百姓看。大藏乡的政府宣传人员也表示，政府一直想借助传媒宣传旅游，目前正在刻录一个大藏风光，截至课题组采访时，已经把前期工作做好了，其内容有介绍大藏乡包括宗教文化、民俗文化、本地建筑以及自然风光等，现在已经做成了一个电子相册，准备把它推广出去。藏区马尔康县宣传本地文化的方式对羌文化的推广有一定的借鉴意义，有个西南民族大学的学生曾通过自己的博客把马尔康的民风民俗宣传出去了，很多人都是通过他的博客了解了马尔康，然后再到当地旅游的。2007年澳门电视台做了一个27期的节目来宣传马尔康，同年，中央电视台也播出了一个名为《嘉绒农耕文化》的节目，产生了很大的反响。此外，马尔康政府也曾花了9个月的时间做了一部挖掘民间失传文化的纪录片，并获得多项奖项。

为了利用新媒体——网络来宣传羌文化方面，四川新闻网建立了北川新闻网。新闻网的建设不但可以作为外宣的工具，也可以作为内宣渠道。网站发挥网络媒体优势，以文字、图片、音频、视频、互动等多种形式，立体展示四川及西部的新闻信息内容，使网上新闻宣传做到准确、鲜明、生动，内容丰富、形式多样。此外，中国羌族文化信息网的建立，也为羌文化提供了展示平台，以“西羌神韵网罗天下，尔玛真情频传九州”为口号的中国羌族文化信息网网罗了羌文化的历史传统与现今动态，对羌文

图 5.29 工作人员现场访谈（课题组摄）
2008年7月3日，绵阳市羌族民间艺术团驻地五龙山庄，课题组工作人员正在向四川新闻网记者姜涛（右）了解羌族文化的媒体传播情况。

化的发扬与传承发挥了极大的作用。（见图5.29）

目前，羌文化的宣传成果得到广泛的认可。大型歌舞《羌魂》于2010年初走出羌寨，通过电视和舞台展现在广大观众面前。《羌魂》的定位是原生态歌舞，是因为羌族人民天生会跳舞，无须艺术上的夸张包装。这样一台一个半小时的节目缘起于茂县灾后精神家园重建项目。电影《尔玛的婚礼》于2007年6月在阿坝州开拍，通过讲述羌族姑娘尔玛与汉族小伙大川结婚的故事，展示了羌族的服饰、语言、乐器、舞蹈、饮食、劳动和婚俗这些羌民族文化元素。这部电影是我国第一部羌族题材电影。

图书出版方面，在四川汶川大地震一周年之际，由冯骥才领导的“紧急保护羌族文化遗产项目”出版了《羌族口头遗产集成》和《濒危羌文化》。很多民间的羌族人也在为羌文化的传承作着积极的贡献，例如，茂县的杨保生老人，从2007年6月开始，用700多个日日夜夜编辑整理成了《羌族民间故事》，因此被评为非物质文化遗产传承人。

藏民族文化也通过图书出版得到了积极的传承。马尔康县属于嘉绒藏区腹心地，目前在文化方面的工作是努力打造旅游品牌，因为这片民族区不但有文化内涵，还有旅游资源。2005年就以宣传部牵头，出版了《嘉绒秘境马尔康》（2006年6月）和《魅力嘉绒马尔康》（2008年8月）散文游记，2009年1月政协也出版了一本有关嘉绒藏族的书《嘉绒藏族历史明镜》。马尔康县成立了一个嘉绒藏族文化研究协会，每年要出两期嘉绒文化研究的刊物。这些都为民族文化的挖掘整理和宣传搭建了很好的平台。2006年12月，宣传部还成立了一个嘉绒魅力宣传网，所提供的信息涉及马尔康的行政区划、民风民俗、文化研究以及一些要闻。

在羌语言的恢复和传承上，羌语培训也成为各地区的工作重点。茂县政府官员表示，羌语由于其只有语言没有文字的特殊性，以前只是靠口口相传来传承，如今要展开大规模地教学仅靠口口传授是艰难的。茂县政府邀请了相关专家专门为羌语创造了一套文字，并将之编辑成一套教材，目前，羌语教材即将出版。政府计划首先将这套教材在政府工作人员中做集中培训，然后再慢慢推广到学校中。

三、传媒与多民族文化的和谐共存

（一）多民族文化融合溯源

藏族与羌族的文化融合自古有之，比较显著的文化融合的特征一是语言，二是白石信仰。同是藏族，西藏话和四川地区的嘉绒藏语却很难沟通，很多学者曾对羌语和嘉绒藏语的语言特点做了研究，发现“嘉绒藏语具有羌语的很多重要特征。特别是基本词汇和语法特征，一些主要的语法现象与羌语支语言有明显的同源关系”[①]。关于白石信仰，现在茂汶羌族供白石于屋顶，象征着天神的庇护。嘉绒藏族也普遍有着敬白石的传统，他们将白石供在每家屋顶的小塔上。而调查者在询问白石崇拜的来历和传说时，羌族居民娓娓道来，嘉绒藏族却无法说出来源于本族的合理解释。格勒认为“嘉绒藏族对白石崇拜的信仰是藏族同化和融合此地古羌的一种信仰遗风”[②]。

课题组在走访的羌族地区的几个样本点中发现，羌族的生活习俗、服饰、信仰等都存在着地方上的差异性。王明珂博士给出了一个比较简单的概括方式：“愈靠东方、南方的人群愈受汉文化影响，愈靠西方、北方的人群愈受藏文化影响。”[③]比如，北川的羌族地区，那里汉化非常严重，这具体表现在建筑、语言和服饰上。

1. 羌建筑

羌民族生活的土地叫做羌寨，羌寨大多建立在河谷农区和半山农牧区，且呈现出群居的特点，这与藏族民居分散独立式的特点有着截然的不同。羌寨的这种多户密集建房，使得其具有极高的建筑密度，不受形式的限制依山就势，顺应地形，层次极为丰富。羌寨内所有建筑及街巷组织均围绕中心碉楼建造。碉楼在寨中高高凸起，位于中心领导地位，是羌民族的图腾。就单独的建筑特点而言，羌族在建筑用材上善于因地制宜，建筑的主要墙体由片石加黄土堆砌起来，墙体牢固。课题组通过走访当地文化传承者得知，北川从来就没有碉楼，只是后来因被批为北川羌族自治县，现在都把阿坝的“搬”过来，就连学

---

① 孙宏开：《六江流域的民族语言及其系属分类》[J]，民族学报，1983（3）。
② 格勒：《藏族早期历史文化研究》[M]，商务印书馆，2006：333。
③ 王明珂：《羌在汉藏之间》[M]，中华书局，2008。

校也要修建碉楼，以保持古羌风韵。

2. 羌语

羌族有自己的语言，属汉藏语系藏缅语族羌语支。在此不去深入讨论羌语的各语言分支，我们仅从羌语的使用情况展开阐述。说这种语言的羌族居民自称“日麦(四川话发音mei，入声)”“麦”“尔咩”“尔玛”“玛”，这些都是同一名称在不同地区的语音变化。羌语分布在四川省阿坝藏族羌族自治州的茂县、汶川、理县、松潘、黑水，此外还有极少部分分布在绵阳市北川羌族自治县西北部和甘孜藏族自治州的丹巴县。羌语只有语言没有文字，这导致了羌语的传承仅靠口口相传。据当地主管教育的官员初步估算，即使在占全国羌族人口47%的茂县，实际上掌握羌语的人也不足两万；近几十年来，羌语使用人数急剧减少。在茂县课题组还发现了一个奇怪的现象，村子里的成年人甚至老人大都已不会说羌语了，反倒年轻人和小孩子会说羌语。据了解，近几年小孩子们在学校里会学习羌语，或者在学校里会接触讲羌语的邻村的孩子，由于羌族村与村之间很少有来往，只有在学校里才会有频繁的交流，这样慢慢地也会受到羌语的熏陶。这样，老人不会讲羌语，小孩反倒会说，就产生了羌语传承的断代。

3. 羌绣和羌服

羌族刺绣，是农村妇女在劳动间隙完成的民间工艺品，如今居住在半山农牧区的羌族人，大多还保持着穿着传统的民族服装的习俗。羌族女子从少女时期就要学着做羌绣，为自己准备嫁妆，将来婆家也是看绣工好不好来判断是不是一个好媳妇的。羌族女子的服饰较为复杂，羌族妇女头上缠黑色或青色、白色的头帕，少女则用青布或白布叠顶在头上，用两根发辫做髻。羌族女性穿自己缝制的麻布长衫，前后襟绣满了花纹，每个人衣服上的图案都不一样，但是基本色调相同。羌族女性喜戴银牌、领花、耳环、银圈和戒指等繁多的饰物，银戒指上多镶嵌有玛瑙、玉石或珊瑚，有的胸前戴有椭圆形的“色昊”，用来祈福。这些饰品大都是家族代代相传的，每一位女性身上都穿戴着一段家族史。羌族的男性也戴头帕，但是穿戴方式上较女性要简单得多。他们穿自制的麻布长衫，套一件无袖羊皮外褂用来挡雨防寒。此外，羌族人脚上穿的鞋子叫做云云鞋，鞋子是自家绣的，绣有花朵或云彩图案，鞋尖微翘，鞋底厚实，既保暖又漂亮。羌民所穿的服饰因地域而各不相同，有几十种，不仅从羌绣的图案上，从妇女的头帕上也能看出地域区别来。例如，茂县的黑虎乡妇女的头帕是纯白色，传说是为纪念黑虎将军，所以全乡羌民为他戴孝。如今，在靠近汉区和城镇附近的羌族人，尤其是北川的羌族人，受汉族服饰影响，多着汉装，只有在节日庆典时才会穿上羌族服饰。

（二）传媒功能下的民族和谐相处

多民族文化的融合，是由民族历史变迁造成的，但是，在这个过程中，汉、藏、羌民族依然保持着各自的风俗习惯、宗教信仰，有着异于别族的经济生活、社会心理等。现代媒体的介入，是否利于多民族文化融合，或者说是否为多民族和谐共存起到推动作用呢?

课题组在采访北川羌族民间艺术团时找到了一个能恰当诠释民族混居地和谐共存的案例。北川羌族民间艺术团的艺术总监是一名来自阿坝州阿科里的藏族小伙子，他非常迷恋羌文化，从小在电视上看到人们跳羌舞就羡慕不已，这也是他后来选择用舞蹈来表达对羌文化的热爱的缘由。他和他的团队曾多次受邀到国内外表演羌族民间舞，以舞台和舞蹈为媒介传播羌族文化。他对羌族文化的对外传播做了很多工作，只可惜因为是异族人而没有被评为“羌族文化传承人”。他说：“我的民族、信仰都不会变，我只是喜欢另一个民族的文化而已。羌族文化有许多看不透的东西，令我向往。”

在传媒发挥功能的大环境下，对于汉藏羌混居地区，能够呈现出民族间互相欣赏、互相尊重的氛围，这有利于西部少数民族地区和谐社会的构建。

第六章

地理决定性的传媒社区发展模式

第一节　传媒使用中的个体性满足指标

根据本书第三章对调查点传媒使用图谱的客观呈现，以及第四章对四种社区形态传媒影响的科学测量，我们已能清晰地了解西部汉藏羌民族混居区域受众传媒使用与受传效果的一般情况。一个显而易见的问题是，在一个多民族混居的经济欠发达地区，大众传播过程中的个体性满足指标是被更加凸显出来的分析要素，我们的研究工作应该在汉藏羌四种社区形态的特定语境中，去关照受众的传媒使用动机、需求层次，以及使用后的满足程度等问题，只有立足于这一基本视界，才能真正发现大众传播究竟在该类地区产生了何种影响，及其影响的强度和向度。

1943年，马斯洛在《人的动机理论》[①]一文中提出了“需要层次论”（Hierarchy of Human Needs Theory）。他认为人有5种基本需要，依次构成需要的层次，即生理需要、安全需要、爱的需要、尊重的需要、自我实现的需要。需要是有机体与客观环境相互作用中因不平衡而造成的一种“欠缺的心理状态”。

① [美]马斯洛：《人的动机理论》[M]，北京：华夏出版社，1987。

它是社会个体行动的驱力，也是人的积极性的源泉。当人的需要得不到满足时，有机体内部就会产生一种叫做内驱力的刺激，使人处于紧张状态并释放出一定能量或冲动，亦即对内驱力的刺激作出反应，最终促使需要得到满足。

这种内驱力，在传媒的使用过程中，就表现为受众的传媒使用动机或需求。大众传媒的受众接触与使用媒介也是为了在不断变化的环境中获得用来满足自己某种需求的信息。我们知道，虽然受众从宏观上来看是一个巨大的集合体，但是从微观上来说，又体现为具有主体意识的个体。他们往往出于社会的或个体心理的需求，主动寻找、选择与使用相关信息，并对这些信息做出经验性的价值判断或评价。卡茨于1974年在其著作《个人对大众传播的使用》中提出的“使用与满足理论”，最先论及这种媒介接触过程中的个体“心理因素”。他将社会个体的媒介接触行为概括为一个“社会因素+心理因素→媒介期待→媒介接触→需求满足/不满足”的因果连锁过程，概括出了“使用与满足”过程的基本模式。本节的研究核心是，在“使用与满足”理论的框架下，挖掘受众传媒使用过程中的个体性“心理因素”，考察他们的使用动机、需求满足状况。

一、受众的书报刊使用动机

针对受众为什么使用书报刊，课题组预设了如下八类使用动机：“消遣娱乐”“了解信息，开拓眼界”“帮助脱贫致富”“了解国家对农村的政策”“提升文化水平，自我丰富”“促进与人的交流，增加谈话的内容”“学会现代生活方式”“其他”。（见表6.1）

如表6.1所示，四种社区形态受众使用书报刊的主要动机在于“了解信息，开拓眼界”“提升文化水平，自我丰富”与“消遣娱乐”三项上。这样的媒介使用动机形构了受众对于媒介及媒介内容的选择。与此相关，在图书类型选择中，“文学艺术类”“娱乐休闲类”是选择度最高的（见第三章图3.11）。同样，由于纸质媒介在西部汉藏羌民族混居区域受到区位因素（交通不方便导致购买障碍等）和文化水平普遍偏低的影响，受众为了满足自己的某种需求，往往会于媒体选择行为上更偏倚于替代性媒介，譬如电视，自然成为该区域受众默认的获取“新闻时事”和满足“娱乐休闲”需求的最好工具（见第三章图3.19）。

表6.1 四种社区形态受众书报刊使用动机分布

动机类别	数量（个）	百分比（%）
消遣娱乐	107	13.8
了解信息，开拓眼界	210	27.1
帮助脱贫致富	86	11.1
了解国家对农村的政策	85	11.0
提升文化水平，自我丰富	165	21.3
促进与人的交流，增加谈话的内容	63	8.1
学会现代生活方式	41	5.3
其他	19	2.4

虽然四种社区形态受众在“了解信息，开拓眼界”“提升文化水平，丰富自我”“消遣娱乐”三类动机上呈现出一定的一致性，但是随着四种社区形态地形海拔的升高，经济实力的递减，其他5类使用动机开始呈现出一定的差异性与特定性。具体来说，在城镇社区形态中受众使用动机比较多元，这表明城镇受众基于较好的传媒条件，能够从不同媒介获得更多的信息来满足自己的多样化需求。

在河谷农区形态中，“帮助脱贫致富”的使用动机占据了一定比例，与同一选项的其他三种社区数据拉大了差距，这表明河谷社区受众的实用性需求最强。在半山农牧区形态中，“提升文化水平，自我丰富”的传媒使用目的所占的比例是四种社区形态里最高的，这与我们前面数据所呈现的半山农牧区受众文化水平较低有关，基于这种现实，他们有着更强的提高文化素质的需求。而在高原牧区形态中“学会现代生活方式”动机所占的比重是四种社区形态中最高的，他们的阅读动机和消费观念充满了对家乡的现代化进程的关注，对科技兴农、勤劳致富的期待，以及走出大山、融入城市的美好愿景。

总体而言，从地理空间看，海拔由低向高的四种社区形态受众的“消遣娱乐”使用动机呈现递减的趋势，而受众“了解国家对农村的政策”的使用目的呈现出递增的趋势。（见图6.1）

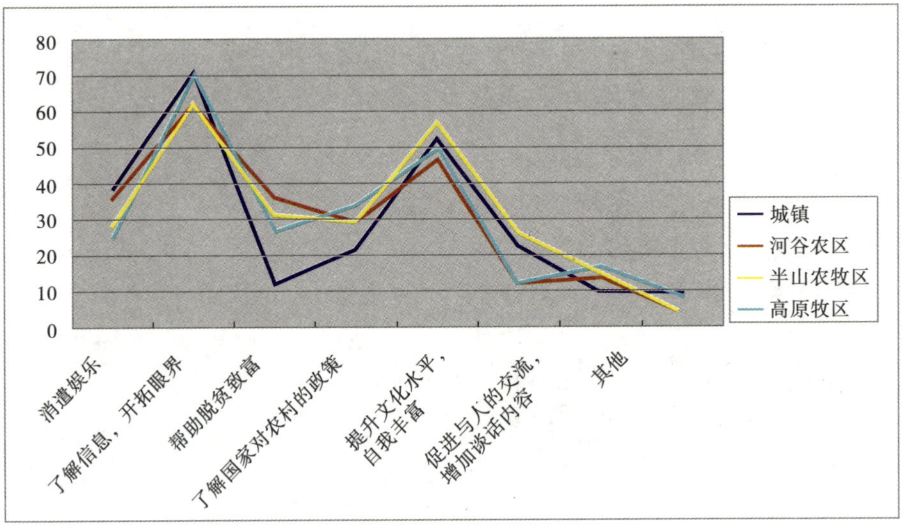

图6.1 四种社区形态下受众书报刊使用动机差异

二、电脑使用动机

本书第三章的图3.24和图3.25已为我们清晰呈现出一个不争的事实，电脑作为一种在城市已较为普及的新媒体，在西部汉藏羌民族混居区域的拥有量和使用情况却不容乐观。在我们所调查的四种社区形态三县一乡共15个样本点中，网络基础设施建设明显滞后，高原牧区的电脑达到率几乎可以忽略不计（见第三章表3.24、表3.25、表3.26、表3.27），与成都、绵阳、都江堰等大、中型城市的电脑普及率相比均有巨大差距，更何论与东部发达城市的现代化和信息化程度之比。我们在调查中发现并认为，这样一种不对称的媒介生态现实与该类地区民众使用电脑的动机本身存在的反差更为明显，因为他们一旦接触电脑，在使用动机与选项行为上，并未出现与“城里人”太大的差距。如表6.2所示，“更快更全面了解信息”“游戏、聊天等娱乐”“远程教育或获取资料”“获取生产资料与产品销售渠道信息”成为西部汉藏羌民族混居区域受众首要的使用动机。可见，信息需求的时代精神在该类地区已凸显，甚至由于西部地域区隔的环境因素制约而导致了对发展类信息更为迫切的需求，比如远程教育、生产信息等。

所以，提高新媒体在西部汉藏羌民族混居区的覆盖率，有可能是一个改变该地区媒介生态不均衡现实的有效途径。

表6.2 前三种社区形态电脑使用动机分布

动机类别	数量（个）	百分比（%）
获取生产资料来源与产品销售渠道的信息	44	14.6
更快、更全面地了解信息	95	31.6
主要是满足好奇心	26	8.6
主要是为了好玩，打游戏、浏览网页、聊天、看电影	67	22.3
远程教育或者获取学习资料	54	17.9
炒股、投资、网上购物、网上开店	9	3.0
其他	6	2.0

三、各种需求满足状况

如果说上述两点呈现了西部汉藏羌地域四种社区形态的受众对传统媒体的常态使用动机以及对新媒体的时代需求，那么，他们的需求得到何种程度的满足，其中是否存在明显的个体性差异，这是我们考察媒介效用的关键所在。

根据汉藏羌民族混居区域受众生产生活的实际需求以及地震后客观因素的制约，我们主要考察了下列媒体使用需要的满足程度："国家政策方针信息""娱乐消遣需要""文化知识需要""经济活动信息""灾区情况及灾区重建政策"以及"生活消费服务类信息"等。表6.3清楚显示出该地区受众个体对于自己所需求信息的评价指数。

从表6.3可以大致看出，"很满意"超过50%的信息需求有："发布党和国家的法令法规""报道地震重建情况，宣传重建政策"。而我们前面分析得出的该地区受众主要媒介使用动机中的"获取相关信息""娱乐休闲"，却显示出相对较低的满足评价："满足人们娱乐消遣需要"为29.8%，"传播和普及科学文化知识"为36.4%，"经济活动信息"为30.4%，"创业就业信息"为28.4%。这说明大众传媒满足汉藏羌民族混居区域民众的信息需求程度并不理想，实现传媒与社会发展良性互动的发展空间还很大。因此，通过深入实地的受众调查，发现受众的实际需求，应成为当前传媒在西部地区提升有效传播业绩的关键一步。

表6.3 四种社区形态受众对各类信息需求的满足情况（单位：%）

	发布党和国家的法令法规政策	及时报道世界上发生的各种重要事件	及时反映人民群众的呼声	满足人们娱乐消遣的需求	提供生活服务和消费信息	传授和普及科学文化知识
很满意	56.5	47.7	35.8	29.8	25.3	36.4
比较满意	25.6	32.7	31.2	36.6	41.5	34.1
不好说	11.6	15.1	18.2	21.0	20.5	19.6
不太满意	3.1	1.4	7.7	6.8	7.1	5.7
很不满意	0.3	1.4	6.5	2.8	2.8	0.9
	及时提供与经济活动相关的政策信息	揭露腐败和社会不正之风	介绍当前农村需要的最新商品的种类功能	宣传报道本民族的文化传统	报道地震重建情况，宣传重建政策	提供就业、创业信息
很满意	30.4	33.5	24.1	39.5	58.2	28.4
比较满意	32.7	29.8	34.4	32.7	23.3	36.1
不好说	23.6	17.0	28.1	15.3	9.4	21.6
不太满意	7.4	6.8	7.7	7.1	4.3	8.2
很不满意	2.8	10.5	3.4	2.6	2.3	3.7

注：各项相加不为100%，是由于被试的选项缺失导致。

媒体使用动机与需要不仅是受众消费心理的内驱动力，而且会对受众个体的接触媒介活动产生导向和维持作用。在卡茨提出“使用与满足模式”后，日本学者竹内郁郎对该理论研究进行了补充。竹内郁郎认为，社会个体的传媒使用行为的发生还需要两个条件：一是媒介接触的可能性，二是媒介印象。前者目前在西部汉藏羌民族混居区域表现为制约性因素，可以被视为造成该地域传媒覆盖与使用不均衡的重要原因；后者则是受众选择和使用媒体的价值取向，在各种社区形态的调查样点均表现出一定的恒定性。我们由此推论：在西部汉藏羌民族混居区域大大改善传媒生态的前提下，受众的媒介印象可能转化为推动新媒体在该地区快速发展的强大动力。

第二节　传媒的辐射与区位中的拐点

“拐点”一词原由经济学家刘易斯提出，即劳动力过剩向短缺的转折点，是指在工业化过程中，随着农村富余劳动力向非农产业的逐步转移，农村富余劳动力逐渐减少，最终枯竭。而在国内传播学话语中，“拐点”一词首先由中国人民大学的喻国明教授提出，指的是“当前传媒业的发展，无非是描摹和强调这样一种态势：一方面我国传媒业的进一步发展存在着巨大的增量空间和可能；另一方面，一个明显的事实是，如果我们仅仅按照现有的发展框架、发展模式和发展逻辑继续画延长线的话，这个发展的空间就不能实际地为我们所占用，发展的可能就很难转变为发展的现实”①。在中国传媒业的现实当中，这样的拐点屡见不鲜。如电视节目制作中的制播分离、印刷业当中的二级发行公司等。

本节所指的拐点主要指两个方面，一方面是指在我们的样本点当前的传播模式下，传媒的辐射在哪些项目上发生了与预期相异的偏差；另一方面是指当前的传播模式没有辐射到的地区，在现有大众传播框架中，由于传媒的缺失导致该地区呈现出的社会发展与个体行为的差异。我们在描述这些拐点及其关系区域的传媒事实的基础上，试图对一些被我们界定为关键性的变量进行发展传播学维度的剖析。

一、半山农牧区的手机信号问题

茂县太平乡木耳村属于半山农牧区的样本点之一，该村主要依靠贩卖该村自产的无公害蔬菜为主要经济来源，该村距县城80公里，海拔2500米。课题组在该村调查时发现，手机在当地是被依赖的重要媒介，但该村村民普遍反映出的问题是，在村内手机信号极差，村民需要打电话的时候一般都要择高处才有信号。

木耳村全村没有座机，也没有网络，村民们主要依靠手机与外界进行信

① 喻国明：《“拐点”的到来意味着什么——兼论中国传媒业的发展契机》[J]，中国编辑，2006（1）。

息交流。特别是在该村蔬菜种植经济发展起来之后，村民们对手机的依赖性更为强烈。村民们一方面需要通过手机了解农产品最新的市场价格及供需状况，另一方面县乡两级相关政策的发布或相关信息的传达都需要手机来维系。但目前手机信号差的现状严重影响了本村经济的发展，同时又使得本村与外界的联系不够通畅，有时竟成为信息传播上的盲点。更值得关注的是，木耳村手机信号差的问题在高原牧区和一些贫困县也明显存在。

同时，我们从政府部门了解到的情况是，移动网和GSM网目前已经覆盖了茂县各个乡镇。这说明，既有的传媒发展框架和信息传输模式仍然存在地理和决策方面的拐点，这一现实正阻碍着当地的社会发展。如果相关部门认为，山区居民居住面广，有些地区手机使用率低，从通信行业来讲，该地区的投入产出不成比例，不可能为了十几户居民单独建设一个信号塔，管理费用高等理由，无视或暂缓矫正此种信息流通的不均衡现象，西部汉藏羌民族混居区域社会“发展的空间就不能实际地为我们所占用，发展的可能就很难转变为发展的现实”①。

二、科技专员工作中的难题

为在广大农村有效的推广农业科技知识，各地政府都纷纷想了不同的办法。在茂县这个调查点上，茂县政府采取每个乡镇至少配备一名科技特派员的形式，让科技特派员直接驻在乡上，便于农业科技知识的推广，同时也便于及时解决农民在种植养殖过程中遇到的问题。但在访谈中，科技专员反映，由于每个专员负责的区域过广，同时，所负责地区的民众文化水平偏低，对于现有的一些农业科技书籍看不懂，或者不一定看，需要科技专员手把手地讲解。而这种科技信息推广模式对科技专员来讲，一方面专业人员数量有限，一对一辅导费精力，不可能每个辅导对象都一一重复，效率极低；同时，传播效果也不够明显。

课题组与科技专员的共识是：科技知识推广的方式应该从科技专员亲自示范转换为更为高效的制作科技光碟并逐一发放，进而面对更广大受众推广农

① 喻国明：《“拐点”的到来意味着什么——兼论中国传媒业的发展契机》[J]，中国编辑，2006（1）。

业科技知识。在传播媒体制作上，科技专员可以亲自写剧本并全程参与拍摄；在技术上，如果当地农业部门没有拍摄能力和技术支持，可以请当地或省市级电视台参与拍摄；在内容上，需要对当地主体性经济作物有针对性地分类拍摄相关的科技种养知识；在形式上，可以以科技专员的实际操作为主，边讲边操作，并且可以适当增加片子的情节性，能够吸引更多的受众对光碟的兴趣。

三、"锅盖"接受电视信号问题

在西部汉藏羌民族混居区域，特别是山区，居民接收电视信号的主要方式是通过"锅盖"——卫星接收器。使用"锅盖"的居民可以接收到比有线电视更多的电视频道。但另一方面，在西部汉藏羌民族混居区域，县一级电视台主要是通过有线电视来播放，当地县政府分布的政策性信息也主要是通过该途径来发布，因此，实际现状是使用"锅盖"的山区居民无法通过电视接收到对自己生活息息相关的县一级的政策信息，尤其是关于农业政策、地震灾后重建等相关信息的发布。这种现状反映了"锅盖"用户对电视信号的需求未得到满足。

图6.2 木耳村的"锅盖"（课题组摄）

根据我们的调查发现，制约汉藏羌贫困山区推广有线电视的主要障碍在于，当地政府出于对在山区架设和维护光缆的成本要比平原地区高很多的忧虑，以及发展条件受限的无奈，而导致该地区出现大众传媒辐射区位中的拐点，进而使该地区社会发展中出现媒体虚位的现状。因此，国家广电总局等相关部门在占用西部潜在的传媒市场增量空间方面是应有所为和可能为的。

四、媒体宣传的盲点

2008年“5·12”汶川地震之后，国内主流媒体大多关注的是灾区涌现出来的人性的光辉，灾区人民面对灾难时的大无畏精神以及灾后重建的最新进展等正面消息，而对承担灾区救援和重建任务最重的灾区基层干部的宣传却出现了盲点，没有足够的反映灾区基层干部的生活、工作和精神状态，这让基层干部这个群体在抗灾、救灾、重建等一系列非常态工作环境中，承担着巨大的工作与精神上的双重压力。他们的动人事迹和寻求心理援助的真实诉求，并未引起主流媒体的足够重视。反省这一特定人群的媒体呈现，我们很遗憾地发现，在他们繁重的工作之外，并没有一个好的舆论氛围来给他们提供精神动力和支持。

其次，据调查点的受众反映，媒体在救灾重建的宣传报道中，太过于关注城镇和宏观的救灾情况，而很少进入村和社区，对受灾民众的具体重建生活缺少日常关注，这对提升汉藏羌民族混居区域民众的传媒关注度和传媒素养是一个不小的损失。

再有，媒体在灾后重建中的监督效能被忽视，甚至出现了缺失。地震过后，灾区收到了来自海内外的大量捐款、捐物，这些款物一方面用于保证灾民的灾后生存，另一方面被应用到灾区的灾后重建过程中。像慈善总会、红十字会、地方政府等相关机构都涉及款项拨付和应用等具体工作，但流程中却出现了管理不善、挪用甚至贪污救灾款项的行为。作为公共领域行使舆论监督职能的媒体只进行了极少量的关注和报道。灾区民众对媒体的期待是，对捐款人不负责任的行为和现象不仅需要揭露出来，更需要从制度管理和人性剖析上对其进行深入解析，从而让捐款人放心和满意。但他们在传媒使用中并未获得满足。

最后一个宣传盲点是没有足够重视藏区的特殊性。作为全民信教的民族，宗教在藏区影响力很大，老百姓对寺庙很尊重，佛教在他们心中根深蒂固。藏区的现代化开发与其本地宗教信仰会有一些认知上的差异。譬如，当地干部认为旅游开发如果过度，肯定会损害他们的利益，这就需要传媒细致、实事求是的正确引导，告诫外来游客能够尊重当地习俗，也应通过恰当的宣传形式消除藏族同胞的顾虑。同时，有部分当地干部认为，“3·14”事件之后，大家对藏区的认识有一定的误解，认为藏区的人民和僧侣都支持暴乱或都是暴乱分子，他们希望在这方面的报道能全面真实一些。

我觉得只要传媒能正确引导那些旅游者，不能违背国家的宗教政策，遵循国家政策，这必须是一个前提。第二个就是旅游开发和宗教的原始方面肯定会有一定出入，在藏区是全民信教，宗教在藏区影响力很大，老百姓对寺庙的尊重，佛教在他们心中根深蒂固，如果开发过度，肯定是损害他们的利益，传媒就要正确引导，希望外来者能够尊重当地习俗。希望传媒在这些地方的引导能更细，能实事求是地来宣传报道，是什么就是什么，用不着夸张也用不着缩小，真实、全面、细致，不要有误解。因为从“3·14”之后，大家对藏区的认识，我觉得还是有一定的误解，认为我们藏区的人民和寺庙都是那样的，但我们大藏是听党和政府的话的，为老百姓服务这些都是做得很好的，我相信在以后党委政府的带领下也会做得很好，因此我希望在这方面的报道能全面真实一些。

——马尔康县大藏乡乡长

可见，媒体“报喜不报忧”，或因为担心负面报道有可能影响到社会稳定，而放弃传媒客观呈现与再现社会现实应具有的专业职能，并不能被汉藏羌地区的受众所认可。

五、对借助媒体推动本地发展的渴求

在调查区域，广大的农村民众都对借助媒体来宣传当地特色农产品、宣传旅游、宣传文化等给予了很高的认同。当地的民众和官员都希望媒体能够宣传羌族、藏族文化，希望能在媒体上对当地的优势资源进行广而告之。目前，他们所遇到的最大难题是，对于如何使用媒体来宣传和推动当地旅游产业的发展，没有具体的措施和规划。因此，媒介素养的培养工作，是汉藏羌民族混居区域传媒使用与和谐社会建构中的当务之急。

六、基层新闻工作者的重要性

课题组在北川县陈家坝的调研中了解到，基层新闻工作者及记者站不仅有充足的信源和敏感的社会触须，在突发事件中，还有很强的应急机制和协助中央级、省市级媒体高效完成报道任务的作用。他们在把握传媒新闻报道的尺度，追踪报道的纵横度，与事发地民众沟通的有效度，培养本土受众对媒体的忠诚度等方面，都具有不可忽视的前哨和助手的作用。

我们认为，对于西部汉藏羌民族混居区域，这样的一个记者站或特派记者的设置，从某种意义上讲，能够把大众传媒的全部作用在一个乡村级社区中完全发挥出来。该类信息观测点的存在不仅利于内外部信息的有效沟通，也有利于当地的对外宣传和提高其知名度。

七、报纸信息的及时性及广泛性特点没有得到充分发挥

在我们调查的汉藏羌农村地区，报纸的订阅多数是乡镇政府或村委会在订阅，订阅量较少且多为党报。报纸的及时性及信息的广泛性特征无疑在这些地区没有得到充分体现。

尽管在客观上有很多因素限制了报纸在西部汉藏羌农村地区，尤其是半山农牧区进行及时送达，如道路条件、运输成本等。但是，对于这些不通网络，没有光纤，手机信号又时好时坏的地区和社区居民来讲，报纸传递信息的及时性和广泛性不仅是他们了解国家相关政策，市场信息的一个重要渠道，同时，也是满足他们精神生活的一个重要工具。而让这些地区的社区居民能够及时接触报纸这样成本极高但利于民众的事情自然需要政府的相关投入。

第三节　梯形分层

在本章第三、第四、第五三节的内容中，课题组需要完成一个艰巨而又让人兴奋的工作：对四种社区形态样本点的传媒使用情况进行创新性的分类归因。因为在我们调研的汉藏羌民族混居区域内，物理情境（自然生态）、社会根源（宗教与民族）和文化语境（日常生活中的传媒使用行为）已经成为测量传媒使用及其社会影响的三个具有主导性作用的中介变量。我们有必要对这三个变量在汉藏羌混居地区大众传播的信息流动中已经和正在产生哪些影响，它们对传媒信息具有什么样的过滤或者折射作用等问题进行分类描述，并以此作为认知的逻辑起点，建构发展传播学理论的三种创新模式。这就是我们马上要分节论述的“梯形分层培养模式”“水平分类满足模式”“融和创新发展模式”。

所谓梯形分层培养模式，指政府和传媒产业在制定传媒政策和拓展并完善传媒市场结构以期获得均衡性传播效果时，以培养为先导的分级传播模式。其理论假设是——中国西部民族地区大众传播的使用与满足程度，可以通过若干对应梯层的传播形式和内容实现趋于一致的效果，亦即大众传播在受到中介变量的干扰时，不会出现非预期的信息流失或者使用者的译码障碍。我们认为，只要尊重西部汉藏羌民族混居地区的客观地理环境以及多民族、多元文化并存的现实，采用相应层次的文化政策、传播途径、传播内容，传媒使用与和谐社会的建构就会出现良性互动。

一、梯形分层结构

调查研究中我们发现，西部汉藏羌民族混居区域的民众在媒介使用与媒介内容的选择上，呈现出一种区域内的差异性。并且，其差异性更多地体现为一种具有层次性的递增或递减趋势。我们的分析结论是：导致这种差异性的主要原因是由该地区四个社区形态在地理位置上的海拔高差与社会因素（经济发展水平、民族文化、宗教信仰、教育程度等）的复杂性和多样性等综合因素所决定的。

（一）社区形态空间分层下的媒介使用差异

地理位置，在很大程度上，决定传媒基础设施的建设。尤其在中国西部地区，地理位置偏远加上居民点分散都使得大众传播基础设施的建设成本很高。同时，地理位置的逐步上升，使得居住在不同海拔高度的汉藏羌民众在媒介和传播内容的选择、分享报刊来源渠道，以及接触媒体的时间量等方面都产生了明显的层次差异。

1. 媒介选择上的差异

从图6.3中可以看出，传媒使用指标的实际值与参照值的偏离程度，或同一比较水平下的几组实际值的差异程度。在这里，外围顶点表示受众使用率为100%的理想值，越接近圆心，则表示该媒体不受该地区受众青睐。而所有媒体的整体使用情况，我们则可以由包围圈的扩张程度来判断。因此，该图可以直观地表达四种社区形态的样本使用媒体的整体差异情况：城镇样本所表现出来的接触范围最大，而且这一样本点的各类媒体的使用程度也都最高；河谷农区、半山农牧区和高原牧区这三个区域的媒体使用程度总体趋同，均弱于城镇的大众传播渗透率。

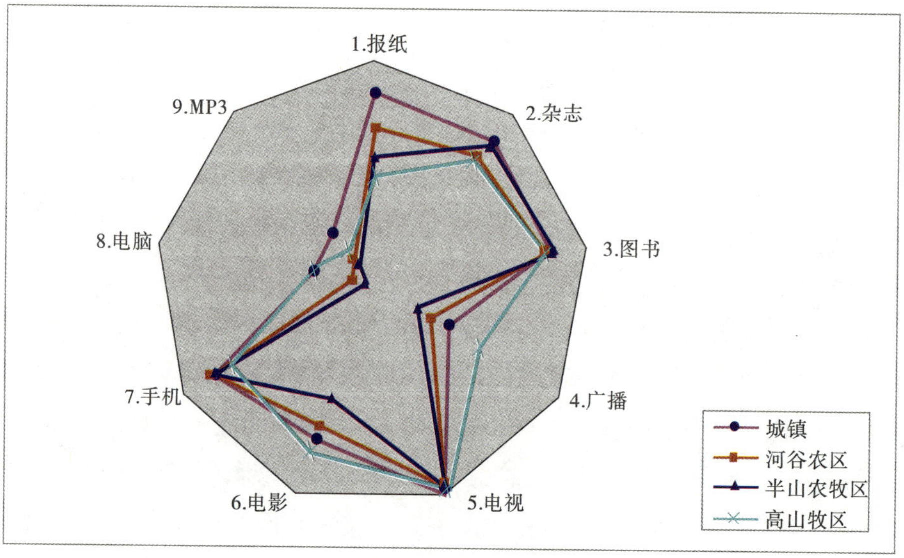

图6.3 四种社区形态的传媒使用差异雷达图

具体来说，图书、电视、手机这三类媒体虽然有使用量上的差异，但却是最一致经常选择的，说明这三类媒介受地域限制较小，能够较好地渗透到各种社区形态中。以电脑和MP3为代表的新媒体，在四种形态形态中均表现出不容乐观的现状，电脑在城镇和高原牧区的使用情况稍好，MP3拥有量则随海拔的提升呈反向的逐步下降趋势，说明新媒体还未成为西部少数民族地区的主要选择（仅此一项，我们又可观察出中国中部、东部和西部区域间的差异）。电影、报纸和广播这三类媒体是差异最大的，空间的无规律性特征也最突出，譬如，高原牧区受众观看电影和收听广播的比例是四种社区形态中最高的，尽管报纸的使用比例处于最低。总的说来，城镇使用媒体的情况最好；高原牧区的媒体渗透率与河谷农区基本一致，但小有差异；半山农牧区成为各项指标偏低的地区。

这让我们意识到，那些在传播流程中被传播者预期“必达”的信息，有可能受到四种社区形态某些特定因素的制约，使原有的传播内容及其意义或被过滤，或产生折射的“拐点”现象，从而出现非预期的“未达”结果。所以，我们的观点是，就目前的中国社会现实和发展传播学的任务而言，研究西部汉藏羌民族混居区域的民众“怎样使用媒介”是首要任务，其次才是“媒介对受众产生了什么效果”的系统研究。

2. 内容选择上的差异

由于四种社区形态的空间分层，受众对电视的节目类型和报刊的内容选择也出现了明显的层次性差异。先就电视而言，其差异性在总体上表现为以下三个方面：第一，随着地理位置升高，城镇、河谷农区、半山农牧区的受众虽然都选择了“新闻”和“娱乐”这两大类信息为主要需求内容，但其期望满足的需求强度却出现下降趋势。高原牧区受众则是将娱乐、音乐歌舞、天气预报等节目内容排列在最高需求的位置，而将收看新闻类节目列为最次要内容选择，与此同时，国家实行多年来的退耕还林政策也使农林技术类信息处于零需求的状态。第二，广告类信息在城镇、河谷农区、半山农牧区这三种形态中出现需求递减的趋势；而高原牧区则出现拐点，受众选择会经常看广告的比例居四种社区形态的最高。第三，饮食、健康、卫生等类的节目内容的选择强度基本上是随四种社区形态的空间升高而出现递减趋势，我们能够通过调查数据清楚地

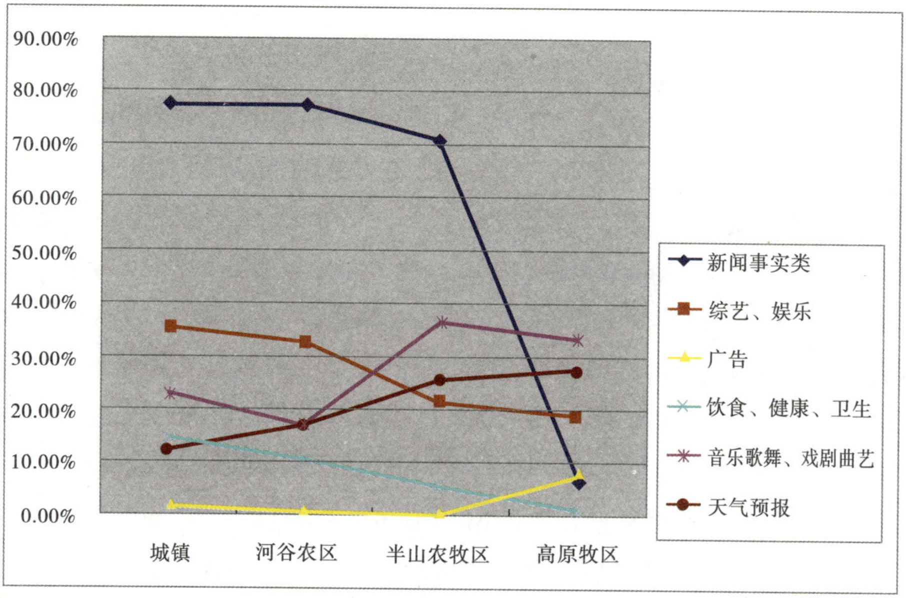

图6.4 社区形态分层下电视内容使用差异

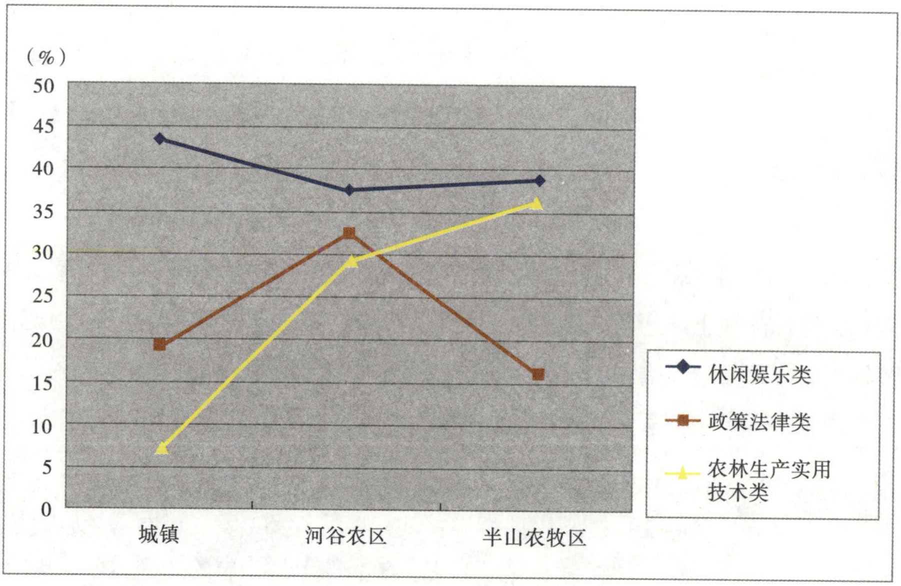

图6.5 社区形态分层下报刊内容使用差异

看到，不同形态样点区经济发展水平的状况直接制约所对应的受众关注比例，城镇受众选择收看这三类节目的比例最高，其次是河谷农区、半山农牧区，最低的是高原牧区。（见图6.4）

受众对报刊内容选择的差异性主要表现为：城镇受众的阅读行为有着明显的对娱乐信息和生活品质追求的偏好；河谷农区的受众表现为对法律政策类读物有明显的偏好；半山农牧区的受众则对于生产和农业技术类读物有明显的需求偏好。所以，我们看到，随着样点区的地势上升，娱乐性需求呈下降走向，生产性信息需求呈上升趋势。各社区形态的民众都会根据自身生存与发展实际选择适合自己的媒介内容。（见图6.5）

3. 视听时间量与接触媒介渠道上的差异

社区形态空间分层同样导致收听收视时间量的层级差距（见图6.6）。以收看电影为例，从城镇到半山农牧区受众的收视时间量依次递减，高原牧区的高收看特点是由于国家政策的扶持；同样，收听广播时间量在前三个社区形态上出现逐渐递降的趋势，高原牧区是四种社区形态中收听时间最多的。

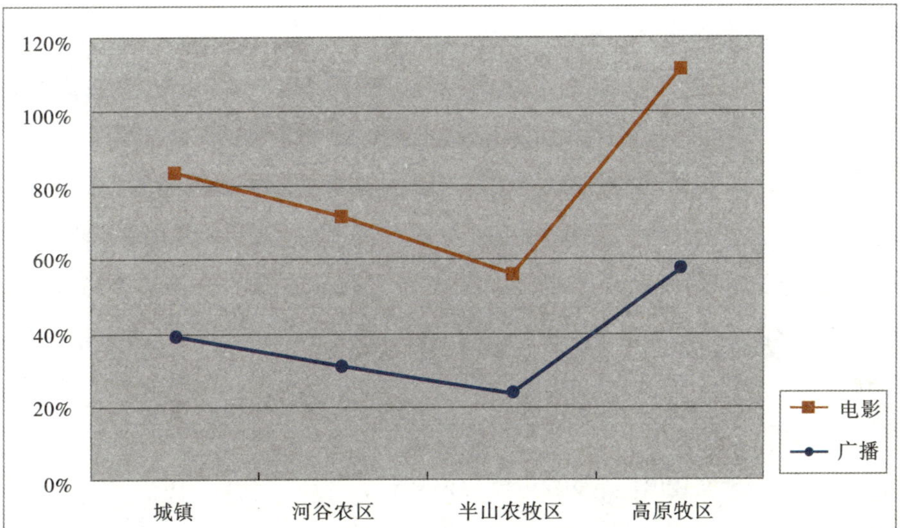

图6.6 社区形态分层下媒介接触时间差异

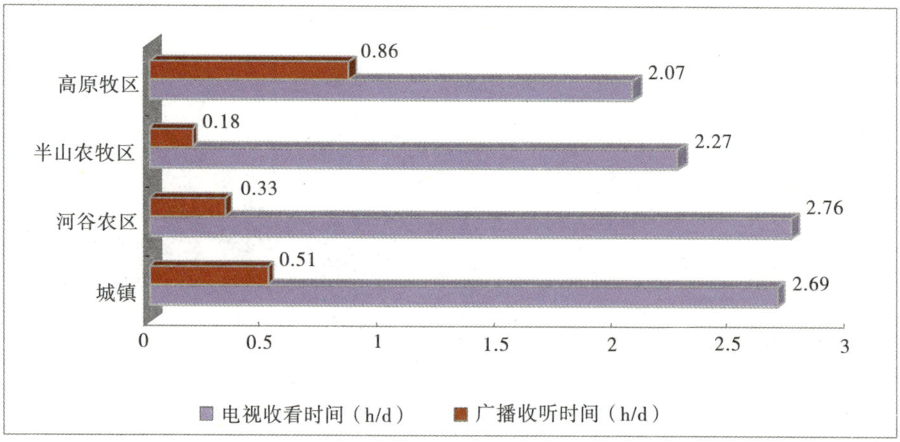

图 6.7 社区形态分层下媒介接触时间量差异

四种社区形态的视听时间量具体分布为：城镇样本每日收看电视的时间在1-3小时区段内的比例最高；河谷农区和半山农牧区的收看时间特点与城镇样本相似，但在广播收听时间量上呈现逐渐上升趋势。高原牧区的广播收听时间量与其他三种社区形态不同，高原牧区的日均收听广播时间在0-1小时区段内比例高达60%，在1小时以上的有12%，与其他形态的样本相比，具有量上的显著性差异。（见图6.7）

另外，四种社区形态样本在接触媒介渠道方面呈现的差异性，目前主要来源于地理位置偏远、交通不便利、政府的扶持和社会力量资助的力度大小等原因。一般而言，纸质媒体的发行渠道是否畅通直接受制于当地的交通条件；电子媒体和新媒体的传播渠道是否畅通，则主要受制于国家传媒政策的扶持力度和大众传播基础设施的建设规划上。调查中，我们了解到，四种社区形态的民众对新媒体的认知需求并无明显差异，“媒介即信息”的经验意识仿佛不需要传统的理论培养。在半山农牧区的太平乡木耳村，我们见到了很高的手机普及率，这就提醒我们重视手机作为第五媒体的重要作用。

（二）民族文化语境下的媒介使用差异

西部地区是中国少数民族分布最为广泛的地区，这些民族在历史的发展长河中，在生产方式、语言、文化、风俗习惯以及心理认同等方面形成了各自鲜明的特点。这些特点作为各民族存在的一种社会现象和客观实际，在一定程度上构型着各民族民众媒介使用的行为模式。

在本课题调查的汉藏羌民族地区，藏族样点区主要分布在四种社区形态中的高原牧区；羌族样点区主要分布在半山农牧区和河谷农区；汉族主要分布在城镇与河谷农区。因此，在媒介使用的图谱上，我们的确能发现不同民族文化背景的受众在媒介使用行为上所存在的选择差异。譬如，在电视节目的使用选择中，高原牧区和半山农牧区受众的选择指标显然有别于河谷农区与城镇（见图6.4）。这两类样点区的绝大多数样本以藏民族和羌民族能歌善舞的天性对民族音乐和歌舞有着强烈的爱好与兴趣，因此，电视上的歌舞类节目被他们列为最主要的收视节目。类似的选择指向也表现在广播节目的选择上，在四种社区形态中，高原牧区样本点的收音机拥有量和收听率都是最高的。在我们调查的茂县太平乡木耳村，家家户户都有音响设备和收音机，每天清晨音乐与朝阳同时唤醒村寨的情景给我们留下深刻印象。

此外，在本课题调研的汉藏羌民族混居地区，还有一部分藏族和羌族民众对目前国内大众传播的汉语化存在译码障碍。他们的人口比例虽然很小，但在西部的分布很广，不应该长期成为传媒产业现代化进程中的“盲区”。根据中国国情适度放开少数民族语言在大众传播中的使用和覆盖范围，应该成为发展传播学研究领域中的一项重要工作，也显然是中国特色的传媒产业改革中一个可能“给力”的创新课题。

（三）教育水平下的媒介使用差异

在众多传播学研究中，学者们都发现了教育水平直接影响受众媒介选择的事实，尤其当受众选择报刊等印刷媒体时。在西部汉藏羌民族混居区域，这种影响更为明显。前面第三章关于汉藏羌混居地区四种社区形态样本的传媒使用调查数据显示，受众拥有的媒介类型结构较单一，唯有电视成为主要使用的媒介，但相对来说，城镇、河谷农区选择多元性要好于半山农牧区和高原牧区；同时，即使接触频率最高的电视，受众在选用媒介内容上也出现严重失衡，譬如，只集中收视收听某几类节目，这就导致渠道资源大量浪费。同样，地理位置较低的城镇与河谷地区内容多元性选择较好。经典传播学理论认为，受教育程度的提高，受众对于媒介接触与内容接触就更为广泛。结合对四种社区形态受众受教育程度的考察（见表6.4），我们印证了这个规律：高原牧区高中以上教育水平受众比例在四个社区形态中位列第二，这就决定了他们在使用路径、内容选择、效果分享等方面表现出比半山农牧区、河谷农区更主动和更积极的态度。这种总体性媒介选择以及内容选择，除了用地理海拔、经济发展水平来解释外，受教育程度也是重要决定因素。高原牧区的“拐点”特征，半山农牧区的低值，从四种社区形态的受教育程度列表上能清晰呈现。

表6.4 各社区形态受众受教育程度（单位：%）

受教育程度	城镇	河谷农区	半山农牧区	高原牧区
小学或小学以下	19.8	39	62.3	57.9
初中	35.7	42.2	22.5	16.8
高中或中专	18.3	10.2	12.6	6.3
大专及以上	23	8.0	2.6	18.9

注：总和不为100%因缺省值所致。

二、梯形分层培养模式的构建

梯形分层培养模式目的在于通过若干对应梯层的传播形式和内容实现传播效果的一致化，传媒渗透达到最大化。因此，需要我们根据汉藏羌民族混居区域明显的差异性特点，改进目前的传播模式。

（一）根据差异性现实，进一步加大对西部地区传媒基础设施的建设

西部地区地域广阔，经济相对落后，尽管国家政策、中央财政给予了西部广播电视等传媒业大力支持，“村村通工程”极大解决了西部地区边远各少数民族收听、收看广播电视难的问题。但是，我们必须清醒地认识到各个民族地区经济水平、文化程度差异以及民族文化多样性的问题。为此，各级政府在保证传媒基础设施建设时，一方面对培育较好的地区进行多种媒介均衡建设，使受众接触使用媒介类型多元化，比如，在城镇、河谷地区进行新媒体的设施建设，缩短区域间的差距；另一方面，进一步加大对半山农牧区、高原牧区传媒业的投入，发挥现有优势媒介的基础性地位，逐步推进落后地区传媒事业的平

衡发展。

（二）针对少数民族受众的传播内容与形式的多样化

我们在调查问卷中设置了“希望传媒作如何改进”一题，能够看出民众对于满足自己需要信息的渴望（见表6.5）。有56.5%的受众期望多一些贴近自己生活的信息，40.3%的受众期望多一些农村信息的节目，这在一定程度上反映出目前节目设置有些不合理。我们在调查过程中也发现，在四种社区形态样点的农家书屋里，最多只能见到《四川日报》《阿坝日报》这种政治性比较强的党报，缺乏对农村有用的农业科技方面的报纸。这也使得在改进建议中，受众中33%的人希望看到这一类的书报刊。

根据党和政府在多民族地区贯彻的传播多元文化信息的原则和要求，同时结合该地区受众生产生活实际需要，以及内容接受的差异性特点，汉藏羌民族混居区域的大众传媒就应重视传播内容与形式的多样性。在传播过程中，要以一种豁达开放的姿态和富有少数民族特点的方法应对：不仅传递中央以及兄弟省区的新闻信息，迅速反映和及时报道本地区社会生活的最新动态与信息，还针对各少数民族具体情况和受众需求，以多种形式提供针对性较强的实用信息。比如，开办更多的有关农牧业生产、文化教育、科技知识、卫生咨询等实用性较强的知识栏目，传播更多有关生产生活咨询、脱贫致富经验、医药卫生常识以及草原病虫害防治等方面的知识。同时，针对各民族的文化习俗，在新闻播报中尝试民族着装、民语主持、民汉主持人搭配，用两种语言主持播出；在歌舞节目中，多运用富有民族文化特色的文化艺术形式，如采用歌舞弹唱、诗歌散文、民族歌剧或戏剧、音乐歌舞等；多用风情艺术片、风光片等方式来展示多民族地区多姿多彩的民族歌舞。

表6.5 汉藏羌民族混居区域民众对于传媒改进途径的支持率（单位：%）

完善媒体基础设施，能跟大城市一样什么都有	开设更多有关农村的电视节目，增加关于农村的信息	提供对农村有用的科学技术方面书报刊，普及科技知识	增强信息的真实性，贴近老百姓的生活
31.5	40.3	33.0	56.5

（三）分层次的媒介素养培养

在受教育水平因素部分我们强调，教育水平越高的地区，传媒结构与内容选择都呈现出多样性。一般来说，具有初中以上文化就已具备了接受任何大众传播形式所必须的文化要求。但是，最为关键的是他们缺乏必要的媒介素养，这就导致他们不能主动地去使用媒体，参与大众传播活动，他们只能被动地去接受能接触到的媒介以及内容。所以，媒介素养教育应该成为受众“怎样使用媒介”的关键步骤。四种社区形态样本区有着不同的受教育层次，这就需要进行分层次、分阶段、有针对性地媒介素养培养。首先培养他们对大众传媒的认知。这种认知体现在对传媒在生活中作用的认识，对媒介组织、对受众自身在传播活动中的位置等方面的认识。其次是培养他们对传媒信息的接受、理解与评价能力。这包括一般性的对信息的理解能力，比如，能否看懂科普与法制节目。最后是培养他们对大众传媒的使用与传播活动的参与。主要培养方面为受众能否主动地借助媒介来搜寻农业生产方面的信息，能够利用媒体表达自己的利益等。结合西部地区人际交流、群体传播等方式，通过大众传媒加强县乡政府干部尤其是农业部门人员的媒体素养教育，因为他们在农业信息技术传播中处于极为重要的位置，然后在各个社区形态社区的“舆论领袖”（如乡村干部、科技人才、农业大户、一般专业户）中尝试，以此带动广大农民对此问题的关注、重视和参与，从而阶段性、有层次地提升该地区民众的媒介素养。

第四节　水平分类

所谓水平分类满足模式指的是，我们的调查指标体系中的所有指标，都没有受到四种分类社区形态的物理情境、经济社会发展的社会根源、民族文化语境的影响，无论在传媒分布状况或受众对媒体的使用状况上都呈现出长期恒定性、长期关注性等相似性特征。这种共性，一方面体现出西部汉藏羌民族混居区域传媒分布或受众使用的普遍情形，另一方面，又为我们传媒在西部汉藏羌民族混居区域的可持续发展提供了客观依据。

一、纸媒

西部汉藏羌民族混居区域的受众在纸媒接触频率的选择上，“偶尔接触”的比重最大，从使用书报刊的平均时间分布情况来看，四种社区形态的平均时间均大于0.5小时，“从不接触”和“频繁接触”这两种频率分列两端。

在接触渠道上，“自己购买”和“向亲戚朋友邻居借”这两项是被调查地区受众接触纸媒的主要渠道，同时，农家书屋虽在受众书报刊的来源中排在第四位，但农家书屋这一为解决农牧民“看书难、买书难”问题而设立的公共服务平台在解决书报刊来源问题上发挥了一定作用。

在书报刊的使用目的上，四种社区形态的受众的选择均集中在“了解信息，开拓眼界”与“提升文化水平，自我丰富”这两项上，而在书刊阅读类型分布上，“文学艺术类”和“休闲娱乐类”是全部受众阅读最主要的类型，“计算机和外语类”是最不受受众喜欢的阅读类型，其次是“哲学类”和“其他”。

在制约西部汉藏羌民族混居区域农村受众使用书报刊的因素中，“文化低，看不懂”以及“没有时间”成为受众最主要的主观反映，这一情况与当前西部农村地区普遍文化水平较低，同时，广大农民群众平时要花大量的时间在农作物的耕种的事实是相呼应的；与此同时，“没有书报刊可以看”和“没有兴趣”各自所占的比例在汉藏羌农村地区所占的比例大致相同，这说明一些公共书报刊提供机构（例如农村书屋和单位及学校的图书馆）忽视了受众的实际阅读需求的情况还是存在的。

应对策略

在西部民众接触纸媒的有限的时间内，更应该调整他们所接触纸媒的途径和内容。在途径上，一方面要保证现有农家书屋每年供书的持续性、质量性，地方提供制度管理上的保障性；另一方面，可以通过多方筹集或募捐的方式为西部汉藏羌民族混居区域捐赠最新的书报刊，特别要加大亟须纸媒的半山农牧区、河谷农区和高原牧区这三种社区形态的社区纸媒免费供应。在农家书屋提供书报刊的内容上，可以加大信息型和文化型书报刊的数量，增加文学性和娱乐性纸媒的比重，同时减少外语、计算机、哲学等方面纸媒的数量；而在纸媒内容的表达形式上，更多地采用图片丰富、讲解或表达简单易懂的纸媒为佳。

二、电媒

西部汉藏羌民族混居区域各社区形态中，家庭接收电视频道的途径不外乎有两种，有线电视网和卫星电视接收器。有线电视网的收视特点是收视稳定、图像清晰，但接收到的频道数少；卫星电视接收器在当地俗称“锅盖”，是一种能够接收卫星电视节目的装置，其特点是接收频道数多，但很多频道不在政府控制范围内，因此图像和收视稳定性不及有线电视网；而在电视收看内容上，“新闻类节目”和“电影、电视剧”是四种社区形态受众选择收看内容上排名靠前，在前三种形态区中都出现了的；同时，四种社区形态样点区的受众对广告类节目都表示没有兴趣。

应对策略

为满足西部汉藏羌民众对地方新闻和电视台的需求，同时，为了加强西部汉藏羌民众接收电视信号的管理，一方面，在资金和技术可行的情况下把有线电视的光纤往半山农牧区和高原牧区推广，另一方面，通过技术创新将地方电视台的信号无线化，从而使得目前的“锅盖”用户可以接收到相关节目。而在内容满足上，地方台可增加电影和电视剧的播放频率并保持及时更新。

在原有农村书屋的配置上，增加原有农家书屋房间的基础上，可以增加家庭影院，如电视、DVD、功放等设备，同时可添置农业科技推广、电视剧、电影、动画片等影碟的配置，使得农家书屋不仅是一个看书的地方，同时也可以成为社区的文化活动中心。

三、新媒体

手机在四种社区形态区域覆盖率无论在震前还是震后都大大高于电脑和MP3，且手机拥有量绝对数大大高于座机，手机已成为西部汉藏羌民族混居区域不可或缺的媒介工具和对外联系的重要通信工具；而在使用目的上，受众更多地将其当做简单的通信工具使用，而对于手机的扩展功能（如手机上网、听歌、阅读、看新闻等）的使用尚处在初级阶段，手机扩展功能还有广阔的发展空间。其原因，一方面在于农村受众手机普遍为低端类产品，缺乏这方面功能延伸的基础；另一方面，对于手机扩展功能的使用，比如看小说、上网等，与农村受众知识水平也有着一定的关系，很多被访者知识水平很低，对于手机延伸的功能不了解，也不懂得如何使用。

电脑和互联网在西部汉藏羌民族混居区域的普及率极低，三分之二的被调查受众几乎没有上过网；而在上网的目的上，排在前四位的选项依次是，“获取生产资料来源与产品销售渠道”“更快更全面了解信息”“主要是为了好玩、打游戏、浏览网页”及“远程教育或获取学习资料”。这种现实，一方面反映了对于农业生产信息的关注是基于自身发展所需；另一方面说明，经济条件的好坏并不是衡量受众对娱乐类信息需求强弱的唯一因素，远程教育与获取学习资料亦然，受众对于教育资源的关注，更多的还是处于自我发展的现实需求。

应对策略

鉴于手机在西部汉藏羌民族混居区域目前发挥的重要作用，要继续给该新媒体提供技术条件的保证，在保证信号畅通的基础上，可以利用手机这一渠道进行政策宣传、科技推广等传播。

为方便西部汉藏羌民族混居区域民众上网搜集生产信息或销售信息，一方面，在较富裕且大部分家庭都已购买了电脑的农村地区，需尽快开通网络服务；另一方面，可以在现有农家书屋中添置电脑并开通网络方便民众。

加大现有农业科技咨询类网站在新开通网络的农村地区的推广，同时，西部汉藏羌民族混居区域民众也可以针对本地特色创办自己的网站，加大对本地的宣传以及增加农副产品的销售渠道。

四、传媒与公民一体化

被调查区域的居民体现出普遍较高的政治关注度，无论是哪一种社区形态的居民，抑或是通过哪一种媒体形式，政治新闻问题都是大家普遍关注的主要内容之一。特别是在“5·12”汶川地震发生后，当地公民对地震灾后重建政策和进程、政府对农村的政策等政治问题都表现出极大的关注；同时，当地公民还积极通过各种媒介渠道了解当地政府的救灾重建政策，在接触与使用媒体的行为上，出现了将国家政策、政府执政行为以及个体生活境遇相关联的思考和持续追踪所需信息的主体性特征。在调查中，我们也发现，被访地区的公民虽有很高的政治关注度，但样本却体现出偏低的政治参与程度：一方面，在所有的被访者中，仅有不到十分之一的人会选择向媒体或新闻记者反映问题或考虑参与集体上访请愿；另一方面，人们并没有过多地依赖于大众传媒来进行政治表达，而是更多地借助人际传播的方式，在面对面的人际交流中表达政治看法，很少会选择求助于传媒。

对调查点的政府来说，电视、网络等电子传媒是当地政府信息透明化、政策宣传以及处理突发事件的主要途径和有力工具。政府新闻和政策信息以电视、网络电子传媒载体进入人们的日常生活之中，人们可以很方便地通过电视、电脑来获取各类政治信息；同时，因为政府信息的公开必然以公共政策议程为基础，所以通过互联网信道而建的政府网站就成为一种公共议程和政策议程之间相互转化的有效机制和窗口。更为重要的是，以政府网站为载体的公共议程可以引导民众有序地公共参与；除了利用传统的纸质媒体，西部汉藏羌民族混居区域的各级政府还积极采用网络、手机等各种新型传播媒介进行政策宣传，此外，手机也逐渐发展成为一个新兴的传媒平台，用手机发送政府公共信息等方法已经开始使用。

而对于媒体传递政治信息的社会作用方面，对“通过传媒发布党和国家的法令、法规、政策和方针，报道震后重建情况，宣传中央或者地方灾后重建政策”等效能评价，各调查区域的民众都呈现出比较满意的态度。但在反映民生、揭露腐败和社会不正之风、提供就业信息等调查选项方面，公民的满意度并不理想，希望政府能够有所改进的意愿较强烈。

应对策略

西部汉藏羌民族混居区域目前的传媒信息提供现状能基本满足民众对政治的关注度，但是在较低的媒体参与度需要传媒做出一些改变，如逐渐完善和优化地方政府的门户网站中民众参与板块的建设，通过地方新闻让民众对政府提意见和建议等和当地民众生活息息相关的事情并及时公布相关问题的跟进和解决等；而在提高公民参政意识上，更需要地方传媒加大民众自我权利保护意识的宣传和引导。

而对于地方媒体在揭露当地贪污腐败，不正之风方面，当地党委和政府应从思想高度上提高认识，要意识到在少数民族地区政府的贪污和不正之风会更加引起当地少数民族对以汉族为主体的政府的反感，不利于当地和谐社会的建设。

五、传媒与经济拉动

课题组所深入的西部汉藏羌混居地区基本上属于经济欠发达地区，被调查受众大多非常关心“脱贫致富门路”和“物价水平和产品销售门路”类信息，并且很大数量的受众认为传媒对当地经济的发展起到了一定的作用。

在受众对传媒提供的经济信息的满意度方面，过半数的受众表示满意，他们认为传媒“及时提供了与经济活动相关的政策和信息”“提供就业、创业信息，报告农民工进城打工情况”“介绍当前最新商品的种类和功能”以及“提供生活服务、提供消费信息”等信息；但是，西部汉藏羌民族混居区域的农牧民通过新媒体，如手机和网络主动联系商贩，主动寻找农产品销售渠道的意识还很淡薄。

就传媒带动当地旅游业发展的现实而言，被访者大都亲历了从“5·12”汶川地震前的“在利用传媒途径宣传推广当地旅游资源方面缺乏主体意识，多年一贯制的仅靠游客之间的人际传播”到“通过传媒平台主动宣传推广自己的生态美景与民族文化，发展旅游，招商引资，利用各种媒介来拓展农产品销售渠道，提高特色物产的知名度”的转变。

在西部汉藏羌农村地区，绝大多数家庭已经安装了卫星接收器，即使是半山农牧区也已由当地政府给家庭配备了，所以各种社区类型中的受众实际上可以接触到同样和等量的广告信息。但在调查中，有超过三成的被访者选择了消费行为“基本上不受广告影响”且对广告影响的负面评价明显高于正面评价。但在商品种类的购买上来看，四种社区形态受众受广告影响购买商品的类型在曲线上有着明显的一致性，主要表现在：购买“日常生活用品”“家居用品”

上，受到广告的影响的人次相对较高；在购买“化妆品”“农机产品”和“运输机械”等商品时，受到广告影响的比例比较低。这种对广告的态度以及购买商品受广告的影响选择上的现状，是和西部汉藏羌民族混居区域经济水平低下，购买能力不强以及对商品的需求主要从自身需求出发，更看重产品的性价比有关。

应对策略

当地传媒可由政府主导对民众进行计算机和上网培训，积极引导当地民众通过使用网络来开拓市场，打开销路；继续加大传媒对西部汉藏羌民族混居区域旅游资源的宣传和开发，吸引更多的外来游客前来；在广告投入方面，广告商应更加关注广告产品与当地民众日常生活的相关性，更加强调产品的实用性。

六、传媒与科技普及

在四种社区形态中，受众对科技致富选项的信息关注度最高，他们迫切地希望掌握科学技术以服务于自己的生产生活。而这种科技致富信息的主要来源依次为电视（中央七台农业频道是西部混居地受众农业科技信息的主要来源）、政府宣传（政府派专业的科技人员深入社区乡镇，入户或设点宣传普及科学文化知识，解决人们在科技方面的疑难问题）、农业科技书籍和网络（虽然还没有成为主要的途径和方式，但已经有人，特别是年轻一代开始通过网络寻求自身需用的科学知识）。

其中，政府主导的科技宣传工作具体落实在科技特派员身上，这一人群在推动农牧区科技普及与推广方面功不可没。这些有固定财政收入的科技人员专门负责向当地老百姓讲解科技知识并指导应用，他们面对着素质不高的当地农牧区民众，一方面必须利用自身图文集合的优势，通俗化、图像化地展示科技知识；另一方面还要针对西部汉藏羌民族混居区域的农牧业特点，向农牧民讲授专门的科普知识，使他们真正掌握能够投入实际生产中的科学知识和技能。

大多数被调查受众都认为，传媒对汉藏羌混居地的科技发展有积极推动作用，教会了他们掌握科学技术，增加了当地农牧业产量和民众的收入。但另外一方面也存在着一些问题：西部汉藏羌混居区，科技新闻的传播渠道非常狭窄，该类信息的流动仍停留在“口口相传”的传统方式，譬如，大多数受众获取科技知识与技能只能通过科技特派员或者县乡所举办的培训班、讲座等现场渠道（尽管这些渠道和方法的效能亟待提高），对于这些培训，部分受众表示“听不懂”“浪费时间”，而发给他们的小册子，他们又觉得“看不懂”“操作性不强”。

应对策略

中央及地方各级电视台都应加大农业科技类节目的制作和推广工作；科技特派员的工作方式亟须转变，可通过由特派员的实地操作录制成光碟的形式，穿插讲解和示范，更形象地把农业知识向广大民众宣传；原有的农业科技书籍应减少文字的数量，增加图片，图示等简单易懂、操作性强的内容。

七、传媒与文化传承

在传媒对当地少数民族文化进行保护和传播上，主要集中在电视、电影、舞台歌舞剧、图书出版等方面。大型歌舞《羌魂》于2010年初走出羌寨，通过电视和舞台展现在广大观众面前；电影《尔玛的婚礼》于2007年6月在阿坝州开拍，通过讲述羌族姑娘尔玛与汉族小伙大川结婚的故事，展示了羌族的服饰、语言、乐器、舞蹈、饮食、劳动和婚俗这些羌民族文化元素，这部电影是我国第一部羌族题材电影。图书出版方面，在四川汶川大地震一周年之际，由冯骥才领导的“紧急保护羌族文化遗产项目”出版了《羌族口头遗产集成》和《濒危羌文化》。很多民间的羌族人也在为羌文化的传承作着积极的贡献，例如，茂县的杨保生老人，从2007年6月开始，用700多个日日夜夜编辑整理成了《羌族民间故事》，因此被评为非物质文化遗产传承人；在羌语言的恢复和传承上，羌语培训也成为各地区的工作重点。羌语由于其只有语言没有文字的特殊性，茂县政府邀请了相关专家专门为羌语创造了一套文字，并将之编辑成一套教材，目前羌语教材即将出版。政府计划首先将这套教材在政府工作人员中做集中培训，然后再慢慢推广至学校中；藏民族文化也通过图书出版得到了积极的传承。比如《嘉绒秘境马尔康》和《魅力嘉绒马尔康》的相继出版；嘉绒藏族文化研究协会的成立和嘉绒文化研究的刊物发行及宣传网的建立。

应对策略

一方面，目前依靠传媒对当地文化的传承和保护起主要作用的依然是当地政府，而当地传媒无论在技术上，还是在影响力上力量有限，国家应把各地少数民族文化保护提升到国家层面上来考虑，加大国家级媒体、中央级媒体对各少数民族文化的关注和宣传，引起更多外来人员对少数民族文化的关注并参与到保护和传承少数民族文化的工作当中。

第五节　融合创新

所谓融合创新发展模式，是指在西部汉藏羌民族混居区内目前已经得到受众认可的、可行的、需进一步强化或改进的传播模式。这种模式具有很强的民族与地域兼容性，政策扶持与保护力度大等特征。调查前我们假设，在各种媒介使用和内容选择中，民族性的特征会产生较大影响，有可能会阻碍传播流中的信息到达率，这一点我们在梯形分层培养模式中已得到确认。但在调查中，我们也发现了在传媒的现实中没有产生变化的“拐点”。这些“拐点”体现出汉藏羌民族地区受众兼容性的媒介使用共性。同时，这些使用共性是基于国家传媒政策的扶持和大众传播基础设施的现代化建设，这些都为传媒力的进一步提升，推进多民族多元文化融合创新的传播发展模式，提供了令人期待的可以实现良性互动的市场保障。

一、媒介选择

通过课题组的调查发现，西部汉藏羌民族混居区域彩色电视的普及率在前三种社区形态已经达到95%以上，情况较为逊色的高原牧区加上黑白电视拥有量也能达到80%以上。这种状况说明电视这一媒介在不同的民族渗透率都比较好。电视不会因为民族性因素而产生使用与选择上的差异，而广播就明显地体现出来（见梯形分层培养模式部分）。电视作为信息社会中具有巨大社会影响力与覆盖面的现代电子媒介，对于加强各民族之间的交流沟通，加快新信息和新科技等先进文化的传播，加速少数民族地区商品流通，改变其信息传播闭塞、文化教育落后的面貌，促进其经济繁荣和文化发展，具有举足轻重的作用。更为重要的是，电视形象化的特征与广播语言化特征有所差异，因为民族地区受众多因为语言的制约，产生了解码上的困难。而电视不仅有语言的解说，还有图像，受众如果听不懂语言，但是会看得懂图像。国家在2006年构建农村广播电视公共服务体系的新一轮建设业已开展，这将更有利于民族间文化的传播与交往，有利于传媒在西部汉藏羌民族混居区域的广泛架构。

在本课题调查的汉藏羌民族混居区域，不论是单民族社区，抑或是多民族混居社区，在书报刊的来源分布中农家书屋均排在第四位。根据深入访谈的资料，大多受众都认可农家书屋给他们带来了帮助，这说明农家书屋在为受众提供书报刊来源方面还是起到了一定的作用。

二、内容选择

在我们的调查中，新闻类节目和娱乐节目是西部汉藏羌四种社区形态样本点区域、各个民族普遍关注的信息，因此，发挥电视新闻节目的议程设置功能和娱乐节目的心绪转移功能对民族地区和谐社会的建构可产生巨大的积极作用。在我们的深入访谈中，很多被访者都谈到新闻节目的舆论引导功能，对于像“3·14”这样的有悖于国家、人民利益的藏独分子活动，新闻事实类节目报道真实、全面、准确，引导了当地受众正确的认识和价值观，有利于各民族间相互信任和交流。而娱乐节目，作为一种大众都喜闻乐见的形式，使得受众都获得精神上的愉悦。

三、模式的改进

近年来国家把新农村建设作为农村工作的重点，大力建设广播电视村村通工程和开展送电视下乡活动，使得汉藏羌民族混居区域的民众能够接触各式各样的媒介，能够看到自己需求的内容，有效地传播了现代化的观念，促进民族间的融合与交流，也使他们的社会角色向多元化演变，对于西部地区现代化发展起到了巨大推动作用。但我们发现，这一系列推进措施或传播模式还有需要进行强化和改进的地方。

其一，广播在西部汉藏羌民族混居区域的收听率和普及率并没有达到理想的情况。我们知道，广播快捷方便，接收不受时间、空间等条件的限制，可以真正做到“无时不在，无处不在”，而且广播价钱便宜。而电视虽然在该地区普及率较高，但用“锅盖”方式还是容易受到地形起伏以及天气状况的影响，传播效果不是很理想。在半山农牧区的访问中，很多民众表示电视收视质量不高，图像不清晰。这就凸显出广播的媒介适应能力。譬如，高原牧区，藏民使用广播的比例就是最高的，这里因为广播适合地理环境恶劣、居住分散、游牧生活的高原牧区藏民，同时，广播传播音乐歌舞节目是最为适合的。

其二，根据各民族的特点，对农家书屋各类书报刊的拥有比例有所调整，真正发挥农家书屋的价值。根据本课题负责人于2007年进行的前期相关研究成果显示，在西部地区农家书屋的设置中，图书品种和内容很大部分不适合当地受众生产生活实际需求：“调查中我们发现，松岗镇图书室的现存藏书关于农业生产技术的大约占1/5，其中绝大部分与当地的种植或养殖品种不相符合。当地主要种玉米、土豆，养猪和牛，而图书室藏书很多是关于淡水鱼、高粱、南方稻米等等。为了进一步证明图书内容与图书使用的因果关系，我们精选出一批目前被出版者认为最适合农民阅读的图书提供给受访村民，要求他们翻看并就这些书的适用性发表看法时，结果大部分人表示，书中所介绍的绝大部分种植或养殖品种及其技术与当地实际情况不相符。”[①]而这一事实在汉藏羌民族混居区域也同样存在。在书报刊使用比率的分析中，我们看到，该地区受众对报纸和杂志是有着较高需求度的，然而与此形成巨大反差的是，几乎所有样本点书屋的报刊配置远未达到国家的标准，这也与受众需要的内容有着较大差异。譬如，藏民较多的需要动物养殖类的书籍，而住在河谷、半山农牧区的羌族或是藏羌混居的民众需要较多的是农林、运输类的书籍。这些都是今后农家书屋建设需要着力解决的关键问题。

① 李苓、汪灏：中宣部“四个一批人才”项目报告：《出版事业与西部新农村建设的互动关系》，2007。

第七章 研究结论及传媒发展的趋势推论

第一节 研究结论

本研究从宏观主题文献资料和前期研究中推论假设：汉藏羌民族混居区域的社会发展因受到横断山脉垂直海拔级差的环境制约，作为民族地区社会发展重要指标之一的现代传媒的普及与使用，也相应形成传媒的社群级差效应。课题组通过问卷调查、入户调查、座谈会、个案访谈等田野实证的方法，历时3年多，收回有效问卷606份，深度访谈对象50人，样点区域有效座谈会11次，图片呈现2870幅（被采用43幅），录像5860分钟（其中包括反映2008年"汶川地震"前后当地传媒与社会发展互动关系的珍贵数据），对此研究假设进行了以定性为主，定量为辅的求证。各章又分别侧重于或民族志，或入户问卷，或观察访谈等方法。比较全面的描述了中国西部社会在民族、经济、文化、地理等方面呈现的多样性和差异性与受众传媒使用的对应关系；并以发展社会学与发展传播学的交叉视角，架构地理空间视域下的中国西部汉藏羌民族混居区域四种社区形态的分析坐标，提出不同形态区的受众使用传媒后实现最大满足度的对应模式，拓展了发展传播学的中国视野。

其二，本次主题调查结果基本支持我们的西部民族地区四种形态传媒级差假设模型，即西部的地理纵深与现代传媒的硬件布局成反比，并且在电子传媒的使用上更具有跨越地理障碍的普及性。政府财政投入和现代传媒资源配置的非均衡性，仍然凸现了汉藏羌民族混居区现代传媒分布状态的非合理性；当地相对落后的经济基础导致的媒体消费低能力，使媒介信息的传播在量与质两个观察维度上均未达传媒主体的预期等问题仍然突出。当地民众使用媒体的选择性排序为：手机、CD、电视、收音机等排名靠前，平面媒体如招贴画、小学教科书和图片性强的娱乐杂志则排名其后。

其三，在传媒内容的接受性上，汉藏羌民族混居区域四种社区形态随着现代要素的递减，接受性越低，尤其是在交通不便的高山牧区和高原牧区，以及交通成本极高的半山农牧区，出现了文化退行现象[①]，很多年轻人仅有初级教育水平甚至更低，他们不懂汉语，不会使用普通话，对传媒的接受明显受到语言限制。而藏语的电台、电视台通常受地理环境影响难以接收，信号极差。在课题组有关藏区的调查中，能够协助我们进行汉藏语翻译工作的往往是毛泽东时代培养的中老年人。所以，就横向的社会现实比较而言，半山农牧区和高原牧区的民族特征与宗教虔诚度明显高于河谷农区与城镇；就纵向的国家认同度比较而言，半山农牧区和高原牧区的认同度远不及计划经济时代，而且这两类社会形态的区域面积极大，人口又稀少，居住分散，是传媒社会发展的死角和难点。政府，宣传部门和传媒决策部门应高度重视。

其四，在传媒信任度方面，样本总体呈现纸媒接触的信任度基本上属于中等水平，而且，除高原牧区外，其它三个社区形态存在随海拔升高传媒信任度递减的趋势。接触电媒的信任度同样属于中等程度，但是随海拔升高所对应的社区呈现出递增的趋势。在当地受众看来，现代传媒未能真实准确地反映他们身边世界的本来面貌，他们对媒介是否值得信任持保守态度，因而在一定程度上影响了他们主动利用或参与媒体活动。

其五，各级社群均反映，与当地生产生活有指导性和针对性的传媒内容

---

① 指发生在中国牧区和边远地区的一种文化倒退现象。其表征是，四种社区形态中，沿公里两侧的城镇和河谷农区在现代化发展中受益较大，比如教育资源和现代传媒的享有量以及普及普通话方面均占有相对优势；而半山农牧区和高原牧区则在这些资源的分享上处于相对劣势。见陈昌文著《圣俗边缘》，四川人民出版社，2004年版。

极少或缺损。这是现代传媒的都市中心视野带来的弊端以及本地的县乡传媒力量难以制作并辐射其节目给本地人群所带来的后果。更为严峻的是，都市中心视野下的媒体内容在四种社区形态中由于地域差异和人群生活条件差异而呈现出的共享级差，反映出基本对应的传媒认同级差。进而论之，如果现代传媒对现行的议程设置结构实际存在的，忽视中国东中西部区域发展的高度不均衡性问题的听之任之；那么，在中国一体化的现代化语境下，西部社会的民族、信仰、生活传统的差异性特征力图通过大众传媒的公平呈现，以及同样作为中华人民共和国公民的西部民众需要分享国家现代化的利益和成就的愿望被媒体的议程设置边缘化，现代传媒工具就有可能充当增强不满情绪的放大器，从而影响该地区的国家认同。这是有违于中国政府为构建和谐社会而对传媒产业和传播战略提出的特殊要求的。

其六，现代传媒在拉动当地消费欲望和影响社会变迁方面具有明显的作用。传媒大量呈现的现代生活方式，尤其是针对儿童、中青年人群的各类时尚产品的影响力，都较大的刺激了边远地区民族的消费动机。通过购买消费品的货币需求，使青少年更多的卷入了货币经济的生产和交换中，他们甚至外出打工或参与跨地区商贸活动。现代传媒所提供的农牧业科学技术、天气信息、商业营销信息等也都明显的带动了当地传统经济的现代转型和内聚型村落的解构。这些变迁，彻底改变了当地生产生活方式的邻近性比较传统，使民族地区的民众随时可以通过传媒获得全球、全国各地的现代而多元的信息。

其七，四种社区形态的受众对文艺性传媒内容的选择偏好明显高于其他信息种类。这一发现可能被解释为情绪语言，如音乐和舞蹈所承载的情绪话语具有更大的跨文化穿透力和克服语言障碍的能力。在西部纵深区域出现了青少年受众完全跨越了本土生活方式的追星现象。

其八，宗教信仰群体中，神职人员在当地是使用传媒的先驱，因为他们有更好的物质供养条件和传统知识水平。在汉藏羌民族混居区域，传教和信教的宗教生活已经广泛使用大众传媒，但是其封闭在族群内部的宗教生活与国家的传媒管理制度关系甚微，基本上各自为政，双向发展，交叉点很少。这是在信仰社区发展现代传媒值得重视的普遍社会事实。

其九，四种社区形态民众所表现出的媒介素养普遍处于较低水平。受众对传媒的服务功能和娱乐功能有较好的理解和认知，对社会系统的整合功能和文化传承功能认识表浅；主动参与大众传播，有目的和有意识的使用传媒，以及开发与媒体有效互动价值的意识淡漠。因此，有关中国西部民族混居区媒介素养的培养模式研究，是一项有价值的后续研究任务。

其十，从发展社会学和发展传播学的视域观察，本课题对汉藏羌民族混居区域的有限调查和研究发现：凡是被现代传媒拉动的需求与受众实现这些需求的能力吻合时，传媒就发挥了积极的正功能。比如，传媒在科技信息、现代化产业及商贸信息的及时提供，2008年汶川地震后对整合社会系统抗震救灾力量，支持灾区民众重建家园，推进社会民主化进程，增强民族地区的国家认同等方面的有效传播。凡是被传媒拉动的需求超越了受众的现实需求（社会的和个人的发展目标），以及那些被传媒培养而滋生的超必需求在满足能力不达时，受众的心理挫折感就会被强化，社会个体产生的发展困惑程度也会增强，传媒就可能产生消极的负功能。比如，因发展的不均衡性导致的国民待遇级差在当地受众心理上引起的落差；因大众传播信息刺激的货币需求导致当地的传统农牧业代际传承的危机；民族地区的青少年作为现代传媒环境中最敏感的群体，其消费欲望和价值观的超前都市化现象等等，都可能成为诱发社会不稳定的因素。

其十一，本研究从“西部”和“民族”两个维度验证“使用与满足理论”对中国发展传播学研究的普世程度。我们认为，该理论“以研究人们如何处置媒介取代传统效果理论研究媒介如何对付人们”的学术立场，是适合于分析中国西部当前和未来一定时期内传媒现代化发展问题的。因为，在中国现代化发展的一体化和信息传播的数字化语境下，以受众主体的视角观察媒体使用者如何“成熟的”选择和“处置”媒体内容，以及信息需求（个人心理与因生存发展引起的社会性需求）的个体满足程度，是政府、业界和学界当前和未来一定时期内必须思考的战略性问题。本研究对汉藏羌民族混居区域传媒使用及效应特征的科学呈现与客观描述，说明了中国西部传媒与社会变迁互动实践中已经逐渐显现的上述趋势性需求，尽管目前西部的传媒级差和媒介素养水平低下仍然凸现。

最后，社会形态的传媒梯级模式在本课题实际研究中接受了检验，并且具有普及的使用信度和效度。我们通过田野实证研究证明，这种模式下对经验材料的发现角度更广阔更细致，更有节奏性，它能容纳更为多层的复杂的社会事实，是一个归纳性研究的方法框架。

第二节　传媒发展的趋势推论

一、传媒显然是西部社会加速发展的最有利的现代性工具之一。它具有在改变物质环境之前，首先改变当地人的意识和对世界的认知，学会现代化生产之前学会现代化消费。现代传媒在物质相对闭塞，然而精神领域的宗教信仰覆盖人群巨大的中国西部极大地拉动了现代消费的欲望。但是，随之而来的现代化生产以及为青少年提供的现代教育，势必使其能够供养这种消费，将是政府很长时间要面对的工作。

二、西部社区呈现点（城镇）线（河谷农区）面（半山农牧区和高原牧区）的布局。点线上的布局可谓近水楼台先得月，但面上的人群，则仍然面临社会发展中出现的典型的文化滞后和分散问题。他们的分散性居住直接面对着现代要素成本过高的现实挑战。现在兴起的小集中式牧区新村建设已在一定程度上使他们与自己的生产资料脱节，与他们的土地承包责任脱节，更为重要的是，传媒效应可能会使这种非城非乡的居民从此提出更凸显的不满。而且生活在海拔4000公尺左右的藏牧民以及半山半牧的居民一旦离开高海拔生活，其优势将一去不复返。这可能会进一步加剧中国城镇人口拥挤的现状。所以说，面上的流动性分散状态，将是中国传媒发展中长期战略计划的重点和难点。因为，现代传媒的接受性断裂将会导致更为严峻的国家认同、政治认同和族群认同问题。

三、中国西部地区现代传媒的内容结构仍然是60多年以来的“城市中心”范式，现代化语境下媒体的娱乐化、低俗化取向，与西部民众生产生活的发展过于悬殊。青少年受众的传统信仰在受到学校无神论教育的影响的同时，又以现代传媒为焦点学会了“城市化”消费，却碰壁于无力进入现代职业。这种因区域生活产生的社会身份悬殊的现实与传媒展示给受众的“比较性公平感”，在某种程度上并不利于人心的代际稳定。与此同时，宗教和传统民俗内容在现代传媒信道中的全面缺损又使得藏羌地区的传统精神需求得不到满足，所以他们往往将这方面的需求诉诸于寺庙和喇嘛，在社会情感上导致社群的代际分离。

四、现代传媒对本地生产生活的指导缺损之社会表征尤其明显：传统社群把现代传媒基本视为一种可有可无的消费的一部分，而在个别挫折性人群中甚至会产生抵制情绪，陌生感增强。地方政府与传媒机构的传播内容制作能力及其信息传播的区域辐射能力，在相当长时间之内，无论从体制建设和硬件建设上都捉襟见肘，尚需国家从战略意义上进行机制改革和重点布局。因此，如何让那些农牧区沉默的中间力量成为地方传媒的主角，这是一个全球化意识形态垄断的电子传媒时代亟需解决的本土创新任务。

五、宗教的声音如何与全球化、现代化和国家一体化主体相结合，加强其互补，而不是互斥；培养国家公民意识而不是族群意识；强调圣俗分离而非政教合一；不是以一种信仰，而是不同信仰的和睦共存等等，将是中国现代传媒的主题设计与立法管理的重大课题。很明显，中国不仅需要宗教立法，而且需要宗教法下的宗教传媒立法，而这两方面的立法我们国家尚处于空白。希望国家能够在高层面上关注这一专题。

六、传媒对商品经济意识的拉动，一方面可以影响其受众参与商品化社会的社会认同和商品同质化使用的全球化日常生活改造；但另一方面，在高原生态脆弱区域，鼓励商品化带来的牧区牛羊过载，草场退化，金钱与环境之间形成尖锐的矛盾，这对被称为亚洲水塔的青藏高原脆弱的生态区域具有破坏性的发展趋势，而且，山高皇帝远，再强的制度力量也难以管制和实施。

七、四种社区形态和都市的研究框架应该成为政府在西部特殊环境下，根据地理环境类型进行针对性分类管理的框架，而不是按过去以统一的行政性区域划分进行政策性管理。否则，将会导致表面上的乡镇公平，县镇公平，而实际上带来不同社区形态在同一行政区域内的政策不公平。

综上所述，本题目与其说是关注传媒本身的这种专业分割性，不如说是通过传媒的社会使用观察，将主题发现的前沿探索深入到了更为重要的社会发展问题以及背后的社会制度问题。我们希望这一类具有现实依据又有推论趋势的社会发展问题，能够成为西部和谐社会建构的核心议程，并将以现代传媒社会建设的优先角度获得进一步的研究和解决。

附录一

参考文献

著作类

1. 蒋晓丽：《传媒宣导抚慰功能研究——兼论在西部地区的特殊作用》[M]，成都：四川大学出版社，2008。
2. 欧阳宏生、朱天：《区域传播论：西部电视专题研究》[M]，成都：四川大学出版社，2003。
3. 邱沛篁、余长久、唐小强、唐嗣田：《西部大开发与西部报业经济发展研究》[M]，成都：四川大学出版社，2008。
4. 张国良：《中国发展传播学》[M]，杭州：浙江大学出版社，2009。
5. 吴红雨：《解读电视受众：多元化需求与大众化电视》[M]，杭州：浙江大学出版社，2009。
6. [英]奥利弗・博伊德—巴雷特、克里斯・纽博尔德：《媒介研究的进路：经典文献读本》[M]，汪凯、刘晓红译，北京：新华出版社，2004。
7. [美]柯克・约翰逊：《电视与乡村社会变迁：对印度两村庄的民族志调查》[M]，展明辉、张金玺译，北京：中国人民大学出版社，2005。
8. [英]丹尼斯・麦奎尔：《麦奎尔大众传播理论》[M]，崔保国、李琨译，北京：清华大学出版社，2006。
9. [英]安・格雷：《文化研究：民族志方法与生活文化》[M]，许梦云译，重庆：重庆大学出版社，2009。
10. [美]伊锡尔・德・索拉・普尔：《电话的社会影响》[M]，邓天颖译，北京：中国人民大学出版社，2008。
11. [美]威尔伯・施拉姆、威廉・波特：《传播学概论》[M]，陈亮等译，北京：新华出版社，1984。
12. [德]尤尔根・哈贝马斯：《公共领域的结构转型》[M]，曹卫东、王晓珏、刘北城、宋伟杰译，上海：学林出版社，1999。
13. 陈崇山、孙五三：《媒介・人・现代化》[M]，北京：中国社会科学出版社，1997。
14. 郭建斌：《独乡电视：现代传媒与少数民族乡村日常生活》[M]，济南：山东人民出版社，2005。
15. 郝朴宁、李丽芳、杨南鸥、郝乐：《民族文化传播理论描述》[M]，昆明：云南大学出版社，2007。
16. 柯惠新、王锡苓、王宁：《传播研究方法》[M]，北京：中国传媒大学出版社，2010。
17. 裘正义：《大众传播与中国乡村发展》[M]，北京：群言出版社，1993。

18. 方晓红：《大众传媒与农村》[M]，北京：中华书局，2002。
19. 张志安：《转型社会与中国传媒》[M]，上海：文汇出版社，2006。
20. 陈昌凤：《中国新闻传播史：传媒社会学的视角》[M]，北京：清华大学出版社，2009。
21. 谭英：《中国乡村传播实证研究》[M]，北京：社会科学文献出版社，2007。
22. 李红艳：《乡村传播学》[M]，北京：北京大学出版社，2010。
23. [美]约瑟夫·R·多米尼克：《大众传播动力学：数字时代的媒介》[M]，蔡骐译，北京：中国人民大学出版社，2009。
24. 陈小申：《中国健康传播研究：基于政府卫生部门的考察与分析》[M]，北京：中国传媒大学出版社，2009。
25. 李岩：《传播与文化》[M]，杭州：浙江大学出版社，2009。
26. [英]诺曼·费尔克拉夫：《话语与社会变迁》[M]，殷晓蓉译，北京：华夏出版社，2003。
27. [美]埃弗雷特·M.罗杰斯：《创新的扩散》[M]，辛欣译，北京：中央编译出版社，2002。
28. 张宇丹：《传播与民族发展：云南少数民族地区信息传播与社会发展关系研究》[M]，北京：新华出版社，2000。
29. [法]爱弥尔·涂尔干：《宗教生活的基本形式》[M]，渠东、汲喆译，上海：上海人民出版社，2006。
30. [德]马克斯·韦伯：《经济与社会》[M]，阎克文译，上海：上海人民出版社，2010。
31. [美]塔尔科特·帕森斯：《社会行动的结构》[M]，张明德、夏遇南、彭刚译，南京：译林出版社，2003。
32. 陈昌文：《圣俗边缘：西部社会的环境、信仰和行为》[M]，成都：四川人民出版社，2004。
33. 《邓小平文选》第三卷[M]，北京：人民出版社，1993。
34. [英]约翰·梅纳德·凯恩斯：《就业、利息和货币通论》[M]，宋韵声译，北京：华夏出版社，2005。
35. [美]艾尔·巴比：《社会学研究方法》[M]，邱泽奇译，北京：华夏出版社，2009。
36. [美]劳伦斯·纽曼：《社会研究方法：定性和定量的取向》[M]，郝大海译，北京：中国人民大学出版社，2007。
37. [美]刘易斯·A·科瑟：《社会学思想名家》，石人译，北京：中国社会科学出版社，1990。
38. 民族人类学理论与方法研究中心：《中国人类学评论》[M]，北京：世界图书出版公司，2007。
39. 王明珂：《羌在汉藏之间：一个华夏边缘的历史人类学研究》[M]，台北：联经出版事业公司，2003。
40. 张曦：《持颠扶危：羌族文化灾后重建省思》[M]，北京：中央民族大学出版社，2009。
41. 卢丁：《羌族历史文化研究》[M]，成都：四川人民出版社，2000。
42. 马戎：《西方民族社会学经典读本：种族与种族关系研究》[M]，北京：北京大学出版社，2010。
43. 冉光荣：《西部开发中西藏及其他藏区特殊性研究》[M]，哈尔滨：黑龙江人民出版社，2003。

44. 何群：《民族社会学和人类学应用研究》[M]，北京：中央民族大学出版社，2009。
45. 陆学艺：《当代中国社会阶层研究报告》[M]，北京：社会科学文献出版社，2002。
46. 孙立平：《失衡：断裂社会的运作逻辑》[M]，北京：社会科学文献出版社，2004。
47. [英]伊莎贝拉·伯德：《伊莎贝拉在阿坝》[M]，红音译，成都：四川民族出版社，2011。
48. 雀丹、柯正才、洛桑：《乾隆金川之役》[M]，阿坝州地方志编纂委员会编，1998。
49. [清]常明、杨芳灿等：《嘉庆四川通志》[M]，成都：巴蜀书社，1984。
50. 戴康生、彭耀主编：《宗教社会学》[M]，北京：社会科学文献出版社，2000。
51. 白湾·华尔登：《嘉绒藏族历史明镜》[M]，刘建等译，成都：四川民族出版社，2009。
52. 范克信：《解放前懋功县教育事业发展概况》[M]，小金文史资料选辑（第2辑），2011。
53. [加]马歇尔·麦克卢汉：《理解媒介——论人的延伸》[M]，何道宽译，商务印书馆，2000。
54. 耿少将：《魅力嘉绒马尔康游记散文集》[M]，成都：四川人民出版社，2008。
55. [清]吴德煦：《章谷屯志略》[M]，台北：成文出版社，1968。
56. [清]李心衡：《金川琐记》[M]，上海：商务印书馆，1941。
57. [清]王锡祺：《小方壶斋舆地丛钞》[M]，杭州：杭州古籍出版社，1985。
58. 国家统计局：《中国统计年鉴（2009）》[M]，北京：中国统计出版社，2009。
59. 四川省统计局：《四川统计年鉴（2008）》[M]，北京：中国统计出版社，2008。
60. 北川县志编纂委员会：《北川县志》[M]，北京：方志出版社，1996。
61. 茂县县志编纂委员会：《茂县志》[M]，北京：方志出版社，2010。
62. 马尔康县县志编纂委员会：《马尔康县志》[M]，成都：四川人民出版社，1995。
63. 康定县县志编纂委员会：《康定县志》[M]，成都：四川辞书出版社，1995。
64. [英]丹尼斯·麦奎尔、[瑞典]斯文·温德尔：《大众传播模式论》[M]，祝建华、武伟译，上海：译文出版社，1987。

论文类

1. 王积龙、蒋晓丽：《环境新闻教育与西部和谐社会建构》[J]，西南民族大学学报（人文社科版），2007（8）。
2. 欧阳宏生、唐英：《论电视文化多元化的建构》[J]，现代传播，2006（2）。
3. 邱沛篁：《汶川地震报道中我国传媒力量透视》[J]，西南民族大学学报（人文社科版），2008（11）。
4. 吴建：《新闻传媒业：东西部之比较研究——以电视和报纸为例》[J]，新闻界，2005（6）。
5. 方晓红、庄曦：《媒介对三农作用指标体系的研究路径及功能》[J]，南京师大学报（社会科学版），2007（2）。
6. 闫函：《大众传媒与社会主义新农村建设》[D]，华中师范大学，2007。
7. 谭英、蒋建科、赵士文、李庆风：《电子媒介传播农业政策类信息的效力研究》[J]，中国农业大学学报（社会科学版），2005（4）。
8. 李春霞：《彝民通过电视的仪式——对一个彝族村落“电视与生活”关系的民族志研究》[J]，思想战线，2005（5）。
9. 李苓、冯剑侠：《中国西部农民阅读素养调查》[J]，中国出版，2007（6）。
10. 曾现江：《嘉绒研究综述》[J]，西藏研究，2004（2）。

11. 贾霄锋、王希隆：《明清时期土司制度与藏区少数民族的文化变迁——以嘉绒藏区文化变迁为例》[J]，中国边疆史地研究，2007（6）。
12. 杨嘉铭：《解读“嘉绒”》[J]，康定师范高等专科学校学报，2005（3）。
13. 嘎·达哇才仁：《藏区现代化过程中宗教世俗化的趋势》[J]，中国藏学，2007（1）。
14. 洲塔、齐德舜：《藏传佛教世俗化研究中的几个理论问题探析》[J]，甘肃社会科学，2007（5）。
15. 马文慧、罗士周：《藏传佛教世俗化倾向刍议》[J]，青海社会科学，2003（2）。
16. 方立天：《中国宗教十年》[J]，世界宗教研究，1990（2）。
17. 陈冠桥、赵俊状：《现代佛教讲经说法需要常讲常新》[J]，中国宗教，2008（5）。
18. 张雪梅：《四川藏区藏传佛教现状调查》[J]，西北民族研究，2006（4）。
19. 高师宁：《试论现代化与新兴宗教》[J]，世界宗教研究，1999（4）。
20. 切排、杨燕霞：《浅谈现代化背景下的藏传佛教世俗化问题》[J]，西藏民族学院学报（哲学社会科学版），2008（2）。
21. 杨嘉铭：《四川藏区藏传佛教的基本特点》[J]，西南民族大学学报（人文社科版），2007（2）。
22. 德吉卓嘎：《试论嘉绒藏族的族源》[J]，西藏研究，2004（2）。
23. 李仲康：《“嘉绒”文化浅说》[J]，西藏研究，1993（4）。
24. 马宣伟：《刘文辉与西康建省》[J]，文史杂志，2002（5）。
25. 沈桂萍：《藏传佛教与社会主义社会相适应的历史考察》[J]，中央社会主义学院学报，2008（6）。
26. 许明炎：《中西宗教信仰的不同特点与文化差异》[J]，安庆师范学院学报（社会科学版），1989（2）。
27. 李苓、谭小荷、董子铭：《出版业的跨越式发展在农村——四川省阿坝藏族羌族自治州松岗镇农民图书使用现状调查》[J]，中国出版，2008（4）。
28. 李利安：《西部地区宗教的结构及发挥积极作用的领域》[M]，中国宗教，2010（5）。
29. 齐德舜、王力：《论金川之役与金川地区的社会变迁》[J]，西藏民族学院学报（哲学社会科学版），2008（3）。
30. 戴燕：《藏传佛教文化的传承路径及当代适应性研究》[J]，青海师范大学学报，2006(3)。
31. 赵斌：《英国的传媒与文化研究（上）》[J]，现代传播，2001（5）。
32. 赵斌：《英国的传媒与文化研究（下）》[J]，现代传播，2001(（6）。
33. 柏景、陈珊、黄晓：《甘、青、川、滇藏区藏传佛教寺院分布及建筑群布局特征的变异与发展》[J]，建筑学报，2009（3）。
34. 彭云茜、唐堰琳、彭毅：《浅谈康巴藏族与嘉绒藏族的区别——以云南迪庆州和四川阿坝州为例》[J]，内江师范学院学报，2010年第25卷。
35. 张志安、沈国麟：《一个亟待重视的全民教育课题——对中国大陆媒介素养研究的回顾和简评》，复旦大学媒介素养研究网站（http://www.medialiteracy.org.cn/prog/showDetail.sap?id=17）。
36. 喻国明：《“拐点”的到来意味着什么——兼论中国传媒业的发展契机》[J]，中国编辑；2006（1）。

3.7. Eve Louise Mullen, *TibetanBuddhism, American interests: Influences upon the lay and monastic relationship in New York's Tibetan Buddhist immigrant community*, Temple University, Theology professional, 1999.

38. Brug-thar vphrin-las-rgya-mtsho, Yangwenfa. On the Secularization of Religion in the Process of Social Transformation of Tibet.[J]. CHINA TIBETOLOGY. Number1.March 2007(2).

网 站

1. 中华传媒网 http://www.mediachina.net
2. 传播研究网 http://www.mediaresearch.cn/
3. 《新闻记者》http://xwjz.eastday.com/
4. 新华传媒 http://www.xinhuanet.com/newmedia/
5. 人民传媒 http://media.people.com.cn/
6. 《新闻战线》http://www.snweb.com/gb/xw/xw.htm
7. 媒中媒 http://www.softkoo.com/
8. 慧聪网：报刊资讯行业 http://www.media.hc360.com/
9. 中国人民大学新闻与社会发展研究中心 http://research.ruc.edu.cn/xw/index.asp
10. 南京大学网络传播研究中心 http://www.cmcrc.com.cn/gb/index.htm
11. 清华大学国际传播研究中心 http://www.media.tsinghua.edu.cn/
12. 媒体安都 http://www.mediaundo.com/
13. 传媒研究 http://www.my9w.com/chuanmeiyanjiulianjie/
14. 紫金网 http://www.zijin.net/
15. 传播学论坛（阮志孝） http://ruanzixiao.myrice.com/
16. 新传播资讯网 http://www.woxie.com/
17. 五洲传媒网 http://www.cn5c.com/new/
18. 中国新闻研究中心 CDDC http://www.cddc.net/
19. 国际中华传播学会(CCA) http://better-communication.com/cca.html
20. Association for Chinese Communication Studies(ACCS) http://www.uni.edu/comstudy/ACCS/home.html
21. 中华传播学会(CCS) http://ccs.nccu.edu.tw/
22. 中文传播资料库 http://commdb.nccu.edu.tw/age/WebApp/
23. 政大传播学院媒体素养研究室 http://www.mediaed.nccu.edu.tw/
24. 《新闻学研究》http://www.jour.nccu.edu.tw/Mcr/
25. 文化研究学会 http://csat.org.tw/
26. 传播学生门阵 http://twmedia.org/scstw/
27. 香港传媒教育计划 http://www.hkbu.edu.hk/~alicelee/media-education/
28. 香港大学新闻及传媒研究中心 http://jmsc.hku.hk/index.asp
29. 藏传佛教圣地德格印经院 http://cn.chinagate.cn/aboutchina/2009-04/07/content_17566315.htm.

附录二

图表目录

附录三

调查问卷

（1）针对农区的问卷

问卷编号__________

访问员__________

传媒使用与西部汉藏羌地区和谐社会构建的系统研究问卷

填答说明：

（1）如题后未注明具体要求的均为单选题，请选择一个答案，并在您认为最适合的答案编号上画圈。

（2）如题目选项内没有您想选的选项，可选“其他”选项并注明。

（3）多项选择：在题目后面标明可多选。

调查地：乡 / 镇/街道名称：__________________________

村/居委会 / 村委会 / 安置点名称：__________________________

A1. 您的性别：　　1.男　　2.女

A2. 您的年龄：________岁

A3. 您所在的居住地属于：

1.城镇　2.半山农牧区　3.河谷农区　4.高原牧区

A4. 您目前的婚姻状况是：（以领结婚证为准）

1.未婚　　2.已婚

A5. 您的家庭几代人一起居住？（家庭类型）

1.单身户　2.一代户　3.两代户　4.三代以上户

A6. 您的文化程度是：

1.小学或小学以下　2.初中　3.高中或中专　4.大专及以上

A7. 您的民族是：

1.汉族　2.藏族　3.羌族　4.其他（请注明）________________

A8. 您的宗教信仰是：

1.藏传佛教　2.伊斯兰教　3.基督教　4.天主教

5.无宗教信仰　6.其他（请注明）________

A9. 您的职业是：

1.机关干部/公务员　2.专业技术员　3.会计　4.老师　5.医生

6.商业、服务业人员　7.农民　8.牧民　9.军人/警察/消防人员

10.个体户/小业主（不雇工或雇8人以下）　11. 其他（请注明）________

A10. 2008年地震之前，您家的主要经济来源是________，全年的总收入（含从事农、林、牧、渔、养殖等农业生产活动的现金纯收入）是________元；

现在，您家的主要经济来源是________，全年的总收入（含从事农、林、牧、渔、养殖等农业生产活动的现金纯收入）是________元。

B1. 2008年地震前，您平时经常接触的媒体主要有______，______，______；

现在，您平时经常接触的媒体主要有______，______，______。

1.报纸　2.杂志（期刊）　3.图书　4.广播　5.电视　6.电影、录音录像制品

7.网络　8.手机　9.其他（请注明）________

B2. 您平时看不看报：

1.从来不看　2.碰到了就看　3.很少看　4.有时看　5.经常看

B3. 您订购或者阅读的报纸有哪些：________，________，________。

B4. 您平时是否看书：

1.是

2.否 →

> B4.1 您从来不看书的主要原因是：（可多选，限三项）
>
> 1.没时间　2.没兴趣　3.文化低看不懂
>
> 4.没有书可看　5.书上的内容不实用，看了也没用
>
> 6.书籍与报刊、电视、广播的内容一样，不必看
>
> 7. 其他（请注明）________

B5. 您平时是否看杂志：

1.是

2.否 →

> B5.1 您从来不看杂志的主要原因是：（可多选，限三项）
>
> 1.没时间　2.没兴趣　3.文化低看不懂
>
> 4.没有杂志看　5.杂志上的内容不实用，看了没用
>
> 6.杂志与报刊、电视、广播的内容一样，不必看
>
> 7. 其他（请注明）________
>
> →跳答至B11

B6. 您平时看书的频率________，看杂志的频率________。

1.从来不看　2.很少看　3.有时候看　4.经常看

B7. 您看的书和杂志有哪些类型：书________，________，________；

杂志________，________，________

1.农林技术类　2.生活技巧类　3.通俗休闲类　4.政策法律类　5.文学艺术类　6.计算机与外语类　7.体育健康类　8.历史人物传记类　9.政治军事类　10.经济类　11.哲学类　12.其他（请注明）________________

B8. 您所看的书和杂志的主要来源：书________，________，________；

杂志________，________，________。

1.学校 /单位的图书馆

2.农家书屋

3.居住地政府相关部门发放

4.自己购买

5.向亲戚朋友邻居借

6.党政机关

7.其他（请注明）________________

B9. 您看书和杂志的主要原因是：书________，________，________；

杂志________，________，________。

1.消遣娱乐

2.了解信息，开拓眼界

3.帮助脱贫致富

4.了解国家对农村的政策

5.提升文化水平，自我丰富

6.促进与人的交流，增加谈话的内容

7.学会现代生活方式

8.其他（请注明）________________

B10. 您每年买书用________元，买杂志用________元。

B11. 地震前，您家庭所拥有的下列物品数（请标明拥有的数量）：

1.彩色电视机________台；最早购买时间________年，用了________元；
黑白电视机________台；最早购买时间________年，用了________元。

2.电话________部；最早安装时间________年，用了________元。

3.收音机________台；最早购买时间________年，用了________元。

4.手机________部；最早购买时间________年，您换过________次，用了______元。

5.MP3（或MP4）______个；最早购买时间_____年，您换过_____次，用了_____元。

6.组合音响________台；最早购买时间________年，用了________元。

7.影碟机________台；最早购买时间________年，用了________元。

8.电脑________台；最早购买时间________年，用了________元。

现在，您家庭所拥有的下列物品数（请标明拥有的数量）：

1.彩色电视机__________台，用了__________元；黑白电视机___________台，用了___________元 。

2.电话________部，用了________元。

3.收音机________台，用了________元。

4.手机________部，您换过________次，用了________元。

5.MP3（或MP4）________个，您换过________次，用了________元。

6.组合音响________台，用了________元。

7.影碟机________台，用了________元。

8.电脑________台，用了________元 。

B12. 您所在地区是否已有有线电视网，您家的电视机是否接入有线网?

1.本地还未接有线电视网　　2.已有，但我家未接入

3.已有，我家已接入　　4.本地未接入但是自家安装了接收器（锅盖）

B13. 您家电视能收到________个台，您平时最常收看的电视节目内容有哪些?（可多选）_______，_______，_______

1.新闻事实类节目　2.科普、教育节目　3.音乐歌舞、戏剧曲艺

4.综艺、娱乐节目　5.体育节目　6.饮食、健康与卫生

7.生态环境及保护　8.天气预报　9.民俗风情类节目　10.广告

11.电影、电视剧　12.动画类节目　13.旅游介绍　14.其他（请注明）_____

B14. 您平时是否听广播?

1.是，通过喇叭　2.是，通过收音机　3.否 → 请跳至B16

B15. 广播在您的生活中起到什么样的作用?（可多选）_______，_______，_______

1.可以传达上级政策　2.播放音乐、相声等，丰富日常生活

3.传授农业种植、养殖技术　4.传播生活信息及相关的生活常识

5.没什么作用

B16. 您家是否有电脑，是否联网?（如果没有电脑直接跳到B19）

1.有，已联网　2.否　→请跳至B19

B17. 您家电脑_______年联网，通过什么渠道?

1.当地统一办理　2.自己去相关营业厅办理　3.其他（请注明）__________

B18. 您或您的家人上网的主要目的是:（可多选）_______，_______，_______

1.获取生产资料来源与产品销售渠道的信息

2.更快、更全面地了解信息

3.满足好奇心

4.好玩，打游戏，浏览网页、聊天、看电影

5.远程教育或者获取学习资料

6.炒股、投资、网上购物、网上开店

7.其他（请注明）__________________

B19. 您每年大约用多少钱买磁带、歌碟或影碟？ __________元

B20. 您平时主要用手机做以下哪些事情？（可多选）______，______，______

1.接/打电话　2.收发短信　3.听歌　4.看小说

5.打游戏　6.浏览网页　7.其他（请注明）__________________

B21. 您平均每天花费在下列事情上的时间大概是多少？

1.看书报刊用______小时

2.看电视用______小时

3. 听广播用______小时

4.上网用______小时

B22. 您参加下列活动的次数情况（请在符合您情况的选项对应的方框中划圈）

	经常	有时候	很 少	几乎没有
看电影或歌舞表演				
看影碟或录像				
唱卡拉OK				
听音乐				

C1. 您认为媒体对当地经济的发展有没有用？

1.非常有用，带动了当地经济的发展

2.比较有用，介绍致富信息和致富门路

3.一般，了解得不多

4.不清楚

C2. 您了解当前政府的救灾重建政策吗？

1.了解很多　2.了解一些　3.不太了解　4.根本不了解 → 请跳答至C4

C3. 目前您主要通过什么途径了解政府的救灾重建政策（可多选）_____，_____，_____

1.电视　2.广播　3.报纸　4.互联网　5.手机短信　6.宣传栏/布告

7.上级政府官员　8.村干部　9.其他社会组织　10.亲戚朋友

11.其他（请注明）_____

C4. 您从以下哪些渠道听说过农业科学（如科学种田、养殖）（可多选）：_____，_____，_____

1.电视　2.广播　3.报纸　4.农业科技书　5.手机　6.网络　7.政府宣传

8.没听说过 → 请跳至C6

C5. 您觉得这些科学技术有没有用？

1.有用，教会了农民科学技术，增加了粮食产量

2.有些有用，希望有更多这方面的信息

3.看不懂，也不知道怎么使用

4.不知道

C6. 当地政府组织过以下哪些活动（可多选）________，________，________

1.露天电影 2.文娱演出 3.宣传栏或布告栏 4.公共录像厅或图书室 5.其他

C7. 您认为下面哪些媒体在您教育子女方面有影响：（可多选）_____，_____，_____

1.电视 2.广播 3.书报刊 4.手机 5.网络 6.无→ 请跳答至C10

C8. 您认为这些媒体有什么影响（可多选）________，________，________

1.开阔了眼界，认识了外面的世界

2.提供了很多学习资料，丰富了学习内容

3.与外面的世界有了对比，可以促进孩子学习进步

4.容易让孩子分心，影响学习成绩

5.让孩子早熟，接触了如暴力、色情等内容

6.其他（请注明）_______

C9. 您对于广告上的商品怎么看（可多选）：________，________，________

1.广告打得越多，时间越长，越觉得是好产品，质量好

2.喜欢购买广告上的商品，特别是那些名人代言的产品

3.只要需要购买产品，就会首先选择广告上的

4.只要是广告上的商品，再贵也要买

5.广告上的商品都是“老王卖瓜，自卖自夸”

6.没必要购买广告上的商品，能用就可以了

7.基本上不受广告影响

C10. 广告对您选择哪些商品会起到引导作用（可多选）：_______，_______，_______

1.日常生活用品 2.化妆品 3.服装 4.家居用品（家电/家具）

5.手机 6.化肥饲料 7.农机产品 8.运输机械

9.医药 10.广告没有作用

C11. 对电视上播放的城里人的生活，您觉得怎么样?

1.很向往，觉得很美好，如果有可能希望自己也能过那样的生活

2.一般，有好有坏，自己的生活才是最重要的

3.不向往，电视上的那些只是看起来好，实际不然

4.不知道，也不关注

C12. 您是否从事过以下活动?

A.向媒体（记者）提意见 1.是 2.否

B.向官员（包括村干部）提意见 1.是 2.否

C.集体上访请愿 1.是 2.否

D.运用媒体寻找农产品销路 1.是 2.否

C13. 现实生活中，您的利益受到侵害时，您最先会采取以下什么行动？

1.打电话到电视台、报纸反应　　2.向相关部门反应，请求调解

3.寻求法律部门的帮助，运用法律手段　　4.请亲朋好友帮忙解决

5.其他（请注明）________________

C14. 媒体对您的日常人际交往有没有用？

1.作用很大，丰富了谈话的内容，教会了与人交往的方式

2.作用比较大

3.作用一般

4.没什么影响

C15. 在现实生活当中我们对某一方面的情况会比较关心，下面我们将列举一些情况，请根据您的真实情况作答。	1. 很关心 2. 比较关心 3. 无所谓或不知道 4. 不太关心 5. 很不关心
农村脱贫致富门路	1　2　3　4　5
政府有关农村的政策	1　2　3　4　5
农村科学种田和科学养殖（如养猪、养鸡等）	1　2　3　4　5
城乡统筹建设，新农村建设	1　2　3　4　5
地震灾区重建政策和进程	1　2　3　4　5
农民工进城打工	1　2　3　4　5
农产品价格涨跌和销售门路	1　2　3　4　5
农村孩子九年义务教育	1　2　3　4　5
投票选举干部	1　2　3　4　5
计划生育政策	1　2　3　4　5
民族风情、民俗文化、发展旅游	1　2　3　4　5
保护自然环境	1　2　3　4　5

C16. 以下我们列举了报纸、电视以及广播等媒介可能起到的作用，请您根据实际情况进行评价。	1. 很满意 2. 比较满意 3. 不好说 4. 不太满意 5. 很不满意
发布党和国家的法令、法规、政策和方针	1　2　3　4　5
及时报道世界上发生的各种重要事件	1　2　3　4　5
及时反映农村人民群众的呼声	1　2　3　4　5
满足农村人们娱乐消遣的需要	1　2　3　4　5

提供生活服务、提供消费信息	1 2 3 4 5
传授和普及科学文化知识	1 2 3 4 5
及时提供与农村经济活动相关的政策和信息	1 2 3 4 5
揭露腐败和社会不正之风	1 2 3 4 5
介绍当前农村需要的最新商品的种类及功能	1 2 3 4 5
宣传或报道本民族的风俗民情、文化传统，促进旅游文化的发展	1 2 3 4 5
报道地震重建情况，宣传中央或者地方灾后重建政策	1 2 3 4 5
提供就业、创业信息，报告农民工进城打工情况	1 2 3 4 5

C17. 您相信报纸、书本上面的内容吗？

1.很相信，都是真的，反映了老百姓的生活

2.比较相信，有部分是真的，但有些不是真的

3.不太相信，离我们真正的生活很远

4.不相信，都是编出来的

5.不知道

C18. 您相信电视、广播、手机上的内容吗？

1.很相信，电视、广播、手机上的内容全部是真的

2.比较相信，有些是真的

3.不太相信，有些播放的我们不懂

4.不知道

C19. 您希望当地媒体作什么样的改进？

1.完善媒体基础设施，能跟大城市一样，什么都有

2.开设更多有关农村的电视节目，增加关于农村的信息

3.提供对农村有用的科学技术方面书报刊，普及科技知识

4.增强信息的真实性，贴近老百姓的生活

5.其他（请注明）____________

（2）针对高原牧区的问卷

问卷编号________

访问员________

传媒使用与西部汉藏羌地区和谐社会构建的系统研究牧区问卷

填答说明：

（1）如题后未注明具体要求的均为单选题，请选择一个答案，并在您认为最适合的答案编号上画圈。

（2）如题目选项内没有您想选的选项，可选“其他”选项并注明。

（3）多项选择：在题目后面标明可多选，限选三项。

调查地：乡 / 镇/街道名称：______________________

村/居委会 / 村委会 / 安置点名称：____________________

A1. 您的性别：　1.男　2.女

A2. 您的年龄：______岁

A3. 您目前的婚姻状况是：（以领结婚证为准）

1.未婚　2.已婚

A4. 您家有几代人住在一起:

1.一个人　2.一代人　3.两代人　4.三代以上

A5. 您的文化程度是：

1.小学或小学以下　2.初中　3.高中或中专　4.大专及以上

A6. 您的民族是：

1.汉族　2.藏族　3.羌族　4.其他（请注明）______________

A7. 您的宗教信仰是：

1.藏传佛教　2.伊斯兰教　3.基督教　4.天主教

5.无宗教信仰　6.其他（请注明）______________

A8. 您的职业是：

1.机关干部/公务员　2.专业技术员　3.会计　4.老师　5.医生

6.商业、服务业人员　7.农民　8.牧民　9.军人/警察/消防人员

10.个体户/小业主（不雇工或雇8人以下）　11.其他

A9. 2008年地震之前，您家全年的总收入是__________元；现在，您家全年的总收入是__________元。

B1. 2008年地震前，下列媒体中您平时经常接触的主要有________，________，________；现在，下列媒体中您平时经常接触的主要有_______，_______，_______。

1.报纸　2.杂志（期刊）　3.图书　4.广播　5.电视

6.电影、录音录像制品　7.网络　8.手机　9.其他

B2. 您平时看不看报？

1.一直都看　2.地震后才开始看　3.从来不看

B3. 您每年买报纸用多少钱？__________元

B4. 您平时是否看书？

1.经常看　2.有时看　3.很少看　4.从来不看

B5. 您平时看不看杂志？

1.经常看　2.有时看　3.很少看　4.从来不看

B6. 您所看的书和杂志从哪里来？书：________，________，________

杂志：________，________，________

1.当地乡镇上发的

2.农家书屋

3.自己买的

4.向亲戚朋友邻居借

5.其他

B7. 您看书和杂志的主要原因是：书________，________，________

杂志________，________，________

1.消遣娱乐

2.了解信息，开拓眼界

3.帮助脱贫致富

4.了解国家对农村的政策

5.提升文化水平，自我丰富

6.促进与人的交流，增加谈话的内容

7.学会现代生活方式

8.其他

B8. 您每年买书用__________元，买杂志用__________元。

B9. 2008年地震前，您家所有的下列物品数（请标明拥有的数量）：

1.彩色电视机________台；最早购买时间________年，用了__________元；黑白电视机________台；最早购买时间________年，用了__________元。

2.电话________部；最早安装时间________年，用了__________元。

3.收音机_____台；最早购买时间_____年，用了__________元。

4.手机_____部；最早购买时间_____年，您换过_____次，用了__________元。

5.MP3（或MP4）________个；最早购买时间________年，您换过________次，用了__________元。

6.组合音响_____台；最早购买时间_____年，用了__________元。

7.影碟机_____台；最早购买时间_____年，用了__________元。

B10. 您家里有没有电视信号接收装置（锅盖）？

1.有　　2.没有

B11. 您家电视能收到_____个台，您平时喜欢收看的电视节目内容有哪些？（举例）

B12. 您平时是否听广播？

1.是，通过喇叭　　2.是，通过收音机　　3.否

B13. 广播对您来说有没有用？

1. 很有用　　2.比较有用　　3.一般有用　　4.不知道

B14. 您知不知道电脑？（如果没有电脑直接跳答到B15）

1.听说过也见过　　2.听说过，没见过　　3.没听说过，也没见过

B15. 您有没有买过磁带、歌碟之类的物品？

1.有（每年大概用__________元）　　2.没有

B16. 您平均每天用多少时间做下面的事情？

1.看书报刊_____小时

2.看电视用_____小时

3.听广播用_____小时

B17. 您参加下列活动的次数情况（请在符合您情况的选项对应的方框中画圈）

	经常	有时候	很 少	几乎没有
看电影或歌舞表演				
看影碟或录像				
唱卡拉OK				
听音乐				

C1. 如果您打算卖自家的牛羊等，请问您会采取什么方法？（可多选）_____，_____，_____

1.自己到市场去卖　　2.等其他商人上门收购　　3.通过报纸宣传自己的产品

4.通过电视、广播寻找销售渠道　　5.政府安排　　6.其他

C2. 您了解现在政府的救灾重建政策吗？

1.了解很多　　2.了解一些　　3.不太了解　　4.根本不了解 → 请跳答至C4

C3. 目前您主要通过下面哪些途径了解政府的救灾重建政策（可多选）_____，_____，_____

1.电视　　2.广播　　3.报纸　　4.互联网　　5.手机短信　　6.宣传栏/布告

7.上级政府官员　　8.村干部　　9.其他社会组织　　10.亲戚朋友

11.其他人　　12.其他（请注明）__________________

C4. 您从以下哪些渠道听说过科学养牛羊的技术？（可多选）_____，_____，_____

1.电视　2.广播　3.报纸　4.农业科技书　5.手机　6.网络　7.政府宣传

8.都没有 → 请跳答至C8

C5. 您觉得这些科学技术有没有用？

1.有用，教会了牧民科学技术，增加了牛羊产量

2.有些有用，希望有更多这方面的信息

3.看不懂，也不知道怎么使用

4.不知道

C6. 当地政府组织以下哪些活动？

1.露天电影　2.文娱演出　3.宣传栏或布告栏　4.公共录像厅或图书室　5.其他

C7. 您空闲时间最常做什么？

1.看报　2.看书　3.看电视　4.听广播　5.打牌

6.跳舞唱歌　8.其他（请注明）__________________

C8. 您认为下面哪些媒体在您教育子女方面有影响？（可多选）_____，_____，_____

1.电视　2.广播　3.书报刊　4.手机　5.无→ 请跳答至C12

C9. 您认为它们有什么影响？

1.开拓了眼界，认识了外面的世界

2.提供了很多学习资料，丰富了学习内容

3.与外面的世界有了对比，可以促进孩子学习上进

4.容易让孩子分心，影响学习成绩

5.其他

C10. 广告对您买哪些商品会起作用？（可多选）_____，_____，_____

1.日常生活用品　2.化妆品　3.服装　4.家居用品（家电/家具）

5.手机　6.化肥饲料　7.农机产品　8.运输机械

9.医药　10.广告没有作用

C11. 您想不想像电视里城里人那样生活？

1.想，那样的生活很好　2.比较想，有机会想试一下　3.不想，不真实

C12. 您大概一年进城或下山几次？

1.0–3次　2.4–6次　3.7–10次　4.10次以上

C13. 您进城或下山主要是为了做什么事？

1.了解外面的情况　2.买卖物品　3.获取需要的信息　4.其他

C14. 您关注以下哪些方面的信息？（可多选）_____，_____，_____

1.牧区脱贫致富门路　2.政府有关牧区的政策　3.牧区科学养殖牛羊

4.地震灾区重建政策和进程　5.民族风情、民俗文化、发展旅游

6.牧区过度放牧、自然环境恶化　7.其他

C15. 电视等媒体对您的日常人际交往有没有用？

1.作用很大，丰富了谈话的内容，教会了与人交往的方式
2.作用比较大
3.作用一般
4.没什么影响

C16. 您对定居点有什么期望？（可多选）_____，_____，_____
1.本地定居点书报刊的来源应该很方便，有农家书屋
2.本地定居点应该有光纤、宽带等设施
3.本地定居点应该有网吧，可以学习上网
4.本地定居点应该有专门针对牧民的电视节目、广播内容
5.其他（请注明）__________________

访谈问卷

第一部分　针对市县官员或传媒从业人员

针对市县官员或传媒从业人员的访谈，主要从对传媒的使用以及传媒在地方发展中所起作用两个方面展开。

一、传媒的分布和使用情况

1.本地传媒的覆盖和政府推广情况

（1）贵地区传媒（电视、电话、广播等）目前的分布情况如何？覆盖度如何？发展历史是怎样的？

（2）政府是采取什么样的方式将传播媒介推广下去的？

（3）这个过程当中有没有什么困难，是如何解决的？

2.地方自有电媒情况

有没有本地地方电视台、广播站？设有哪些节目内容？为什么作这样的节目安排？收视率如何？哪个时段播报什么内容？广播、电视在当地是如何推广的？

3.地方纸媒情况

（1）报纸、书籍、杂志等纸媒的使用情况如何？发行机构是怎么设置的，当地发行了哪些报纸、书刊？有没有设立农家书屋？（什么时间建立？普及度如何？ 怎样管理？书屋配置书刊的种类、数量？如何了解村上的需求？）

（2）您认为跟周边市县相比，当地传媒使用有哪些优势、哪些不足？

（3）当地政府未来计划如何使用传媒？

二、传媒的作用

1.经济发展方面

（1）贵地区主要经济收入如何？有无特色产业？

（2）传媒在当地经济发展过程中起到了什么样的作用？（招商引资、发展旅游方面有没有起到什么作用？有没有利用传媒推广本地的产业或者特色，效果怎么样？每年大概创收是多少？传媒利用前后，当地经济的发展有没有什么变化？）（请提供实例，十年之内均可）

（3）当地消费水平如何？传媒的利用对拉动消费有什么样的作用？

2.政治发展方面

（1）政府是如何利用传媒宣传当地政策的？（采用哪些传媒，效果怎么样？哪种传媒的效果更好？下级的需求怎样反馈到上级来？）

（2）2008年地震这一特殊时期，传媒对政策传达起到了什么样的作用？（信息是如何流通的？有没有出现过谣言，政府是如何处理的？）

（3）灾后重建政策地方上是怎么样传达的？对省或中央的政策如何传播？怎么样利用传媒凝聚人心、调动士气？效果怎么样？当地的重建规划是怎么样的？这一政策如何推行？如果需要征地，怎么样做宣传？

（4）之后有没有外来的记者或媒体组织来过当地？（如果有的话，有哪些？做了哪些事？政府是如何与他们相处的？他们有没有为当地做过宣传？如何宣传报道？这些宣传报道有什么作用？）

3.科技推广方面

（1）政府如何推广农业科技？传媒在推广农业科技方面有什么作用？

（2）政府打算如何进一步利用传媒发展农业科技？

4.文化教育方面

（1）（针对民族混居地区）当地民族融合度怎么样？汉、羌民族之间有没有纠纷或冲突？如果有，政府如何处理？政府如何利用传媒来推动民族融合？有关民族、信仰等方面的问题，政府会借助媒体力量来促进和谐社会的建构吗？（请举实例）

（2）对于民族文化方面，政府是如何处理的？有没有专门宣传或推广民族风情？采取什么方式？怎么样发展当地的旅游事业？每年旅游业大概收入是多少？

（3）如何利用传媒发展当地教育事业？（如何扫盲？有没有利用电视、广播等传播媒介？效果如何？当地目前入学率如何？升学率如何？传媒对宣传教育有哪些方面的作用？）传媒在当地公共文化娱乐方面起到了什么样的作用？

（4）当地群众的主要娱乐方式是什么？当地政府有没有组织过放映露天电影？（是什么时候？怎么样组织的？放哪些方面的影片？当地群众的反响如何？）有没有组织过公共的文娱活动？（什么时候？哪些人参与？怎么宣传？效果怎么样？）

三、传媒的发展

1.当地传媒的发展有没有遇到什么困难？当地需要哪些传媒？未来打算如何规划发展传媒？

2.（针对牧区）如何利用传媒加强对牧区的管理？如何利用传媒宣传生态环境保护方面的政策或知识，加强牧民的环保意识？针对牧区特殊的地理环境，如何利用传媒丰富当地牧民的日常生活？

3.如何使用传媒处理一些敏感的民族问题，推进民族融合和民族文化发展？

4.在牧区定居点，传媒的使用情况怎么样？（有没有开通有线电视网？有没有网络？）

第二部分　针对村长或意见领袖

针对村长或意见领袖的访谈，主要了解当地传媒设施情况、传媒对居民的作用，以及上下级传媒利用的差异。

一、传媒的普及与使用情况

1.贵村电视、广播、手机、网络等电子传媒的普及情况如何？（覆盖度如何？如何推广的？）

2.村上有没有农家书屋或村史室？如果有，书的种类、数量、利用率如何？如何管理？书屋已有的书能满足村民的需求吗？村民还需要哪些方面的书？

3.现有媒介的发展状况是怎么样的？（何时有光纤？何时通电话？何时建立的图书馆或村史室？）村上对这些媒介是如何管理和操作的？

4.目前，村上有没有使用网络办公？普通村民呢？手机、MP3等新媒介的覆盖度如何？

5.贵村传媒设施在地震中是否受损失？这些设施现状如何？是否采取维修措施，如何修的？

6.村上有没有网吧？（有几家？经营性质怎样？规模？上网收费情况如何？村上如何管理？）

二、传媒的作用

1.经济发展方面

（1）电视、广播、网络、书报刊、手机等传媒的使用对贵村经济的发展起到了什么作用？

（2）贵村主要的经济收入是什么？2008年地震中受损情况如何？（如何利用媒体报告灾情？）

（3）贵村有没有利用传媒招商引资、联合招揽广告、发展特色产业或旅游产业等？如果有，每年创收多少？在当地经济发展中占什么样的位置？

（4）当地有没有利用传媒发展当地农牧业、养殖业或寻找农牧产品销售渠道？

（5）传媒的使用如何拉动当地的消费需求？

2.政治发展方面

（1）贵村是如何重建的，上级政府有什么政策？（您了解的有哪些，通过什么途径了解到的？）

（2）政策向村民宣传过灾后重建政策吗？采用什么方式？（有没有广播、手机短信等方式？）

（3）您对电视等传媒报道的其他地震灾区的重建情况怎么看？与本地的情况相符

吗？上级政府对地震重建政策的要求和宣传对您造成了压力吗？群众对当地政府的重建工作怎么看？配合吗？有没有出现过纠纷，如何解决的？（反思：有没有觉得主流媒体所报道的与当地情况是有差别的？这种差别造成的影响是什么？）

（4）当地重建过程中有没有出现过纠纷？采取什么方式解决？（有没有利用广播、手机等传媒？）如果需要征地，如何做到上下级的沟通和协调？（政策的下达有没有利用传媒？）

（5）地震之后，有没有外地的记者或者媒体组织来过当地？他们有没有对当地做过什么报道？有什么效果？

（6）贵村未来在使用传媒方面有没有什么计划？

3. 科技方面

（1）当地最需要哪些方面的农业科学技术？采用什么方式进行推广？传媒在其中起到什么样的作用？

（2）电视农村节目、农业报纸和书籍上所介绍的农业科学技术实用吗？对当地农业或养殖业的发展有什么作用？

（3）希望传媒在这些方面作怎样的改进？

4.文化教育方面

（1）当地群众的主要娱乐方式是什么？当地有没有利用传媒组织公共活动？

（2）针对民族地区：传媒在宣传民族文化方面起到了什么样的作用？贵村如何处理民族方面的事务？（如何宣传或保持民俗文化？如何利用传媒促进民族融合？）

（3）针对牧区：贵村如何利用传媒来宣传生态环境保护知识？效果怎样？牧区需要哪些方面的传媒内容？希望传媒作怎样的改进？

（4）传媒在教育的发展方面起到了什么作用？

三、传媒需求点和发展

1.主流媒体所宣传和报道的有关灾区、民族等方面的内容与实际情况相符吗？希望做哪些修改？

2.希望传媒在农业科技的使用、旅游产业的发展方面起什么样的作用？

3.农村地区需要哪些方面的电视节目、书籍或其他媒体内容？

4.针对牧区：

（1）需要哪些方面的传媒？现在传媒存在哪些缺陷？与其他地区的传媒有哪些不同？可以做哪些方面的改进？

（2）牧民定居点有哪些传媒设施（如光纤、有线电视网等？有没有农村书屋？都有哪些书，哪种语言的？手机信号怎么样？有没有网吧？）

第三部分　针对村民的访谈问卷（农区）

针对村民的访谈，主要了解传媒的拥有和使用情况、需求点、满意度、期望点。

一、关于传媒使用

1. 家里传媒设施使用情况？地震后家里的传媒设施有无损毁？震后有没有添置或及时修理？（政府修理还是由于个人日常需要而主动为之？）

2. 在您的日常生活中哪种传媒是最重要的？（报纸、书籍、广播、电视、手机等）

3. 您希望当地的媒体做哪些改进？（内容方面、设施建设方面）

4. 对媒体的使用是自觉的还是他人推荐的？（传统媒体/新媒体）

5. 有没有尝试使用新媒体？（如MP3、网络、订阅手机报）他人推荐使用还是主动尝试？

6. 知不知道国家有一个“农家书屋”政策？怎么知道的？您使用过吗？如果有，一般会在农家书屋阅读多长时间？一周去几次？去农家书屋阅读的目的？看什么类型的书刊？你觉得农家书屋有没有用？有什么用？农家书屋的书能满足你的需求吗？需要做什么样的改进呢？

7. 除了教材外，平时是否购买其他书籍？如果有，是哪些方面？每年大概花多少钱？

二、关于政府控制

1. 政府有没有向你们推广或宣传过传媒使用？如果有，请举例。

2. 政府如何向村民宣传相关政策和规定？政府的宣传方式好吗？

3. 传媒对当地的报道与现实相符合吗？媒体和政府您更相信哪一个？

三、关于传播内容

1. 您所看到的电视中对地震的报道是否与现实一致？（考察媒体宣传的真实性。）

2. 您最需要通过媒体了解哪些方面的信息？通过现有的传媒设施能否满足？希望传统媒体（电视、广播、书报等）做什么样的改进？

3. 您是怎么获得科学种植技术的？（主动了解还是被动接受？）有无政府干预？如果通过媒体获得，请列举您所收看过的节目或阅读过的图书名称。

4. 您关注过当地媒体的报道吗？如果关注过，主要看哪些节目？请列举。您认为他们的报道真实吗？您觉得当地地方电视台节目的设置好吗？能不能满足您的生产和生活方面的需求？

5. 您是否关注当地的地方民俗文化？是否希望看到媒体对当地的报道？如旅游业。

四、关于传播效果（认知、态度、行为）

1. 传媒对您的日常生活、子女教育起到哪些方面的作用？有没有电视对您的生活有影响？

2. 如果遇到纠纷或者利益受到侵害时，有没有想过要利用媒体的帮助来解决？对电视上的上访、“有事找媒体”的行为怎么看？（如《焦点访谈》节目被群众视为“焦青天”）

3. 村上有没有外来的人或组织来过？如果有，主要来做过什么事情？您有没有被访问过？其间有没有向记者提过意见？您希望能通过他们解决哪些问题？效果怎么样？

五、关于受众

1. 您了解当地政府对本村的政策吗？通过什么渠道了解的？（主动了解还是被动接受？）

2. 村上的外出打工人员对您有无影响？他们带回来的信息对您有没有态度或行为上的引导？

3. 平时和邻里聊天会不会聊起电视上的内容？一般都聊哪些？

4. 针对小商小贩：

（1）您平时关注哪些方面的信息？通过什么渠道？（是否媒体？看书报还是电视？）这些渠道能满足您的信息需求吗？如果不能，您希望做哪些方面的改进？

（2）有没有看过电视上加盟致富之类的节目？对这些节目有什么想法？有没有觉得电视中什么节目特别好看？最爱看什么节目？

（3）是否担心被媒体曝光？或者对被报纸、电视新闻等说扰乱治安、破坏市场环境等批评性评价是否在意？

（4）如果让您选择，您最需要的是什么媒体？

（5）您觉得广告重要吗？自己的产品应不应该打广告？广告对您有什么影响吗？您怎样知道消费者的喜好呢？

（6）您平时关注就业信息吗？如果有，通过哪些渠道关注呢？

5. 在书本、报纸、杂志这些纸媒中，您最相信哪种媒体的内容？而在电视、手机、广播、网络等媒体中，您相信哪些呢？为什么？

附录四

本书致谢名单

本书在写作和前期田野调查过程中得到了下列单位和个人的大力支持，在此向他们提供的无私帮助深表谢意！（排名不分先后）

尼玛木　时任四川省阿坝藏族羌族自治州茂县县长，现任四川省阿坝藏族羌族自治州副州长

崔乾志　时任四川省阿坝藏族羌族自治州马尔康县县长，现任四川省阿坝藏族羌族自治州旅游局局长

师级灵　时任四川省阿坝藏族羌族自治州茂县副县长，现任四川省水电投资经营集团有限公司办公室主任兼信息化部长

李　明　四川省阿坝藏族羌族自治州茂县县委宣传部部长

刘荣富　四川省阿坝藏族羌族自治州茂县县委宣传部副部长

袁　茜　四川省阿坝藏族羌族自治州茂县县委宣传部理论股股长

金晓明　四川省阿坝藏族羌族自治州茂县教育局副局长

李桂英　四川省阿坝藏族羌族自治州茂县广电局副局长

周盛昌　四川省阿坝藏族羌族自治州茂县文体局

蔡　清　四川省阿坝藏族羌族自治州茂县博物馆馆长

何富全　四川省阿坝藏族羌族自治州茂县农业局技术员

周地员　四川省阿坝藏族羌族自治州茂县畜牧局兽医卫生执法大队副队长

袁吉祥　四川省阿坝藏族羌族自治州茂县凤仪镇雪花井社区支部书记

殷金香　四川省阿坝藏族羌族自治州茂县黑虎乡党委书记

肖加军　四川省阿坝藏族羌族自治州茂县黑虎乡兽防员

孙小燕　四川省阿坝藏族羌族自治州茂县黑虎乡县九年义务教育调查专员

王兴丽　四川省阿坝藏族羌族自治州茂县黑虎乡鹰子关村村民

何天友　四川省阿坝藏族羌族自治州茂县太平乡木耳村书记

周兴碧　四川省阿坝藏族羌族自治州茂县太平乡木耳村团支书

杨武军　四川省阿坝藏族羌族自治州茂县太平乡木耳村民兵连长

安乐昌　四川省阿坝藏族羌族自治州茂县太平乡木耳村村长

邓　艳　四川省阿坝藏族羌族自治州茂县南新镇副书记

杨素筠　四川省阿坝藏族羌族自治州马尔康县宣传部副部长

嘎　西　四川省阿坝藏族羌族自治州马尔康县妇联主席

曲　飞　四川省阿坝藏族羌族自治州马尔康县民政局局长

布　彬　四川省阿坝藏族羌族自治州马尔康县马尔康镇政府

尼　玛　四川省甘孜藏族羌族自治州康定县塔公乡塔公草原大酒店主管

蒋春玲　四川省绵阳市政务服务管理局党委书记

杨华武　四川省绵阳市北川县青片乡正河村支部书记、五龙寨寨主、北川民间艺术团团长。

赵兴武　四川省绵阳市北川县羌文化传承人，原县政协文史委员，退休。

赵海清　时任四川省绵阳市北川县财经办主任，现任四川省绵阳市北川县政府办公室主任。

赵海明　时为四川省绵阳市北川县小坝乡蚕茧站工作人员。

刘家仙　时任四川省绵阳市北川县陈家坝乡党委副书记

王孝虎　四川省绵阳市北川县吉娜羌寨村主任

唐继尧　四川省绵阳市北川县擂鼓镇副镇长

杨亦渲　四川新闻网北川记者站记者